刘伯奎谈创新读书

——怎样跨学科读书

刘伯奎◎著

安徽师范大学出版社
·芜湖·

责任编辑：盛　夏
装帧设计：张德宝

图书在版编目(CIP)数据

刘伯奎谈创新读书：怎样跨学科读书/刘伯奎著.—芜湖：安徽师范大学出版社，2017.4

ISBN 978-7-5676-2779-6

Ⅰ.①刘… Ⅱ.①刘… Ⅲ.①读书方法 Ⅳ.①G792

中国版本图书馆CIP数据核字(2017)第056468号

LIUBOKUI TAN CHUANGXIN DUSHU　ZENYANG KUAXUEKE DUSHU

刘伯奎谈创新读书——怎样跨学科读书

刘伯奎　著

出版发行：安徽师范大学出版社
　　　　　芜湖市九华南路189号安徽师范大学花津校区　邮政编码：241002
网　　址：http://www.ahnupress.com/
发 行 部：0553-3883578　5910327　5910310(传真) E-mail：asdcbsfxb@126.com
印　　刷：虎彩印艺股份有限公司
版　　次：2017年4月第1版
印　　次：2017年4月第1次印刷
规　　格：710×1000　1/16
印　　张：17.75　插页：3
字　　数：260千
书　　号：ISBN 978-7-5676-2779-6
定　　价：55.00元

聘 书

兹聘任 **刘伯奎** 教授为《全国中小学生口语交际能力评价标准》课题组专家，主笔该标准的等级设定、标准细化与修改工作。

教育部语言文字应用管理司

二〇〇四年五月

荣誉证书

由 刘伯奎 编著的《中华文化与中国社区》入选国务院侨务办公室采购书目。

特发此证。

广州暨南大学出版社有限责任公司

二〇一三年七月十日

荣誉证书
HONORARY CREDENTIAL

由　刘伯奎　著的《汉语交际一本通——对外汉语教学高级读本》入选国务院侨务办公室采购书目。

特发此证。

广州暨南大学出版社有限责任公司

二〇一四年九月三日

荣誉证书
HONORARY CREDENTIAL

由　刘伯奎　著的《中华文化与汉语语用》入选国务院侨务办公室采购书目。

特发此证。

广州暨南大学出版社有限责任公司

二〇一三年七月八日

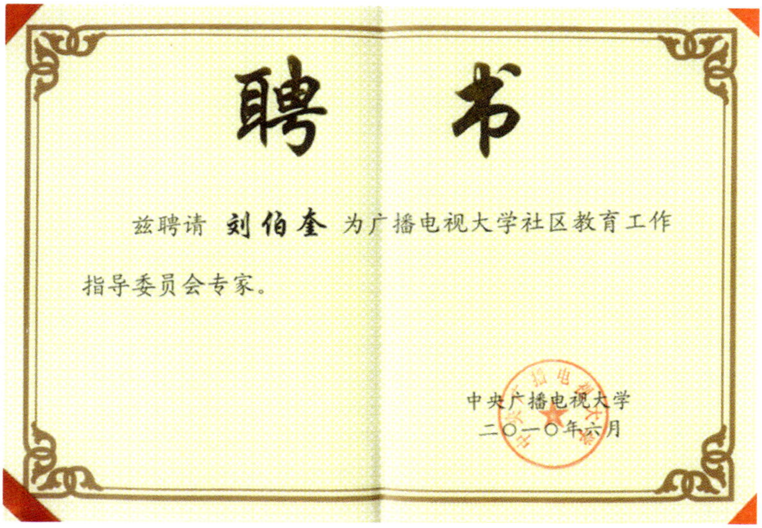

聘书

兹聘请 刘伯奎 为广播电视大学社区教育工作指导委员会专家。

中央广播电视大学
二○一○年六月

聘书

刘伯奎 教授

兹聘任您为华图“華智库”首席专家、名誉院长。

北京政信宏阳管理咨询有限公司
北京华图宏阳教育文化发展股份有限公司
二零一四年四月

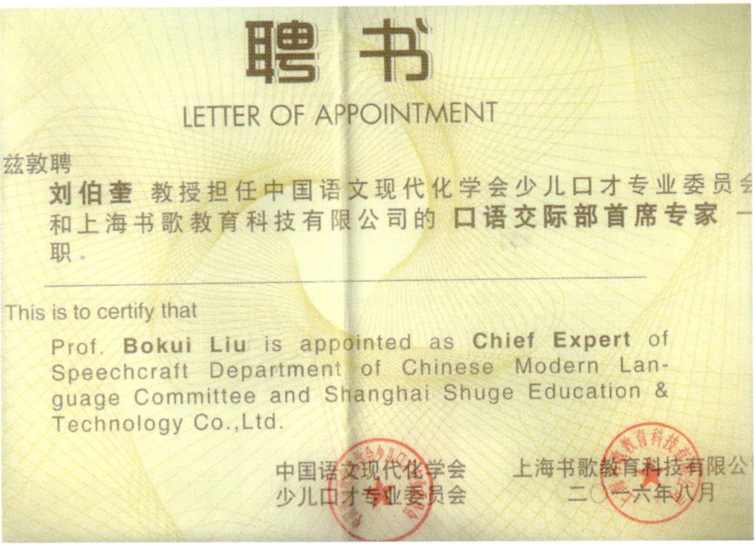

聘书

LETTER OF APPOINTMENT

兹敦聘

刘伯奎 教授担任中国语文现代化学会少儿口才专业委员会和上海书歌教育科技有限公司的 **口语交际部首席专家** 一职。

This is to certify that

Prof. **Bokui Liu** is appointed as **Chief Expert** of Speechcraft Department of Chinese Modern Language Committee and Shanghai Shuge Education & Technology Co.,Ltd.

中国语文现代化学会
少儿口才专业委员会

上海书歌教育科技有限公
二〇一六年八月

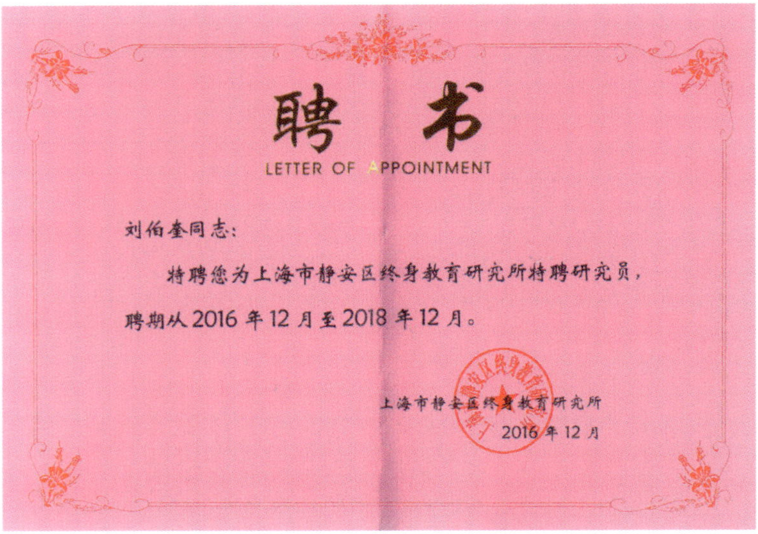

聘书

LETTER OF APPOINTMENT

刘伯奎同志：

特聘您为上海市静安区终身教育研究所特聘研究员，聘期从 2016 年 12 月至 2018 年 12 月。

上海市静安区终身教育研究所
2016 年 12 月

“互联网+”时代的读书创新

一、跨学科读书的由来

自古以来，中国人无不把读书看成一件很神圣，同时也很辛苦的事。中国人为什么觉得读书苦？其实，就苦在原本应当是“有一千个读者，就有一千个哈姆雷特”，但是，中国人被指定读什么书，就只读什么书，千人一面地在前人的故纸堆里折腾，听老师的、听学校的、听学科的，即使自己著书立说了，也只能是“代圣贤立言”。这种“无我”的读书结果，除了争个“状元”“榜眼”“探花”之类的金榜题名，收获一纸毕业文凭，还能有什么“创新发现”的阅读情趣？

而中国人传统读书方式的悲剧根源还在于：只要被认定或者自认为是某一专业学科出身，哪怕继续滞留在前景黯淡的该专业领域中，甚至已成涸辙之鲋，也宁可在那个自己觉得熟悉的“专业涸辙”里挣扎，轻易不肯向更为广阔然而未知的江河湖海腾跃。

无可否认，当今社会，为了求取一纸毕业文凭的学科学制式读书在很多人的生活中，正在变成一种无可奈何且不得不读、索然无味却无法离去、一旦可以不读就难免不会主动去读的隐性折磨。究其原因，一方面，学习内容的难度越来越大（学前班幼童已经开始了识字、计算和外语的超前教育，小学生则开始了奥数的提前培训），学习周期越来越长（随着硕士、博士、博士后人数的增加，大学本科毕业文凭在职场已经快羞于出示了），生存竞争越来越激烈（有的人博士毕业甚至海外留学归来，也难以在社会上找到一份足以安家立业的工作），在产业创新、科研创新、学术创新中越来越难以领先；另一方面，一部分读书学习者（尤其是在学校内的学习者），对所读之书表现出一种厌恶和抵触情绪。

为什么会这样？现实生活使然。

放眼当今中国，一代又一代的莘莘学子，无不以“书山有路勤为径，学海无涯苦作舟”为训示，把自己一生最为宝贵的、从学前班幼童开始直至20余岁甚至30岁以上的时光，消耗在不能自主选择，只能按照规定在教师（导师）的严格掌控下、在成熟学科知识体系里被动地读书学习，最终在各种考试中以所掌握的知识量进行一决高下的胜负拼搏。而反思这一动辄以十几年乃至二十几年的全身心投入所追求的目标，只是一纸毕业证书——这固然是一块有助于自己在社会上安身立命的“垫脚石”“敲门砖”，但是两相比较，实在是投入太大，而回报太小了！

尤其是伴随着改革开放的逐步深化，伴随着中国社会进入了转型期，人们改变职业的频率大大提高，而各级各类学校的毕业证书从能为终身从事某种职业提供强有力的“护身符”保证，正在逐步降为个人曾经接受过某种教育的记录。正是由于这块“敲门砖”的含金量大大降低，迫使人们开始反思这种亿万人代复一代地在“死读书、读死书、读书死”的死胡同里挣扎的陈旧的读书模式。

当人们潜心苦读多年，却发现传统教育反复许诺的“书中自有千钟粟，书中自有黄金屋，书中自有颜如玉”，其实离自己依然遥不可及，书还能读得下去吗？

当人们潜心苦读多年，却发现“学成文武艺，货与帝王家”固然志向远大，但竟然难以成真，书还能读得下去吗？

我30岁时（1978年）才上大学，上有老下有小不说，又意外陷身于生活的困境之中，不得不以尽可能少的时间应付学业，但是酷爱读书使得自己在想读的书上偏偏不吝时间。这种在矛盾中求生存的挣扎，竟然让我摸索出了一套高效的读书方法：把读书看成一个在向前人求知的同时自己也在研究、创新的过程，实现自己人生价值的同步推进。于是，这种读书方法最终成就了自己难以弃舍的读书人生。

2016年1月18日，世界经济论坛（达沃斯论坛）上，印孚瑟斯首席执行官维沙尔·西卡尖锐地批评当前教育体制“仍停留在300年前的农耕社会”，“必须告别过去，教育重点需要从学习已知知识转到探索未知事物上”。

这种读书理念，更是被2014年度诺贝尔物理学奖得主美籍日裔科学家中村修二一语中的：“……在标准化课程表的禁锢下，原本浩瀚无边而又美不胜收的人类思想领域被人为地切割成了一块块便于管理的部分，并被称为‘学科’。同样，原本行云流水、融会贯通的概念被分成了一个个单独的‘课程单元’。”

这就是“互联网+”时代对学校教育如何转型、学习者人生如何拓展作出的方向召唤。如果说，传统的“学科学制式读书”通过与课程单元对应的考试测验，以小块农田精耕细作式的“种瓜得瓜，种豆得豆”的传统读书方式，凸显了农耕社会至工业革命前期的“读书就是为了汲取前人总结的经验”，那么，“自主跨学科读书”则是“互联网+”时代的“在前人总结的基础上，向未来世界探索、思考、发现的创新读书模式”。

面对社会转型，我们这个有着“万般皆下品，唯有读书高”的悠久文化传统的国家，又将如何跟进并成功实现这个转型呢？

本书不是在宣扬一种可思而不可行的抽象理念，而是注重对实践成功的读书人生的总结。我想告诉人们自己40年自主读书的一个重大发现：当年，西方世界在工业革命的推动下，学校教育先后设立文科、理科、工科、农科、医科、商科等不同学科，表面看去，不同学科间相距甚远，实际上却有如人的身体一样，不同学科之间存在着关系密切的“经络”，构成一幅“学科经络走向图”。而自主跨学科读书的价值，就是在已经确立的学科之外，探索发现新的“学科经络交叉点”——一个新的“学科经络交叉点”就可能蕴含一门新兴学科。

一旦理解了这个“学科经络走向图”，也就像掌握了能够预测未知化学元素的“门捷列夫元素周期表”一样，能够推证并预测尚未确立的新兴学科。而这个入门指南，就是自主跨学科读书。

需要指出的是，自进入工业革命、信息革命时代，伴随着人类对未知世界探索能力的不断增强，有越来越多的人前赴后继地不断打破传统学科的藩篱，进入陌生领域进行跨学科探索，不断发现新的“学科经络交叉点”并进行研究。所以，自主跨学科读书的核心理念，并不在于必须跟在国外新创学科后面紧追——这种“跟风紧追”其实是永远也追不上的，也是更不可能超越的。诸如此类的新创学科，例如生物化学、天体物理、仿生学等，一旦确立成形，就是属于他人的成果。当然，师从追随的学习，也可以成为一种创新学习，但本书则更注重独立自主进入“前无古人”的领域。只有这样，才能真正拥有新创学科的话语权，自己的人生价值才可能与读书创新实现有机结合。

二、刘伯奎跨学科读书的十条创新轨迹

1. 没有《圣经》研究基础，研读《圣经》

从55个不同角度研读并撰写：

（1）《中华文化与圣经文化——面对中西方文化交融的哲学思考》（修订版）；

（2）《刘伯奎猜想——从火星探索反思人类起源》（未出版）。

2. 没有马克思主义学科研究基础，研读《共产党宣言》

从communism的构词特点发现，拿掉后缀“ism”（主义），前面的词根就是“commune”（社区），由此提出，communism的原意应当是——社区主义——“自由人联合体”。

（1）从马克思的“人是一切社会关系的总和”，提出与传统的“社会发展史”不同的“社区发展史”。“社区发展史”认为，人类社区的发展，无论国家政治体制、社会结构如何变化，都有一个最高目标追求，即自由人联合体。人类社会发展被划分为三大阶段，按照发展过程依次是：人的不自由联合体—人的自由联合体—自由人联合体。因此，鉴定某一国

家、社会发展水平的首位标准，应当是有助于推动人的精神境界从（原发）社区“不自由人”向（未来）社会“自由人”提升。

（2）以此为基础，撰写并出版了《中华文化与中国社区》，并判定当今中国社会正处于从“人的不自由联合体”向“人的自由联合体”的转换过程中，并且最终也将进入由“自由人联合体”组成并构建的“社区主义”。

3. 没有哲学学科研究基础，研读马克思、恩格斯的著作

（1）历史唯物主义与历史唯心主义：前者是对历史进程做纵向剖析的动态考察，而后者则是对历史进程做横向剖析的静态对比认知，因此二者结论截然相反。然而，我们在很多时候却更习惯于对历史进程做横向剖析的静态对比认知，也就是错把“历史唯心主义”当成了“历史唯物主义”。

（2）辩证唯物主义与机械唯物主义：前者以“彼亦一是非，此亦一是非”的辩证逻辑为其方法论，分别推导出此与彼的“合理性”与“不合理性”，若“合理性”大于“不合理性”，则是合理的，反之则是不合理的。而后者则以形式逻辑为其方法论，以单向线性因果关系推导出结论，这就难免有失偏颇。

4. 没有社会学学科研究基础，研读恩格斯的《英国工人阶级状况》

发现这是一部研究随着社会转型失去土地的农民的社会身份转型的著作，并撰写：

（1）《中华文化与中小企业文化》，并提出了企业文化必须从企业创业之始就必须逐步融注的核心理念；

（2）《社区教育实验与实务的多头推展——社区教育工作指南》。

5. 没有历史学学科研究基础，研读恩格斯的《家庭、私有制和国家的起源》

（1）撰写《情商养成分类与疏缺补救——社会教育工作指南》，提出情商实际上应当是一个中性词，个人情商系统包括亲情情商、友情情商、社区情商、社会情商、职业情商、事业情商等六类情商要素，且无法教育灌输。

（2）对于人类未来的家庭构成做出了新的展望预测，并对我们这个民族沿袭千年的“二十四孝”提出了辩证扬弃。

6. 没有语用学学科研究基础，参与语用学课题研究

2001年应邀前往广州外语外贸大学语言学及应用语言学基地，参加何自然教授主持的课题研究，师从何教授20天，撰写了《中华文化与汉语语用》（后更名为《汉语交际一本通——对外汉语教学高级读本》）一书。何自然教授评价该书具有五大亮点，是他读到的第一部“汉瓶装汉酒”的著作。

7. 没有研究鲁迅的基础，研读鲁迅的著作

扬其“国民性批判”的方法，弃其“国民劣根性”的结论，撰写：

（1）《大国小民——中国市民精神解剖报告》；

（2）《从大国小民到富国强民——国民精神文化转型指南》。

8. 没有国别文学与作家研究的基础，任教欧美文学多年，同时研读中国文学作品

（1）对《浮士德》《堂吉诃德》《红与黑》，以及莎士比亚的四大悲剧、巴尔扎克的《人间喜剧》等逐一提出新的文化见解。

（2）从独家阅读认知角度对《西游记》《红楼梦》《梁山伯与祝英台》《窦娥冤》等逐一提出新的文化见解。

9. 没有教育学学科研究基础，独创、首创、原创“小学—成人口才交际能力递进式训练体系”

（1）源于自己连续五次参加省市级演讲大赛均获一等奖（1985—1989年）。

（2）发现得奖并不是因为自己曾是文工团团员并略知表演，而是得益于个性化思考的努力。于是，逐渐从微观的个性化思考累积为宏观的立体思维训练体系；从立体思维训练体系拓展为高校口才训练体系；再从高校口才训练体系延伸为小学—成人口才交际能力递进式训练体系。

（3）将最早公开出版的《演讲成功之路》（26万字）扩充拓展成《中

国人的情商口才圣经》（108万字）。

10. 没有法学学科研究基础，自主依法维权并提起诉讼近百起

在口才交际教学训练体系中因成果被抄袭，自主依法维权并提起诉讼近百起，胜诉率达95%。

我是一个30岁才上大学的本科毕业生。如果年轻后生能够及早学会怎样“读前人的书，创自己的新”，还会看不到自己的人生价值在哪里吗？还会找不到自己的光明前途之所在吗？

本书不但是一部能够改变读书人命运的著作，而且是一部终将迫使传统教育开始改革的著作。

真心期待批评，热诚欢迎交流。有兴趣者不妨登录我的个人网站：www.lbkkc.com（刘伯奎口才智库）或 www.lbk-kc.com（刘伯奎口才训练），那里有我的近况以及学术研究的踪迹。

刘伯奎

2017年3月于上海嘉定寓所

目　录

第三部分　跨学科读书怎样实现“白日梦”

第四部分 跨学科读书的创新成果

第一部分
跨学科读书的时代已经到来

工业革命造就了爱迪生、莱特兄弟、居里夫人等名垂青史的发明家、科学家，科技革命、信息革命一直在持续不断地造就着比尔盖茨、巴菲特等“世界超人”，而我们的学校教育依然在传统学科的桎梏下，把学生囚禁在“十年寒窗苦，一举天下闻”的幻梦中，强迫他们以“种瓜得瓜，种豆得豆”的读书方式，去神往自己将如何“鲤鱼跳龙门”！以致成千上万人读一模一样的书，考一模一样的试，在传统知识的“象牙塔”内朝思暮想着能成为状元、榜眼、探花，然后再蜂拥而上去抢夺一只摔不烂的“铁饭碗”，这种“死读书、读死书、读书死”的陈腐模式早就该摒弃了。

一个人如果不想过早地被时代抛弃，被社会淘汰，他就必须顺应时代的发展特点，突破传统学科的制约，在学习中创新，在创新中学习，并且保持终身学习。能够做到这一点，他就能始终站在时代发展的前沿，不是被别人引领而是引领别人，在人生途中不断地攀登高峰。

第一章　教育危机催生跨学科读书

刘伯奎读书警示：

什么是"死读书、读死书、读书死"？

——渐趋老朽的"学科学制式读书"

什么是"活读书、读活书、读书活"？

——必将兴盛的"自主跨学科读书"

2012年6月7日，中新网报道"全国915万名考生今日高考，录取率为75%"。报道称，据教育部日前公布的数据显示，自2008年高考报名人数达到最高峰时的1 050万之后，这已是连续第四年出现下滑趋势。

2014年6月9日，中国教育在线报道，2014年全国高校计划招生698万人，其中本科363万人，高职（专科）335万人。根据2014年全国高考报名人数939万人测算，当年全国高考录取率约为74.3%。

然而，面对如此之高的录取率，多类高校却面临着"零投档"的尴尬。

2012年7月23日，人民网报道《大批高校遭遇"零投档"　高校将面临"洗牌"》。报道称，近几年，我国高校争相升格，专业院校改综合院校，专科升本科，"学院"改"大学"。仅2010年全国就新增或更名43所高等学校，其中，由中专学校升为高等专科学校的4所，由大专院校升为本科学校的22所，还有16所高校由"学院"改为"大学"，筹建到期正式设立高校1所。但是，仅从山东一省的情况看，一些新晋的本科院校，"本科”的招牌并没有带来预想中的效果，招生形势并不乐观。2012年，齐鲁师范学院、山东青年政治学院、山东女子学院虽然免于“零投档”，但投档数远远低于其计划录取数。而山东省272所二本院校遭遇“零投档”，至于高职院校生源危机更为严重，山东省96所高职院校无一人报考。

据了解，2012年，为扩大招生，山东省已经将专科录取分数线降低到180分，而高考5科总分是750分。按百分制来衡量，考生每科只要能考24分，就能上大学。而另有一些省份在征集志愿时还采取了降分备档措施，突破了最低控制分数线。例如，河南省在高职高专二批征集志愿时，对生源不足的学校降20分备档，对缺额较大的学校降40分备档。河南省专科二批的控制分数线为190分，是9年来的最低纪录。业内人士分析，这么低的分数线，其实线下考生已经寥寥无几。基本上可以说，只要参加了高考，想上大学就能上。

2014年，全国多类高校录取计划遭遇“零投档”的现象持续存在。例如，山东省174所二本院校出现“零投档”；而在河南，则因为34所三本院校遭遇“零投档”，已经有人提出“三本院校还有没有必要存在？”的问题。而其他各省，高校招生“零投档”情况也大致相同。

一、国人为什么开始叛离学科学制式教育

中国怎么了？中国的教育怎么了？

千百年来，无论是外族入侵，还是民族内乱，我们这个民族似乎从来都没有降低过对“读书学习”的重视程度，只要有一线希望，几乎没有哪个家庭会拒绝让自己的孩子读书学习。人们难以忘却，1977年，中央决定在全国恢复被中止了11年的高考，举国上下爆发了难以遏制的渴求读书学习的热情，竟然导致了印考卷的纸张不够的情况。

也就是从那时候开始，每年的高考都激发着人们对读书学习的热情，以至从1999年开始，全国高校结束了过去的精英选拔模式，改为大规模扩招。

然而，伴随着改革开放的步步深入，谁也没有预料到，在我们这样一个拥有全世界最为悠久的读书学习传统的国家，竟然也会出现学校的生存危机！

事实就在眼前，据报道，2009年，全国高考人数首次下降，有1 020万人报名参加高考，到2010年，这个数字降到957万人，2011年继续下降至933万人，2012年则再次减少18万人。近年来，全国高考人数逐步下降，高考中“三放弃”，即放弃报名或考试、放弃填报志愿、放弃报到现象日趋普遍。

与这种反常现象相依相伴的，则是另一种反常现象，那就是大学、大专和中专毕业生回头再读技工学校的“新潮流”！

这一现象大致始自21世纪初。2001—2003年，山东省已先后有近5 000名大中专毕业生重新返回技工学校的实习车间接受各种技能培训。这个数字，占该省技工学校在校生总数的4%。

2002年，广东职业技术师范学院天河分院的393名大专生，以及广州职工大学的32名学生集体转到广州市冶金高级技工学校，进行半年的技能培训。2005年，广州市各技校接收参加培训的大学生多达3 000人。

2003年，南京100多名大学生纷纷报名上技校学技能，仅南京交通技师学院就有50名大学生报名来学汽车运用技术。

2011年11月16日，《齐鲁晚报》报道《大学生“回炉班”揭了教育的疮疤》，报道称：山东省烟台市商贸高级技工学校将开设“大学生回炉班”，专招全日制大学专科及以上学历的学生。该校负责人称，他们主要培养大学生的动手能力，2012年已经开始分春、秋两季招生。

2005年11月9日，中国新闻网报道：《大学生无奈之举　“回炉”读技校拷问大学教育制度》，报道称：苦学十余载拿到高等学历文凭，竟无法敲开就业大门。于是，不少大学生开始踏上继续接受教育之路，学习各种实用技能，掌握一技之长，更换“敲门砖”以重新谋求一份工作。现在大学生毕业后“回炉”上技校已由个体变为群体，成为一种现象、一股热潮。2005年，郑州市技校招生约1.3万人，创历史新高，其中仅大中专毕业生重新上技校的就有近百人。

让人倍感难堪的是，这种读完大学再去读职业中专的现象，相对于"金榜题名"的传统成才观，已经是逆潮流而动了。与此同时，社会上又有北大毕业的高材生卖猪肉、大学毕业生卖油炸兰花豆而名扬全国，这推动了人们的进一步思考。尽管大学生毕业后去卖猪肉、卖油炸兰花豆原本并不能简单地认定为就是人生失败，但是，卖猪肉、卖油炸兰花豆等诸如此类的职业并不需要必须先接受高等教育却是一个不争的事实，学有所成却不能学有所用，对于这些大学毕业生来说，毕竟遗憾。

诸如此类的信息反馈到大学校园里，必将推动莘莘学子提前思考自己应当怎样读书学习的问题。高校校园里，我们看到很多大学生未雨绸缪，进入大学不久就开始忙于获取各种各样的资格证书，为自己即将投身社会增加筹码。

而有些成绩名列前茅的所谓"状元级别"的高中生，则干脆不再以入读北京大学、清华大学为自己的目标，他们将眼光转向别处。例如，据2012年6月24日《新京报》报道，2004—2011年，北京高考文理科第一名共有19人，其中11人选择了去香港的高等院校就读。

2012年6月26日，中国广播网一条报道又一次激起了社会的强烈反应：《4年超300万人放弃高考 出国留学连续4年增速超20%》，报道称：根据教育部最新公布的统计数据显示，今年全国普通高校招生报名总数为915万人，比去年减少18万人（2%）。

记者统计发现，这已经是自2009年全国高考报名人数首次下降以来连续第4年保持下降趋势，而北京市则已经是连续6年下降。除了受生源因素影响外，弃考已经成为高考报名人数锐减的一个重要因素。

这种情绪很自然地会向社会扩散，进而影响到中小学教育。于是，另一种现象也开始引起社会的广泛关注：那就是孩子干脆不去学校学习，改为在家读书，换句话说，在中国绝迹的"私塾"眼下已经开始悄悄"复活"。

时至今日，国内多个城市都已经出现"在家上学联盟"，其特点总体上表现为：孩子的父母对现行教育机制失望，决心辞职回家，为孩子的成才之路亲自设定个性化培育的方案。例如，2011年9月23日，《都市快报》报道：《义乌商人创建在家上学联盟　不到一年吸引1 800多会员》。

再看眼下中国，随着改革开放的逐步深入，出现了一股向海外移民的潮流。2014年1月22日，《北京晚报》刊登了由中国与全球化智库和社会科学文献出版社共同发布的《国际人才蓝皮书：中国国际移民报告（2014）》。蓝皮书显示，截至2013年，中国海外移民存量已达到934.3万人，23年中增长了128.6%。中国从1990年的第七大移民输出国，上升为第四大移民输出国。美国、加拿大、澳大利亚和新西兰是传统的移民国家，是中国新移民的主要目的地国。这原本是“地球村”时代的正常现象，然而调查显示，中国人移民的首要原因是子女教育，这个问题就非常值得关注了。一个具有全球最为悠久的“有教无类”教育历史的国家，一个在历史上除非战乱以及重大天灾，轻易不肯离开家乡的民族，现在竟然出现如此大面积的“背井离乡潮”，而其原因竟然是为了自己的孩子能够摆脱陈腐的读书学习模式，这不就是对本土教育体制的一种否定吗？

应当强调指出的是，无论上文中所罗列的“大学、大专和中专毕业生重读中技”“在家上学联盟”，以及为了孩子的教育问题而举家移民等现象眼下已经多么普遍，它都不可能成为人们读书学习的一种普遍规律。因为在当今中国，对绝大部分家庭来说，供子女读书并不轻松，花费好几年的时间在高一层次的学校毕业后再转回头去低一层次的学校读书，不仅在经济上是一笔沉重的负担，而且就学习者本人的时间以及从国家教育资源的利用方面来说，都无疑是一种不小的浪费。而根据各地“在家学习联盟”的情况分析，参加联盟的家长多拥有高学历，有的已经成为高级白领，甚至是精英人物，现在却不得不为了孩子而放弃自己的专业工作，回家给孩子担任全职家教，这样的付出也过于昂贵了。至于举家移民的代价更是远非一般家庭能够承受的。

但是，毕竟有很多家庭在这么做了。它至少说明，这些家庭在经过利弊权衡后认为，宁可让孩子读完大学再回头读中技，或者干脆让孩子从童年开始就不再去学校读书，或者索性为了孩子的教育问题而举家移民海外，和让孩子在现行教育体制下饱受枯燥无趣的应试教育折磨多年以后至多只能换一张文凭相比，也是利大于弊的。

这就是中国现行教育体制目前所面临的尴尬。

我们的教育体制究竟出了什么问题？

二、外国人为什么也不待见中国的教育

2014年8月6日，环球网报道《伊顿公学校长拒向中国学教育　吁英国勿看齐中国》。该报道称：看到中国学生在国际考试中表现优异，英国教育部在前不久呼吁英国学校向中国学校看齐。但英国著名私立中学——伊顿公学校长利特尔近日批评中国式教育像一件束缚学生发展的“紧身衣”，呼吁英国不要向中国看齐。

据英国《每日电讯报》报道，在2012年对全球65个国家和地区进行的PISA测试（评价15岁学生阅读、数学、科学能力的测试）中，中国上海学生在3个科目中均名列第一，而英国学生数学仅排第26名，英国政府因此曾派50名数学老师去上海取经。刚刚离任的英国前教育大臣戈夫曾表示，中国树立了一个教育成功的典范。英国前教育部政务次官特拉斯在任时也曾表示，英国教师应向“亚洲猛虎”学习，让学生放学后补课，每天安排一节30分钟的强化课。对于教育部官员的表态，利特尔认为，中式教育只能培养出高分低能的学生。向中国学习，会让英国孩子失去横向思考的能力。

利特尔在英国《广播时报》撰文说，他曾与上海一所知名中学的校长聊天，这名校长批评中国高考制度太过局限性，并担心自己学校的学生缺乏在全球经济环境下竞争的必要技能，比如创新思考等，他认为中国应向英国学习。利特尔讽刺说，在中国想要脱下“紧身衣”时，英国却迫不及待地想把它穿上。利特尔认为，英国的传统教育一向鼓励学生全面发展，不应把考试成绩与教学质量混为一谈。

2014年8月22日，又据澎湃新闻网报道，《哈佛不爱中国高考状元 青睐“有趣”学生》。报道称：有数据显示，美国61%的SAT（相当于美国高考）满分学生被哈佛大学拒绝；2010年北京理科状元被美国11所名校全部拒录的新闻，也曾引起争议。

高考状元是中国高校的“香饽饽”，却在美国名校受到冷遇。中国人通常直观地认为是美国名校不看重学科考试成绩，或是对中国高考成绩的不认可。

事实上，美国名校很看重学科成绩，并将其作为重要的招生参考依据，但成绩并非唯一的衡量标准。在出席2014年哈佛大学中美学生领袖峰会（HSYLC）时，哈佛中国区招生官威廉姆斯女士告诉记者：“我们要找的是有趣的人。”

招生官威廉姆斯女士在哈佛峰会上表示，申请哈佛大学并不存在A+B=C的成功公式。期盼通过复制他人的经验来获取哈佛的“入场券”，这招恐怕行不通。想要得到哈佛大学的垂青，只需要“做自己”。

首先，哈佛想要了解你是一个什么样的人。在这点上，哈佛确实有偏爱的学生类型：哈佛希望招收的学生为人友善，拥有良好的人际关系——在学校中是个好学生，在社区中也是个好成员。不过，这并不意味着哈佛想要招收“老好人”，而是希望招收到性格开朗的学生。

而对于全才和偏才，哈佛招生官的这杆秤并没有偏向其中一方。威廉姆斯女士说：“哈佛校园中确实有很多全能型的学生，但是这并不意味着偏才、专才就没有了进入哈佛学习的机会。”

哈佛大学二年级的中国学生朱梦欧表示，她的同学们都有自己的特长：有的人是做电脑编程的，有的人是练击剑的，有的人十几岁就写音乐剧，也有人致力于女权运动，同样也有性格内向但是数学天赋极高的学生。

人们可能会误认为哈佛的学生需要有一长串的获奖清单，但事实上，哈佛所看重的是学生的潜力。哈佛上海中心执行董事、哈佛大学校友王颐表示：“这其实可以通过很小的事情来看到，不一定是大团体活动。不需要在各个方面去打钩。”王颐表示，可以在面试的交谈中，从细节处了解学生的想法：他做过的某件事情，到底是出于什么样的动机，是通过什么样的工作来实现目标的。因此，哈佛的招生官很反感学生自我包装，而是看重学生的个人能力和动力。

当然，学业成绩是非常重要的考核部分。威廉姆斯女士表示：“我们只会把你的成绩放在你们学校的背景下来看，不会与其他学校、国家作比较。”

哈佛一直以来以培养领导力著称，而哈佛的“领袖观”却与中国人的理解有差距。

朱梦欧表示，过去自己认为做领导就是做学生会主席或者成为社团社长，但在哈佛念书的两年中，自己对于“领袖”的概念有了很大的转变。

面对哈佛众多的教育资源和学生活动，需要对自我有清晰的认识和定位。按照哈佛学生朱逸伦的话来说，就是“特别坦诚地面对自己”，知道未来想做什么、想学什么、怎样分配自己的时间。

王颐认为，哈佛的学习观和教育体系给了学生自我调整的空间。他自身就是个例子——王颐在哈佛学习的是物理学和天体物理学，但他并没有一条道走到黑，现在他是麦肯锡公司全球副董事，他说：“学习一样东西，并不一定意味着最后一定做这件事。因为在学习的过程中，会产生很多新想法。哈佛的教育体系给了学生很大的空间去做调整，可以随时换系。”哈佛的核心价值在于给了自己一个做事和为人处世的标准，这个标准来自于身边的学生。“这些都令人受益一生，与最后毕业文凭没有直接关系。”

而哈佛的“领袖观”也并不是说要把学生培养为CEO或总统，而是要求学生成为某个领域中有影响力的人。朱梦欧说：“领袖就是做学术要成‘腕儿’，做影视要成为star，做NGO就要把组织做大做强。无论做什么，都可以反映领导力。”

“在哈佛学习是一个阶段性的经历，如果总是陶醉于哈佛的名声，反而是对自己的局限。”朱逸伦则不在意别人的想法，她更关心自己内心的感受，因此哈佛的光环并没有给她带来负担。

两个女孩表示，进入哈佛后，确实时常有亲戚朋友或中学校友来讨教申请经验，她们把这看做一种朋友间的帮助，都非常乐于分享自己的经历。

但对于一些“哈佛女孩”出书的做法，两人都认为，出书的初衷是好的，买书看也是出于上进心，无可非议。但是，看“哈佛女孩”的书是否有帮助，这就很难说了。同时，她们也表示自己对于出书介绍成功经验不感兴趣。朱梦欧说：“每一个哈佛学生的成长经历都不相同，把自己的故事写出来，也未必能给读者带来太多帮助。”

囿于篇幅，本书只列举了来自英国、美国对中国传统教育的评价，但是，管中窥豹可见一斑，两则报道分别从“教”与“学”两个不同角度刺中了中国教育现状的“命门”。伊顿公学校长利特尔批评中国式教育像一件束缚学生发展的“紧身衣”，严重压抑了学生的个性，而哈佛中国区招生官威廉姆斯女士则表示对只会应试的学生不感兴趣。

三、中国传统教育的危机溯源

中国的教育制度其实有着比科举制度更为悠久的历史。

早在西周前期，战事频繁，学校教育以武事为主，而西周后期政权稳定，开始倾向文化教育。当时大学学习以礼、乐、射、书为主，而小学则多学六艺基础知识（“六艺”是指古代儒家要求学生掌握的六种基本才能：礼、乐、射、御、书、数，即贵族礼节、音乐、弓箭、驾车、书法、数学）。

从今天的教育理念来评价，中国的教育在起始阶段，就非常注重人的全面发展，不过，当时的教育所面对的是上流社会的子弟。

真正推动我们这个国家不分贫富贵贱“全民读书”并代代相传的，却是科举制度。这个制度在选拔人才上的公平、公正等方面，曾经是世界各国的样板。

但是，转换一个角度思考，就不难发现，科举制度引导着读书者步入的，实际上是一条越来越窄的人生道路。例如，科举制度以前，教育原本以“六艺”为学习内容，注重的是人的全面发展，而科举制度却使人们前赴后继地挤上了“考什么才读什么，不考什么就不读什么”的独木桥。在这条应试教育的独木桥上，簇拥着一代又一代的莘莘学子，在应试教育的指挥棒下，步调一致地有所学有所不学，“两耳不闻窗外事”地只在官方规定的“四书”“五经”等“应试书”中一心苦读，有的甚至还会像《儒林外传》中的范进苦读终生！

几百年前，科举制度因为实行竞争考试，择优录取，政权向平民开放，标榜公开取士，唯才是举，明显比西方当时的由出生决定贵族等级制或君主赐官制更为优越，进而对西方国家行政管理制度产生深远影响，引起世界多国仿效，其影响之深远以至有人甚至将“科举制度”赞誉为中国继“四大发明”之后的第五大发明。但同时也应当看到，这一“治世良药”其实有着严重的毒副作用，因为科举制度要挑选的并不是“不拘一格，人尽其才”的“才”，而是能满足皇权统治需要的、能为其统治服务的单一人才，而且这种“才”是“皇权统治本位”而不是“社会发展本位”的。这种选拔人才的方式就好像古希腊神话中的一则故事所述，一个人在一个路口放了一张床，强迫每一个路过的人都要躺上去，比床长的人砍掉长出的腿脚，比床短的人则把人强行拉长，结果可想而知，这将对原来形体多样的路人造成多么严重的伤害。

在某种意义上说，中国的科举制度是一剂能治病但是毒副作用太大的中药，在能够长期满足皇权对治理人才的需求的同时，却严重污染了多样化人才萌生的基层社会，使得中国社会长期弥漫着一种仕途至上的意识。时至今日，社会已经进入“互联网+”时代，我们的教育体制的人才培养模式却一方面沿袭着小自耕农的“种瓜得瓜，种豆得豆”的单一培养、单一收获生产模式；一方面又以“专供”“特供”为目标，实行高淘汰率的人才毁损。他们把学生放到单一目标的“应试床”上测量后，接着就是同一标准的硬加工。而当科举制度已经消亡百年转为现代教育制度以后，他们依然能频频打着状元、榜眼、探花的幌子，为早已落后于时代的、陈腐的“学科本位”“大纲教材”摇旗呐喊。

为了成为单一标准主控下的成功者，中国式的读书学习只能是放弃一切可能干扰取得高分的兴趣爱好，单一强调刻苦勤奋（如古人的“头悬梁，锥刺股”“三更灯火五更鸡，正是男儿读书时”），因为这样的学习有助于在最后关头的拼命一搏中取胜。学生自始至终没有真正获得“主体”的地位，依然无权自主决定“我要学”，依然是“规定学什么你就只能学什么”，依然是只要你不合单一的标准，就一律被否定。

继而，教育主管者也就不敢放手让学生去接触社会实践，怕分心，怕干扰（恨不能让学生到无人烟的荒山野岭去“两耳不闻窗外事，一心只读应试书”）。学生读书学习原本有着多样化的目的，而其中对于人才成长最能产生持久推动力的莫过于个性化的“兴趣读书”“思考读书”。然而，在“学科学制本位”的制度管理下，学生的个性、兴趣不仅不会得到关注，而只能是在一概如此的要求下被日复一日地磨平耗损，所剩下的也就是在被迫读书时怎么应对的利弊权衡了。

而利弊权衡导致的直接后果则是，学生不是把学好知识作为自己的使命，而是追求如何以最小的代价取得自己已经学习合格的证明。

其实，中国人的这种只追求能满足眼前需求的读书理念早在一百多年前就已经备受外部世界的批评了。

早在19世纪60年代，经历了“鸦片战争”的中国，终于于1861年开始了“洋务运动”，而此后不久，日本于1868年开始“明治维新”，两个国家先后派出大量人士前往欧洲。当时，普鲁士铁血宰相俾斯麦评价来到欧洲的中日两国人士的不同学习态度：“日人之游欧洲者，讨论学业、讲究官制，归而行之；中人之游欧洲者，寻某厂船炮之利，某厂价值之廉，购而用之。强弱之源，其在此乎？”应当看到，在那样一个年代能够迈出国门的中国人，没有一个不是精英人物，没有一个不是符合官方认定的文明规范的。然而，俾斯麦恰恰面对这样一群来自中国的精英人物做出了“30年后，日本将兴起，而中国将衰弱”的预言。俾斯麦一语中的，1894—

1895年的中日甲午战争，中国惨败于日本，国际地位一落千丈，而日本进入列强行列，时间恰恰过去了30年！

如果说俾斯麦作为政治人物，他的这一番话还难免有点算命先生式的言简意赅，用语措辞还显得比较婉转。那么，1883年8月24日，在美国出版的《科学》杂志上，全文记载了美国物理学会第一任会长亨利·奥古斯特·罗兰在美国科学促进会年会上做出的题为《为纯科学呼吁》的著名演讲，用语措辞就严厉得多了。这是一篇美国科学发展史上的经典文章，它曾经直接影响了美国科学的发展。而在这篇演讲中，罗兰认为："中国人已远远落后于世界的进步"，"我们现在只将这个所有民族中最古老、人口最多的民族当成野蛮人。"而他将中国人认定为"野蛮人"的依据，竟然是中国人的读书学习方式！

我们不妨看看他究竟是怎样说的。

在《为纯科学呼吁》一文中，他写道："我时常被问及，科学与应用科学究竟何者对世界更重要，为了应用科学，科学本身必须存在，如停止科学的进步，只留意其应用，我们很快就会退化成中国人那样，多少代人以来他们都没有什么进步，因为他们只满足于应用，却从未追问过原理，这些原理就构成了纯科学。中国人知道火药应用已经若干世纪，如果正确探索其原理，就会在获得众多应用的同时发展出化学，甚至物理学。因为没有寻根问底，中国人已远远落后于世界的进步。我们现在只将这个所有民族中最古老、人口最多的民族当成野蛮人。……当其他国家在竞赛中领先时，我们国家（美国）能满足于袖手旁观吗？难道我们总是匍匐在尘土中去捡富人餐桌上掉下的面包屑，并因为有更多的面包屑而认为自己比他人更富裕吗？不要忘记，面包是所有面包屑的来源。"

从这一角度理解中国人的读书理念，当前国内教育的种种乱象就不难理解了。改革开放以前，无论这个教育制度存在多少问题，人们也别无选择，只能任其摆布。而伴随着改革开放的日渐深入，当"金榜题名"不能再实现读书学习者原本期望的目标，而仅仅沦为"一纸文凭"，以致一旦走出校门，一粥一饭尚需自己重新全力打拼时，人们不仅对高职高专不再感兴趣，甚至连“二本”也不想去读也就可以理解了；有些家庭只是为了躲避中国的教育制度就宁愿花重金去国外留学，甚至为孩子不再受“应试教育”“读死书”的折磨而举家移民，也就可以理解了。再进一步思考，为什么那么多大学毕业生会回头读中技，这其中看似荒唐，其实道理也很浅白，因为回头可以为自己找到在社会立足的资本，可以自食其力，即使不能谋得“千钟粟、黄金屋、颜如玉”的辉煌成功，但却可能获取“食有鱼，行有车”的生活，可以比上不足比下有余了。

四、中国教育“凤凰涅槃”已经迫在眉睫

2016年1月18日，世界经济论坛（达沃斯论坛）发表了面向全球教育的改革报告。报告中指出，当前教育体制仍停留在“300年前的农耕社会”。转而考察国人已经视为传统的读书学习理念（精神生产方式），就不难发现，在中国，教育体制因深受以小自耕农为经济基础的农耕社会生产方式的影响体现得尤为明显。

例如，农耕社会对于天时的依赖，导致了人们生产生活方式也必须顺应天时。“春种、夏耕、秋收、冬藏”的农业生产节奏，势必造就农民春秋两季的高度紧张，同时也导致了完成“冬藏”任务后不再有生产目标的无所事事——“冬闲”。而与之相对应的，作为精神文化上层建筑的有机组成，我们这个民族的读书学习观也有着小自耕农的“农忙—农闲”的阶段变化的特点。例如，有些人在功名目标没有实现之前（相当于一年种植的收获没有到手之前），可以“头悬梁，锥刺股”，一旦“鲤鱼跃过龙门”，“十年寒窗苦，一举天下闻”（收获入仓），于是从此“马放南山，刀枪入库”。

再例如，小自耕农不仅“春种秋收”的不同阶段界限分明——种的时节不收，收的时节不种。而且春种完全看个人努力，而秋收则期盼老天爷开恩——靠天收。在自然经济基础上形成的学习方式，与农民种地的风格则基本相似，“十年寒窗苦，一举天下闻”的读书学习模式本质上也与农

民种地一样：十年寒窗苦，完全看个人努力，一举天下闻，则同时还要期盼老天爷开恩。

由此可见，中国人的读书学习理念与小自耕农的生产理念是一致的、相适应的。

为了更清晰地辨析这个问题，不妨与读者诸君共同回忆一件事。

1978年1月，作家徐迟发表了一篇轰动全国的报告文学《哥德巴赫猜想》，作品的主人公陈景润先生攻下了"1+2"，将全世界对这个难题的研究推进了一大步，进而使得摘下世界公认的"数学王冠上的宝石"——哥德巴赫猜想只剩下一步之遥。

陈景润先生大概可以名副其实地被称为"时代的幸运儿"，因为他曾经差一点儿就被社会淘汰。1953年，陈景润先生以优异的成绩毕业于厦门大学，后被分配到北京某中学教数学，然而，瘦弱多病的他不仅不善表达，稍微多说几句话就会喉咙发炎，更倒霉的是，到校工作的第一年，他就住院六次，其中有三次还做了手术，因为不能顶岗工作，学校最终解聘了他。

然而，对于陈景润先生而言，这一人生大挫折之后随之而来的则是一连串的"恰巧"：正当他跌入人生低谷的时候，厦门大学校长王亚南恰巧到北京教育部开会，而解聘陈景润先生的那所中学的校长又恰巧见到了王亚南校长，又恰巧就陈景润的不堪任用向他提了一大堆意见，还抱怨说："你们怎么培养了这样的高材生？"又恰巧，王亚南校长对陈景润很熟悉，而且一直认为陈景润是他们学校最好的学生。他不赞成这位校长的意见，而是坚持认为，陈景润的问题是毕业分配不当的问题，于是同意他重新回到厦门大学。王亚南校长将陈景润分配到厦门大学数学系，让他在图书馆当管理员，却不让他管理图书，只让他专心致志地研究数学。最终，陈景润先生登上了学术研究的巅峰。

一连串的"恰巧"使我们不能不反思：假如陈景润先生毕业于21世纪的今天，而且同样遭遇被中学解聘的人生挫折，他还有可能有这种幸运吗？

恐怕这种概率要大幅度降低了！因为，即使他所遇到的种种“恰巧”再次出现，人事制度也会使他寸步难行。一个不堪任用的中学教师，没有任何可供验证的文凭、证书以及成果，仅凭着校长的主观认定，居然就能被当做人才引进，这样的概率能有多大呢?

总结陈景润先生的个性特点，大致可以这样评价：我学成了什么样的本领，就要向社会奉献什么样的本领，如果社会没有给我这样的机会，或者不需要我的本领，那我也就没有办法，只能是听天由命了。他的这个特点恰恰和小自耕农的生产经营方式是一致的：我是农民（渔民、牧民），我就要向社会奉献我的劳动成果，一旦社会需求过剩或者不再需要我的劳动成果，我也就没有办法了。陈景润先生人生前一阶段的挫折不仅折射了中国传统农民为什么“丰收年同样难逃厄运”的魔咒（参见叶圣陶先生的小说《多收了三五斗》），同样也显现了为什么改革开放之初，只要某地或某企业进行转产、转型，就会随之出现一批陷入困顿、茫然不知所措的下岗人员的内在原因。

如果我们把陈景润先生的人生看成计划经济时代的人才成功的代表，那么就不难明白，为什么当今社会有那么多在学校读书非常优秀的人（包括历年高考中的状元级人才），转入社会以后往往就默默无闻的原因了；同时更不难明白，为什么随着高校扩招，大学毕业生求职越来越难的内在原因了。

根本原因就在于，计划经济时代的人才使用特点是“按需求培养”（需要多少培养多少）、“量才用人”（对人才进行综合考察，然后尽量把他放到最适合他的工作岗位上），而市场经济时代的人才使用特点则是“以岗选人”，每个部门根据自身发展需求设定岗位，再根据岗位需求选定合适的人才，不合需求则予以淘汰。从人才挖掘的角度简洁表述，那就是今天的时代更可能是“千里马常有，而伯乐不常有”，并不是人人都能像陈景润先生那么幸运，能碰到救星王亚南校长的。因而，对绝大部分“千里马”而言，只能是自己保护自己。于是，一种新的人才成功模式在社会出现：“我希望能用学到的本领为社会服务，但是，如果社会需要的是另一类人才，那么，我就重新学习，争取早日成为那一类人才，以确保实现自己人生价值的最大化。”

中国以1978年的改革开放为界，实际上进入的就是这样一个全新的时代。在这样一个“知识爆炸、学科裂变”的时代，一个人越是能够适应时代的变化，能够较快胜任新的领域的新的工作，这个人就越可能成为生活中的强者。

这就是跨学科读书可以推动一个人具有可持续发展能力的内在依据。

为什么这么说？

因为，尽管“社会需要什么，我就能提供什么，哪怕从头开始，重新学习，我也要努力成为符合社会需求的人才”，看起来理念很新。但是，仅仅明白上面这个道理是不够的。因为，当你发现社会需要某种新型人才，而你也愿意重新改造自己成为这种新型人才，于是开始去重新学习，可是等你学成归来，早已“僧多粥少”，同样又面临人满为患的问题了！

由此，我们不得不重新思考一个哲理：“机遇总是青睐早作准备的人。”显然，在今天这样一个机遇突然来临却稍纵即逝的时代，只有早作准备的人才能成为真正的成功者。

怎样才能早作准备呢？

我们不妨仍以陈景润先生为例。在他的身上，其实既有着“传统学科人才”的一面，还有着“跨学科人才”的另一面。我们都知道，王亚南校长对于陈景润先生的帮助，只是改变了他的工作环境，而这一改变并不必然导致他的成功。最终推动他人生成功的根本原因，还在于他自己对哥德巴赫猜想的持之以恒的研究。而尤其值得关注的是，他的兴趣研究并不是先得到上级批准才开始的，更不是在拥有大笔科研经费和合作团队的情况下开始的，他起步于自己备受冷落的时期，起步于被周围环境误解、曲解的时期，起步于没有人给他任何帮助、扶持的时期。在那样一个时期，他的百般努力完全可能因为最终没有成功而一切付之东流，但是一旦成功了，那就任何人也挡不住。

综观陈景润先生的一生，他的成才过程以及他恰好置身于社会转型期的生命历程（1933—1996年），使得他成为“传统学科读书的第一位失败者”（在20世纪50年代，大学生稀缺时期，他手持名牌大学毕业证书却连一个中学教书的岗位都不能保住），同时又名副其实地成为“自主跨学科读书的第一位成功者”（在得不到社会承认的情况下，完全自主地取得学术创新研究的巨大成功）。

显然，根据一定的经济基础决定一定的上层建筑的原理，如果中国没有改革开放，没有把以小自耕农为主体的自然经济逐步变革为市场经济，人们依然会恪守着老祖宗流传下来的读书学习理念，代复一代地追求着“十年寒窗苦，一举天下闻”。但是，改革开放推动我们这个民族进入了一个时时处于竞争发展之中的日新月异的时代，人们读书学习的模式与理念必须发生适应性改变。“不在变革中重生，就在守旧中死亡”。

拓展阅读1

为什么金字塔的建造者竟然可能是一群自由人

2016年1月30日，新浪博客上刊登了博主“人在天涯”的一篇博文：《金字塔真正的建造者是一群自由人》。这里略作删改，节录如下：

“金字塔的建造者，绝不会是奴隶，而只能是一批欢快的自由人。”1560年，瑞士钟表匠布克在游览金字塔时，做出了这个石破天惊的推断。很长的时间里，这个推论都被当做一块笑料。

然而，400多年之后，也即2003年，埃及最高文物委员会宣布：通过对吉萨附近600处墓葬的发掘考证，金字塔是由当地具有自由身份的农民和手工业者建造的，而非希罗多德在《历史》中所记载：由30万奴隶所建造。

埃及国家博物馆馆长多玛斯对布克产生了强烈兴趣：400年前，那个叫布克的小小钟表匠，究竟凭什么否定了伟大的希罗多德？何以一眼就能洞穿金字塔是自由人建造的？

他要破解这个谜团。

真相一步步被揭开：布克原是法国的一名天主教信徒，1536年，因反对罗马教廷的刻板教规，锒铛入狱。由于他是一位钟表制作大师，囚禁期间，被安排制作钟表。在那个失去自由的地方，布克发现无论狱方采取什么高压手段，自己都不能制作出日误差低于1/10秒的钟表；而在入狱之前，在自家的作坊里，布克却能轻松制造出误差低于1/100秒的钟表。为什么会出现这种情况呢？布克苦苦思索。

起先，布克以为是制造钟表的环境太差，后来布克越狱逃跑，又过上了自由的生活。在更糟糕的环境里，布克制造钟表的水准，竟然奇迹般地恢复了。此时，布克才发现真正影响钟表准确度的不是环境，而是制作钟表时的心情。

在布克的资料中，多玛斯发现了这么两段话："一个钟表匠在不满和愤懑中，要想圆满地完成制作钟表的1 200道工序，是不可能的；在对抗和憎恨中，要精确地磨锉出一块钟表所需要的254个零件，更是比登天还难。"正因为如此，布克才能大胆推断："金字塔这么浩大的工程，被建造得那么精细，各个环节被衔接得那么天衣无缝，建造者必定是一批怀有虔诚之心的自由人。难以想象，一群有懈怠行为和对抗思想的奴隶，能让金字塔的巨石之间连一片小小的刀片都插不进去。"

布克后来成为瑞士钟表业的奠基人与开创者。瑞士到现在仍然保持着布克的制表理念：不与那些强制工人工作或克扣工人工资的外国企业联合。他们认为那样的企业永远也造不出瑞士表。

也就是说：在过分指导和严格监管的地方，别指望有奇迹发生，因为人的能力，唯有在身心和谐的情况下，才能发挥到最佳水平。

博主在文中写道："电光石火，石破天惊，我想到了我们的教育。"

当前，我们的教育，恰恰就是以束缚、控制、压制、监管为特征；以大负荷、高速度和快节奏为根本；以每节课都是最后一课，每次测验都是最后一考。我们把水灵灵的教育业，弄成了干巴巴的制造业。我们只有制造，没有教育。我们只有统一模型的产品，没有千姿百态的学生。

教育，绝不可能在恐惧中进行。

恐惧会让学生失去安全感，在这种倾斜之下，学生的心灵只有小心翼翼地自我保全，没有活泼地主动发展。这样制造出来的学生，他们的心灵既不会完整，更不会幸福。最要命的是，久而久之，一种平和的，充满好奇心的教育禀赋逐渐沦丧了。世界一片黑暗。而真的教育必须是：你的心不再被恐惧占领，不再被理想、符号、词语所裹挟，你必须敞开你所有的心灵和毛孔，直接和世界肌肤接触。你能闻见世界的味道和气息，触摸到它的柔软和质地，你的所见才是真实、永恒、不受时间限制的东西。

教育的意义是帮助你从孩提时代开始就不要去模仿任何人，永远都做你自己。当我们永远处在发问之中，做一个世界的探询者，并且努力寻找事情的真相，我们就永远处在发展之中。金字塔必须由自由人建造，教育也必须在自由中产生。

“学”是主动的，“教”是被动的，主动地“学”比被动地“教”更为有效，因此，《论语》中有56个“学”字，《学记》中有48个“学”字，远远超过“教”字出现的频率。

伟大的教育家蒙台梭利则从人格培养的角度分析了强迫教育的危害。她说：“一个儿童，如果没有学会独自一个人行动，自主地控制他的作为，自动地管理他的意志，到了成人以后，他不但容易受到别人指挥，并且遇事非依赖别人不可。一个学校里的儿童，如果不断地受教师干涉、禁止、呵斥，以至于诟骂，结果会变成一种性格上很复杂的可怜虫。”而一个可怜虫注定是教育的残次品。

制造出金字塔的，注定是那些自由的人。教育，如何真正地发生？注定要让学生获得自由，免于恐惧。在现有的教育体制下，我们永远不会培养出真正的大师。因为真正的大师不会在恐惧和束缚中产生。

第二章　从“分学科读书”到“跨学科读书”

刘伯奎读书自律：

人多的地方不要去，人少的地方可拓荒。

反思人类读书学习的历史，最早开始的是不分学科类别的学习，以我们这个民族为例，最早的是“六艺”（仔细辨析，倒也是德智体全面发展的），后来根据皇权统治的需求产生了科举制度，也就是文化启蒙的高级化——“学成文武艺，货与帝王家”。

西方国家的读书学习历史明显晚于中国，在没有学校之前，教会其实就是人们读书学习、识字明理的重要场所。但是与中国不同的是，西方国家较早进入了工业革命时代，在工业飞速发展、产业分工细化的呼唤下，迅速催生了与其社会分工细化特点相适应的读书学习方式，即分学科读书。具体地说也就是，同为进入学校接受教育，尤其是高等教育，开始出现了文科、理科、工科、农科、医科、商科等学科方向的不同。西方的工业革命推动现代工业的发展，而现代工业又催生了现代教育的“分学科读书”，以对人才进行专业方向不同的群体化分类。

应当指出的是，人类从“不分学科读书”转向“分学科读书”，无疑是历史的一个巨大进步，但是，“分学科读书”中的学科从初创到发展成熟，再到落后，在某种意义上，就相当于一个人从童年到中年，再到老年，也同样是具有生命周期的。

如果说，工业革命时代的初期、前期，人们开始接受“分学科读书”

的学习方式，那么，伴随着科技革命以及信息时代的到来，伴随着“知识爆炸、学科裂变”的时代特点，人们又将开始接受“跨学科读书”。从“分学科读书”到“跨学科读书”，不仅彰显了时代的文明进步，而且也告知人们，读书学习的理念也必须紧贴时代与社会的发展，才能保持旺盛的生命活力。

应当指出的是，“分学科读书”从教育指导理念来分析，已经开始注意到人才有不同类别的差异，应当因材施教。但是，“分学科读书”对人才的分类还是粗线条的框架分类，至于被装到同一个“学科”里的学生群体，则一般不再关注其中的个性差异，而是按照统一标准进行统一打造，即使注意到学生的个体差异，也不会去重点关注这些差异，而会要求学生“弃异求同”，即要求学生放弃自己的个性化需求并努力满足学科制定的共性标准。

“跨学科读书”更进一步注意到个人的不同差异，更加关注人才的个性化养成，致力于突破学科制约，放手让学习者各取所需地构建自己的知识结构。

但是，深入辨析“分学科读书”与“跨学科读书”的差异，更为重要的一点在于：分学科读书与工业革命前期相适应，它培养的是人们对某一学科的尽可能全面的把握与适应能力，培养的是某一学科领域或行业领域的专门人才，因而，一旦该学科的专才培养总额大于市场职业岗位需求，就难免出现学生毕业后空有一脑门子专业知识却“英雄无用武之地”的尴尬，有时候学习者还难免被迫另寻出路。

而跨学科读书则与科技信息时代相适应，它注重培养的是人们对不同学科的异同对比认知，进而强化其发现能力、创新能力与主控能力。由于学习者能够超越对某个单一学科的适应，所以即使发现自己喜爱的学科领域一时没有自己的用武之地，他也可以先在其他领域“暂且栖身”。而其中的更为优秀者，还可能从“暂且栖身”起步，自己开辟出一块独立的天地，甚至发展成一门新的学科。

在某种意义上，这也就是西方世界伴随着科技革命、信息时代的到来会出现“知识爆炸、学科裂变”的社会基础。而中国如果继续固守分学科读书，不注意强化培养学习者的发现能力、创新能力与主控能力，只怕依然难免“总是匍匐在尘土中去捡富人餐桌上掉下的面包屑”的行为。

一、跨学科读书的双层推进需求

在管理体制主控着人们读书学习的社会条件下，跨学科读书需要双层同步推进才能大面积落实。第一层面是行政体制管理环节，第二层面是个人学习需求环节。

我们不妨先谈第一层面。如果行政体制管理环节能够顺应时代发展，推进改革，因势利导，激励学习者的主观能动性，那么，跨学科读书就可能大面积地推广，进而大面积地激励个性化人才的养成。

从来自国外的信息报道中可知，跨学科读书在国外早已是一件寻常事。例如，英国剑桥大学应用数学和理论物理系终身教授，国际著名数学家、理论物理学家斯蒂芬·霍金，这位身体重度残疾的科学家，被人们称为“宇宙之王”。他于1959年17岁时入读牛津大学的大学学院攻读自然科学，随后转读剑桥大学研究宇宙学。23岁时，他获剑桥大学哲学博士学位。

还有一例，美国前总统克林顿的女儿切尔西，起先就读于美国斯坦福大学，原本主修化学，并对药学感兴趣，但两年后却转到历史系，毕业获得学士学位，而此后她又入读英国牛津大学并获得国际关系硕士学位。

通过以上两位国外的知名人士的读书学习经历，我们可以看到，他们不仅在大学的读书学习是不受传统的专业学科制约的，而且，他们还力求在不同学科之间进行跨越。不难想象，当一个人的知识构成具有多种学科（职业）成分，思维特点能够适应多种学科（职业）要求时，他不仅具备了进入不同学科学习的基本能力，而且同时也具备了在学科交叉边缘进行拓展性思考的基本能力。

改革开放几十年来，终于开始暴露我们民族沿袭千年的“传统读书”

的软肋。这一“软肋”具体表现在“读什么书，怎样读书”，与社会形势的发展变化严重脱节。

时至今日，在这种新的发展形势下，我们的现行教育机制却仍然四平八稳地引导着一代又一代的学习者在成熟学科——在人类的“已知领域”单一地重复着已经完成论证的内容，在共同熟知的领域里进行谁的知识掌握得更多一点的较量，这种“因循守旧”的人才培养模式与社会对创新型人才的迫切需求之间出现了日益明显的矛盾。即使教育方已经注意到这一矛盾冲突并努力进行调整，但是，必须按照事先设定的教学计划完成应试教学的理念机制仍然难免像“紧箍”一样套在人们的头上。等到学生苦学数年毕业走出校门一看，才知道自己早已成了社会快速发展的落伍者。

在西方世界，原本始自17世纪波兰教育家夸美纽斯创造的“班级授课制”也早已伴随着工业革命导致的“知识爆炸、学科裂变”而逐步被“扬弃”，紧紧跟上了时代发展的步伐。

首先，学分制的实施，使得学生在相当大的程度上摆脱了“规定必须学什么，就只能学什么”的学科控制，在“读什么书，怎样读书”方面有了相当大的自主决定权，这就有效地保护了学生的个性气质、情趣爱好，进而又有效地保护了学习者在学业完成后进一步深入探究的可持续发展的动力。

其次，国外教育机构早已开始对“班级授课制”进行改造。例如，美国从中学开始就实行选课制；德国的高中自1972年取消班级制所执行的学程制；另有一些国家的学校取消年级、淡化班级概念，完全实施学分制；等等。在这些学校里，所谓的教学班级，仅仅在某一节课上才形成，下课后即解体，下一节课的听课者又会根据学生自主选定的课程内容出现新的组合。在这样的学习环境中，即使是同一所学校毕业的学生，其知识构成也是各不相同的。这种各不相同实际上养成了学生不受传统学科制约的学习理念。

反观我国的教育体制，作为上层建筑领域的一个重要构成部分，则严格遵守着一定的经济基础决定一定的上层建筑的原理，社会经济基础不变，则上层教育体制不变，甚至是经济基础已经改变了，作为上层建筑的教育体制依然依据其“相对独立性”的特点而固守不变。

例如，国内教育部门在引进“学分制”后却立即对其进行“异化限制”。表面上看，国内高等教育已经改成学分制了，把原本按照课程名称排列的成绩单换成相应学分累计计算，但是实质上，学习者“学什么、怎么学”仍然要由教育管理者设定，学习者不可以用“甲学科”的学分充作“乙学科”的学分，依然必须在严格分类的学科范围内学完该专业规定的全部课程，至多可以在选修课或者公共选修课方面做一点微调而已。

不仅如此，传统学科竟然还能以“改革”的名义“创新”出一套大大强化传统学科体制的“本（科）硕（士）博（士）连读”的教育模式，有的学校还以“如果连读，8年就可以完成本硕博阶段的全部学业”作为自己的品牌特色，却全然没有替学生着想。一个人，在单一传统学科内部学习时间越长，最终就越有可能只会在该门学科领域的“象牙塔尖上折腾”，而一旦离开该门学科领域的“象牙塔”，就有可能一无所能。这种单向线性发展的教育理念培养出来的“豆芽菜”式的需要“被保护”才能生存的学生，读书学习时间越长，就越不可能成为“不怕失败，勇于闯入未知领域进行创新研究”的开拓者。更为严重的是，一旦他们离开学校，社会上如果无法提供能够让他在“象牙塔尖上折腾”的工作岗位，他还将无法在这个社会立足，尤其是无法迈进新兴学科领域并立足。

也许这就是我国现行教育体制连续几年出现多层次小面积叛离的内在原因，因为教育这节车厢已经与时代发展的车头脱钩，已经失去了前进的动力。

显然，中国现行教育体制要想化解眼前所面临的现实危机，首先必须要解决一个问题，那就是接受类似英国伊顿公学校长的批评，从管理体制上解除对学生个性发展的束缚，彻底改变在培养人才的名义下压制人才的个性化养成的名实不符现状。

我们应当看到，只有当学生的学习兴趣可以不受束缚地由自己主导（学校与教师只是尽引导之责），学生大范围地跨学科读书才有可能成为现实，进而成为跨学科人才，我们的教育体制的现实危机才能真正化解。反之，如果在行政管理层面绝不支持甚至压制跨学科读书，那么，跨学科读书就有可能变成只能是个别的、意志精力特别坚强的人的人生成功助推器。

令人欣慰的是，传统教育体制对学生过紧的束缚，尽管已经为时已久，但是，近年来，尤其是自中共十八大召开以来，已经有了明显的松动。眼下不仅在高等院校，即使在中学，也已经开始大量开设选修课以培养学生自主学习的兴趣（这也就是在开始推进“自主跨学科读书”），而作为全国基础教育指挥棒的高考，也开始了一步一步的改革（例如，外语可以考两次等改革举措）。

囿于篇幅，关于教育体制与管理理念方面的问题，本书就不再赘笔，想再指出的一点是，如果不能得到教育管理体制方面的支持、鼓励，那么，完全由个人独立进行的跨学科读书难度会变得很大。但是，跨学科读书的时代既然已经到来了，那么，就不必再等，市场经济的特点是：谁先行一步，谁就取得了抢占成功的先机。

下面我们来看第二层面，在个人学习需求环节怎样激励跨学科读书。具体地说，就是接受类似美国哈佛大学招生官对中国学生“无趣”的批评，引导学生关注怎样使自己成为一个“有趣”的人。显然，“无趣”在这里并不是指作为一个个人是否风趣幽默，而是指其在学习中是否有“主动要学、想学、愿意发奋地学”的有自主方向的兴趣。

跨学科读书的兴趣需求产生的前提显然是来自社会的现实刺激。

我们可以看到，在传统的农耕时代，由于生产力与生产方式的变革迟缓，人们不但能够“一招鲜，吃遍天”，而且还可以凭“祖传秘方”让子孙后代受益无穷。例如，电视连续剧《大宅门》中，白家老号为了能够保住“祖传秘方”，和日寇侵略者进行了殊死搏斗。如果把这件事移到当今时代，日本人根本没有必要去对白家追逼打压，他们只要把白家的产品买去进行一番检验，什么秘方也就不再是秘方了。正是这种日新月异的时代特点，导致社会发展已经从过去的“江山代有才人出，各领风骚数百年”

的慢节奏转变为“各领风骚三五天”的快节奏。时隐时现的现实压力，迫使人们进行跨学科读书学习以适应未来时代发展的新特点。

跨学科读书从本质上说，更主要地表现为一种读书学习理念，在这一理念的指导下，跨学科读书可以派生出各种各样的形式。

跨学科读书就自主程度而言，可以分为被动跨学科读书和自主跨学科读书。

正如本书在第一章中谈到的，当今中国，已经有大学毕业生毕业后因为找不到工作回头读中技，就属于比较典型的“被动跨学科读书”，而在本章前面谈到的美国前总统克林顿的女儿切尔西，在大学里原先学化学，读了两年跨到了历史系，获得学士学位后又转去读国际关系学并获得硕士学位，就属于比较典型的“自主跨学科读书”。

但是眼下各种新兴学科越来越多，难免令人眼花缭乱，如果什么学科热就去追学什么学科，最后难免“竹篮打水一场空”。

所以，从个人一生很可能从事不止一种工作的角度思考，中国人应当抓紧适应跨学科读书的理念，而且应当“自主跨学科读书”。

跨学科读书就学科跨度而言，又可以分为“位移式跨学科读书”和“跳行式跨学科读书”。

所谓“位移式跨学科读书”，主要是指学科跨度较小，有的只是在相邻学科上做了位移。

例如，同为研究社会的文学与历史，二者之间的思维特点又有所不同。文学思维的侧重点是非常注重形象思维（或称之为想象思维）的，因而它很难处处要求实证；而历史则要求忠于事实，要求秉笔直书，处处注重实证。但是，由于历史资料难免有残缺，导致历史研究者不可避免地要采用想象思维，从这一点看，历史与文学有其共通特点。也就是说，文学研究者可以以主观想象为依据进行写作，而历史研究者其想象不能背离证据残片提供的客观信息。这样一来，想象的“度”的把握就成了历史学科思维特点的关键所在。一旦想象过度，真的把历史看成一个可以任人打扮的小姑娘，那就不再是历史的正说，而成了戏说。从这一角度思考，文学与历史固然属于不同的学科，但是由于学科之间的联系紧密，学科跨度不大，它们之间的“跨学科读书”只能称之为“位移式跨学科读书”。

再例如，对比中学物理与中学化学，则又不难发现，中学物理总体上是研究物质的量变的学问，而中学化学总体上则是研究物质的质变的学问。从哲学角度理解，“量变质变”关系是既有内在联系却又界限分明的。因此，同样因为“学科之间的联系相对密切”，从物理与化学的跨度来看，也是归为“位移式跨学科读书”比较合适。

所谓“跳行式跨学科读书”，主要是指学科跨度较大，有的从表面上看，简直就是难以找到关联性的不同学科，在这样的不同学科之间进行跨学科读书，即可称之为“跳行式跨学科读书”。

前文中已经谈到，文学是一门研究社会的学科，其侧重点是非常注重形象思维（或称之为想象思维）的，因而它很难处处要求实证，而只能是充分发挥其主观能动性进行合理想象的演绎。而化学是非常注重实证思维的学科，因为化学中的任何一个新的发现，都必须以实验实证为基础，哪怕是一些带有预测性质的论点，也必须通过实验作出明证才能够成立。那么，让一个学文学的人去学化学，这个人将成为一个什么样的人呢？如果这个人“学而不思且思而不学”，那他很可能学到最后也不过就是“文学+化学”的拼凑叠加，但是如果这个人既精于吸收、提取，又勤于思考、辨析，那他很可能就会出现一个跨越，成为“形象思维与实证思维有机融合”的复合型人才。不要以为学文学的人去学化学是不可能的事，哪怕这样的人在我们的身边还没有出现，但是不等于在跨学科读书的理念指导下也不可能出现。因为在跨学科读书的理念指导下，如何跨越不同学科完全是自主决定的行为。何况，我们眼前就有了一个典型的个案，那就是在斯坦福大学先学了两年化学又去读历史并成功毕业的美国前总统克林顿的女儿切尔西。

当我们发现，不同的学科分类（包括职业岗位分类）的细密化必然导致对人的思维特点的不同的侧重要求，因此，如果单一地而且过久地沉浸在某一学科（某一职业）中，这个人就可能成为该学科领域的专才甚至是该学科领域的专家。但是，一旦离开该门学科或者该门学科被历史淘汰，这个人就将无所适从甚至一无所能。当今时代已经进入科技革命和信息时代，这就迫使原先固守某一学科的“专才”必须能够与时俱进，迅速扬弃更新，进而推动自己能够突破固有学科思维的桎梏而成为能够适应新领域新岗位的“通才”，使自己成为能够适应社会需求的跨学科人才，即复合型人才。

“位移式跨学科读书”和“跳行式跨学科读书”之间并无高低优劣之分，完全根据学习者的兴趣、爱好与现实需求自我选择。

二、跨学科读书人人皆可自主成功

也许有人会说，我并不想成为研究型学者，要关注那么多不同的学科干什么？

这个想法未免过于狭隘。首先应当看到，这种思想其实源自我们的传统读书理念。因为就学科学制式读书而言，中国人注重的是对传统学科内部知识掌握得丰富系统程度，往往不太注意不同学科对学习者的要求有所不同。例如，文学注重要求人的形象思维能力，数学注重要求人的逻辑思维能力，化学注重要求人的实证思维能力，等等。不同学科的不同要求会推动一个人的思维素质全面优化。而我们知道，学校教育是按照学科分类来培养学生的，这种“分科培养”的模式会导致被培养者的思维模式在某一方面有所侧重（同时在其他方面有所欠缺），而现实生活中新事物、新学科的出现，却不是按照既有学科分类有序呈现的，但又分别与某传统学科有着千丝万缕的联系。因此，你的思维素质越是优化、全面，你越是能适应不同学科（行业）对思维的不同要求，也就意味着你在现实生活中越是能快速适应新环境，你也就越是可能成为生活中的强者。

传统学科学制式读书，相当于大家在已知的学科领域里，以同门子弟式的基本相同的知识构成与他人一决高下，所谓“千军万马过独木桥”，实际上就是对大批同门学习者在单一学科方向展开的“量”的较量，这样的较量持续进行下去，你的大脑最终至多成为一个“高电容量的手电筒”，注重向单一方向“照亮”（学科内知识体系），而“外延周边”（学科外知识体系）难免不太关注。于是，为了在单一方向上比别人远看一米甚至一厘米，以凸显自己的优势，你只能想方设法地扩容再扩容，增量再增量，这就难免越学越苦，越学越累。

尤其值得注意的是，在传统学科学制式读书过程中，掌控“手电筒”方向的并不是读书者自己，而是学科学制。因而，传统学科学制式读书很难使绝大多数人感觉到自主读书、自主发现的快乐。

而“跨学科读书”的基础理念是：一座灯塔可以照亮远方，却照不亮自己脚下，而两座灯塔互照，则每座灯塔脚下都可以照得清楚明白。那么，三座灯塔互照、四座灯塔互照呢？……如果把每一门学科都看成一座灯塔，那么，你拥有两门以上的学科灯塔的交叉映照，就能使你具有运用两种以上不同学科思维来交叉思考同一问题的能力，原本单一学科灯塔脚下存在的暗影就可能被照亮了，你就可以不必再去苦苦追求如何突破单一学科的“照远极限”，转而关注近在眼前的原先学科灯塔脚下的暗影，进而，你就可能发现那里存在着有待追求的新的目标，那里可能出现可供自己大展拳脚的场地。你就会获得坚持单一学科读书者难以获得的新的发现，又由于这些新发现是自主努力的结果，是个性化进取的成功，跨学科读书坚持越久，自主发现就可能越多，读书所带来的快乐就越多。

也许又有人会说，我想通过跨学科读书强化自己的适应能力并期望成为复合型人才，可是，“隔行如隔山”，世上三百六十行，其中一行想学精学深已经很难了，怎么去追求不但能跨行，而且能跨深呢？

其实，正如前文中已经谈及的，跨学科读书既可以说是一种读书学习方法，也可以认定其为一种时代先进的读书理念。

时代先进显现在哪里？

这就不能不再次提及2016年1月18日，世界经济论坛（达沃斯论坛）发表的面向全球教育的改革报告。报告中指出，由于当前教育体制“仍停留在300年前的农耕社会”，“必须告别过去，教育重点需要从学习已知知识转到探索未知事物上”。

而跨学科读书理念的先进之处正在于，它能有效改变传统教育重视对“已知知识”的学习灌输，并且将读书者的兴趣有效转向“探索未知事物”。

第一，它并不是明确规定一个人一定要读完几门以上学科的书籍才能称之为跨学科读书，而是自己根据需求（个人需求也应当是多样化的），哪怕自己在主打学科之外，又对另外一门学科有兴趣，哪怕只知道了一点皮毛，就可以算是在进行跨学科读书。也就是说，跨学科读书的起步要求并不高。

第二，跨学科读书并不主张一门学科又一门学科的“灌输式”学习，而是注重在不同学科之间进行交叉思考（即利用不同学科的“灯塔”进行互相照射），而且尤其注重聚焦两门或两门以上学科的交叉边沿地带，即对单一学科灯塔照耀的盲区或往往不受重视的，但是自己产生了兴趣的部分进行聚焦考察，力求能有新的感受与发现（一时没有感觉也不刻意强求）。同时，对一时不能激起兴趣的部分则走马观花甚至跑马观花，注重积累，在不同学科之间发现学科思维联系的异同点，进而力求能提炼出值得进一步深化研究的创新思考点。

跨学科读书的要求重在疏通、贯通。而且，应当强调指出的是，起初，在两门不同学科之间寻求新的发现的难度往往较大，但是随后，三门学科之间、四门学科之间寻求新发现则越来越容易。原先“隔行如隔山”，因而不得不先退回山脚再重新开始登攀的“跨学科转行”的痛苦就会逐步演变为“贯穿隧道”式的便捷轻松，读书的成就感也随之越来越高，读书带来的快乐也就越来越多。

伴随着一个人在不同学科之间“跨学科通道”的逐步增加，其最终就可能形成一种多方向延伸的交叉网络，这种交叉网络不仅可以有效推进两门不同学科之间的新的发现，而且可以用不同学科立体交叉的方法解决单一学科问题。而本人独创的“无影灯式裂变创新读书”则以跨学科读书的原理为基础，力求运用多种学科原理聚光灯式地从各自不同的理论角度向同一个目标方向照射，这就像悬挂在医院手术台上方的无影灯，能够照亮手术台上的任何地方。进而，发现原来在这些不被关注的黑暗处，其实存在着单一学科读书时没有发现的人生的新的立足点、新的事业拓展点。

需要强调指出的是，分学科读书注重的是人类对已知世界的已经成熟的学科知识的分门别类的把握，因而，这种读书学习模式注重培养的是成熟学科体系方面的专家学者，对其个人，往往要求在学科体系内博古通今，学富五车。而跨学科读书并不排斥这些成熟学科的专家学者，它也同样希望学习者对学科知识掌握得丰富系统，但是，跨学科读书与分学科读书不同的是，前者更注重将不同学科的理论原则与思考方法进行融会贯通、扬弃创新，并尤其注重对成熟学科领域以外的未知领域、陌生问题的研究与思考，最终推出新的认知、新的见解。

这就是“无影灯式裂变创新读书”的创新之处，它要求学习者从新的视角重新审视原本看似互相独立且没有什么内在联系的学科（尤其是学科边沿部位、不同学科的交叉部位），努力从中发现这些不同学科之间存在着的，却始终没有引起关注的有机联系，这些有机联系恰恰是实现“知识爆炸、学科裂变”的内在依据。探索并发现这些内在依据，将推动学习者逐步实现在传统学科学制式读书时不曾想到的宏大的人生目标！

以上就是关于“跨学科读书”的简要介绍。如果读者诸君依然觉得“自主跨学科读书”不但难而且玄，那么，你就不妨看看我是怎么歪打误撞地开始跨学科读书的吧。

1948年，我出生于一个家中无人爱读书的江南小城底层市民家庭，1966年高中毕业，父母皆小学没有毕业，他们信奉的是“荒年饿不死手艺人”的信条，曾对3个儿子的理想安排是“一个油漆工（老大，也就是我）、一个木工（老二）、一个瓦工（老三）”。不幸的是，我身为家中老大却偏偏喜欢读书并好遐想，于是从小到大屡遭训斥并被讥讽为“晕头鸭子”（对外界行动反应慢）。当初，我考进安徽省淮北市文工团，家中还曾因为文工团团员没有油漆工挣得多而遗憾。后来，我又因为在任职铁路流动电影放映员时宁可丢掉铁路的铁饭碗也要考大学读书而遭家庭训斥。直到1978年，我30周岁时终于考上大学，才从此获得了“读书就是工作，工作就是读书”的向往的生活。

我进入大学的同时也尝到了初为人父的困苦，这使我实在拿不出和班上同学一样的按部就班的系统化读书的时间。我不得不在走投无路之中“逼出”了一套勉强能够应付考核、考试的独特的读书学习方法，不料却研究出了一种快速掌握一本教材，以表面成绩证明自己完成了学业的本领。但是就在这种困境下，我身为78级学生，居然抑制不住兴趣提前跑到77级的教室里蹭课。于是，大学期间，我就把自己钟爱的欧美文学完整地听了2遍。

连我自己也没有想到，这种有细密有粗疏的读书学习方法，竟然使我受益终生，不仅有力地帮助着我任教以后几乎没有任何耽搁地取得讲师、副教授（欧美文学）、教授（应用语言学）职称，而且自1999年（51岁）取得教授职称之后，索性甩开学科束缚，由着自己的个性进行跨学科读书，从考上大学至今的30余年时间里，以数十部独立原创并公开发行的不同学科的专著创建了多种学术创新体系，原创文字出版总量达800多万字。2014年，我给自己独创的跨学科读书学习方法命名为“无影灯式裂变创新读书”。

正是这样一种读书学习方法，使得一个34岁才本科毕业、最高学历只是“学士”的高龄大学生，在退休以后，还能动辄以上百万字的不同学科创新成果连续出版，而且以前瞻性眼光一门接一门地创建人文新兴学科，如此有创新收效的读书学习方法不值得读者诸君关注吗？

拓展阅读2

刘伯奎30余年独立建起新兴学科专著累积的“金字塔”

总文字量达800余万字的“当代新国民”益智书系是由我在完全没有科研立项经费资助、没有助手团队协作的条件下，凭着一己思考之力，历时30余年以自由投稿方式独立创建的、由数十部不同学科专著组合成的、具有高度前瞻性的国民益智书系。这是我独立建起的一座新兴学科著作“金字塔”，塔高已经与我的身高等高，并且还将持续上升。

这座“金字塔”以多部不同学科的核心著作及它们的写作理念为“底座”，以40余部不同学科著作、80余篇不同刊物发表的文章，以及60多个小时的公开出版的讲学视频堆积而成。书系分为“上、中、下”三个层次六大体系。其中，“上”自民族精神文化更新、国民性更新、国民信仰更新，以及怎样推进以马克思主义原理指导当代中国现代化的战略布局着眼；“中”从社区—社会教育思想内涵与体制创新、国民情商分类养成与疏缺补救的具体操作着手；“下”至个人怎样养成跨学科读书的能力，以及“小学生—成人情商口才交际能力递进式训练养成”的多层次立体交叉布局。数十种专著集中指向一个核心目标：中国人怎样转化为现代化中国的现代国民。

应当强调指出的是，“国家治理体系的现代化”追求也好，“国家治理能力的现代化”追求也好，无不需要全体国民的从人格养成到价值标准确立的精神面貌全方位的现代化为治理基础，否则，所有的现代化追求都将失之空谈。

书系以多部不同学科核心著作及它们的写作理念打造的“底座”：

1.《中华文化与圣经文化——面对中西方文化交融的哲学思考》

2.《从大国小民到富国强民——国民精神文化转型指南》

3.《情商养成分类与疏缺补救——社会教育工作指南》

4.《刘伯奎谈创新读书——怎样跨学科读书》

5.《社区教育实验与实务的多头推展——社区教育工作指南》

6.“马克思主义中国化的当代实务推展”——此非专著名称，而是《中华文化与中国社区》《中华文化与中国社区教育》《中华文化与中小企业文化》《中华文化与圣经文化——面对中西方文化交融的哲学思考》《大国小民——中国市民精神解剖报告》《从大国小民到富国强民——国民精神文化转型指南》等多部专著撰写指导理念的综合。

书系以六大新创人文学科体系合成堆积而成（与作者身高相等）：

1.中小学生情商口才教学训练体系

2.大学生情商口才教学训练体系

3.中国人的情商口才交际训练体系

4.高级对外汉语语用教学体系

5.当代中国社区教育理论与实务体系

6.当代新国民精神文化转型体系

第二部分
跨学科读书怎样推动人生实现“可持续提升”

跨学科读书在本书中有三层内涵创新需要作出界定。

第一层内涵创新：读书。

第二层内涵创新：跨学科读书。

第三层内涵创新：自主跨学科读书。

从传统的意义理解，读书就是阅读书本中的文字，同时思考其文字从表层到深层的不同含义。古人有云：“读书破万卷，下笔如有神”“红袖添香夜读书”……就是指这种阅读形式。进入现代社会以后，读书的外延有所扩大，延伸为“进入学校按照统一设定的程序、节奏进行系统递进的读书学习”，外延虽然扩大了，但是具体到个人，读书形式还是没有改变，还是阅读书本中文字的同时思考其不同层次的含义。

而本书所指的“互联网＋”时代的读书，在传统的读书形式上又有新的拓展，已经不只是一个人捧着书本阅读思考才能叫读书，同时还包括各种形式的阅读学习，其中既包括一时兴起的翻阅浏览，也包括学习手段的多样化应用：浅阅读、深思考、听广播、看电视，以及电脑、微信上群体参加的交流讨论……

至于“跨学科读书”则是针对传统的学校教育中分学科开设的逐步递进深化的系统化阅读以及从学校毕业以后，在日常生活或工作中“三句话不离本行”的思维定势而进行的更新拓展，它特指读书者顺应自己的新的兴趣、新确立的目标，或者新的职业需求等多种目的的推动，超越传统的按照某行某专业的学科界定循序渐进的跨学科范围读书。

需要指出的是，当今世界，各种新兴学科不断突破传统学科的界域蓬勃兴起，那么，对学科创建者而言，这些新兴学科尚未确立成形之前的创建过程，理所当然属于“跨学科读书”的过程。但是，在这些新兴学科得到确立，并且已经划定了自己的学科界域之后，后继的学习者再沿着创建者的前进轨迹进入这些“既定领域”学习，还能不能算得上是“跨学科读书”呢？准确地说就不能算了，至多只能算是“进入新兴学科读书”。

本书核心内涵的第三层次创新——“自主跨学科读书”，它要求学习者能够完全自主地突破传统学科的界域，完全自主地对传统学科进行跨越，因而这种跨越还应当是没有导师引导的、无师自通的自主行为（当然，这并不意味着排斥导师的建议）。而只要读书学习者的前方已有先行者，甚至已经有导师指引前进路线，那么也只能算是“进入新兴学科读书”，而不应当属于“自主跨学科读书”。

也就是说，“自主跨学科读书”在当今时代的含义，不仅在于突破“隔行如隔山”的传统学科制约，更注重自主决定想读什么书就读什么书，想以怎样的形式读书就以怎样的形式读书，进而奠定自己个性化的知识构成优势。

之所以提出自主跨学科读书的理念方法，并将其看作“互联网+”时代的读书革命，意在向千千万万的读书人发出召唤。正如在本书第一章开篇“刘伯奎读书警示”：什么是“死读书、读死书、读书死”——渐趋老朽的“学科学制式读书”；什么是“活读书、读活书、读书活”——必将兴盛的“自主跨学科读书”！

有人把人生看成一种志在高峰的攀登，这种攀登也可以有两种方式。一种是沿着前人踩出的盘山之路循序渐进，这种逐级攀登四平八稳、安全保险，缓缓向前走到山顶——人生的尽头，就像传统的学科学制式读书，有时也能登上一定的人生高度，但是总体上难免平淡。另一种则是犹如个人自主进行的登山攀岩，其间难免坎坷不断，有时候还需要披荆斩棘，自己开拓道路以走出个性化之路。而自主跨学科读书就有点像后一种攀登方式，不仅会面临下一步无法下脚的困境，而且还会遇到陡崖峭壁，甚至难免失足摔伤，但是，一旦成功登顶，同时凸显的就是自己的拼搏价值，体会到的就是实现人生价值的快乐。

当然，谁都想成功登顶而且谁都不想失足摔伤，这就使得准备登山攀岩的人，首先关注的是如何配备得心应手的辅助装备。跨学科读书也是同一个道理，要想自主跨学科读书取得成功，也需要配备得心应手的理论辅助装备。以人文学科而言，就至少需要与人文学科相匹配的线路图、登攀方式，以及照明灯、抓钩和安全绳等，简略总结，至少应当包括以下三项：

（1）浅阅读和深阅读交叉“把蛋糕做大”；

（2）恪守“成功四原则”以保证跨学科读书成功；

（3）跨学科读书必备的“照明灯”“抓钩”和“安全绳”。

第三章　浅阅读和深阅读交叉"把蛋糕做大"

刘伯奎读书提示：

上海滩遍地是黄金，你要先练就发现黄金的眼睛。

2012年8月16日，上海书展开幕后的第一个论坛题为《谈通识教育的无用之用》，主持人在介绍过主讲嘉宾之后，是这样开场的："据报道，一项调查显示，全世界每年阅读书籍排名第一的是犹太人，一年平均每人阅读64本，而中国13亿人口，扣除教科书，平均每人一年读书一本都不到，不过上海还好一些，上海还要高一些，每年是8本书。"这段开场白再一次把中国人究竟读不读书、怎样读书的老问题提到了社会关注的中心。

其实，这个问题真的并不值得太多关注，孤立地讨论这个问题也没有什么意义。因为，只要人们觉得读书对自己确实有用，就不愁没有人阅读；只要读书给人们带来的价值与意义超过打麻将、聊天，也不愁没有人阅读。何况，现在阅读早已渠道多样化、形式多样化，这就必然挤压形式单一的"纸质书本"的阅读时间。就好像一个小孩子，各种各样的食品吃多了，必然导致一天三顿主食的量减少，但并不意味着身体健康状况必将趋向恶化，阅读也是同样一个道理。

真正需要关注的是伴随着对"国人不读书"的批评而萌生的"深阅读"与"浅阅读"两种阅读方式的划分。尽管似乎已经获得社会的普遍认可，但是应当看到，这种划分其实是有失科学依据的。这种划分不仅过于简单绝对，而且已经带有明显的褒贬评价的色彩（褒深阅读而贬浅阅读），并且完全没有考虑到人们的情智需求、兴趣爱好对阅读效果的影响，同时也先验论式地否定了个人因为理解能力不同而必然产生的阅读效果的差异，把读书但暂时未见效果等同于不读书，而且把罪责一下子全扣到了浅阅读的头上。实际上，无论是深阅读还是浅阅读，就像人们做数学的四则运算一样，如何计算的程序是没有正误优劣之分的，而出现正误优劣的不同结果是因为人自身的计算能力以及计算当时的注意力是否集中等多种原因造成的。也就是说，人们通过浅阅读同样可以有深度发现，而在深阅读时也完全可能因为一时没有读通而一无所获。

正因为如此，我在自行总结的“无影灯式裂变创新读书”中提出的第一个理念就是“深浅阅读交叉”，意在模糊两种方法之间人为划定的绝对差异，并且指出，只要坚持阅读，就能做到开卷有益，无论是深阅读还是浅阅读，都具有“把蛋糕做大”的效果。

一、浅阅读是时代催生的读书学习方式

不知从什么时候开始，媒体和网络上开始出现“浅阅读”一词，而且很快就成了一个热点，不仅“百度百科”上已经专门设立了词条，甚至2010年高考全国卷（II）的作文题就是“浅阅读”，足见这个问题已经在全社会引起了高度的关注。

所谓浅阅读，对批评者的话语进行归纳总结，大致可以界定为：快速浏览、一目十行，囫囵吞枣、不求甚解。与之相对的，深阅读大致可以界定为：字斟句酌、反复研读，微观解析、宏观把握。

应当看到，阅读原本是一个界定比较宽泛的行为概念，阅读者自己想用什么方式阅读就用什么方式阅读，不仅纯属个人行为，而且诸如此类的行为，古已有之，为什么到了当今时代却出现“深阅读”与“浅阅读”的界限分明的对立了呢？

深入思考，大概有两点原因。其一，“囫囵吞枣、不求甚解”在我们这个民族的读书历史上，尤其是在“一心只读圣贤书”的时代，从来都是

遭到批评、排斥的，是难以得到社会认可的读书学习方式。然而现在却有越来越多的人公开接受这种阅读方式，甚至还似乎在形成一种潮流，这就难免让某些人看不惯了；其二，这种学习方式看来还得到了出版单位的支持和推动，例如，“快读”“速读”“导读”“解读”类的“浅阅读”图书，正在越来越多地从出版社出版。于是，以读书写书为职业的知识分子群体，尤其是那些出版过大部头作品而现在身边“粉丝数”日渐减少的名人们难免失落，于是就要“割袍断义”，划清界限，要将浅阅读从读书学习圈里清除出去。例如，有的人已经开始公开指责浅阅读会导致传统丢失，还有的人则惊呼：浅阅读会导致我们向“低智商民族”滑去！

坦率地说，我对某些名人排斥浅阅读的观点是有点不以为然的。因为，以几十年来的阅读实践为证，由于自己当初没有条件拥有藏书，从少年时至成年后，除学校教科书外，课外读物基本上都是借阅。又由于借阅图书占有时间有限，常常不得不“囫囵吞枣”“生吞活剥”。几十年来，在自己的心目中，浅阅读从来都是一个太正常不过的读书学习方式，怎么会遭到如此慷慨激昂的声讨？退一万步说，即使按照当前的批判性解释，浅阅读毕竟还是一种阅读方式，只要还是在阅读，那就总比不阅读要好嘛。

尤其是在当今时代，知识更新迅速，学科拓展加快，如果真的“消灭”了浅阅读，你怎样尽可能快速地认知书店里琳琅满目的读物？况且，只有大量的浅阅读，才能保证获取的信息量充沛，才能保证视野开拓，才能保证有效筛选后留下对自己最为有用的信息。

其实，作为一种阅读方法，浅阅读的普遍化究竟应当褒还是贬，有时候也就是考察角度的不同而已。大家都知道计划经济时期，信息来源单调贫乏，即使你想浅阅读也没有足够丰富的材料可供快速浏览。别的不说，改革开放以前，有多少人整天坐在办公室里，能把像浏览报纸这样非常显明的浅阅读演绎成“一杯茶、一支烟、一张报纸看半天”，这种形似而实非的“深阅读”，恐怕才是真正可笑而且可悲的。

看看媒体和网络上，已经有专家学者把阅读又分解为“学习性阅读”和“休闲性阅读”，而且认为，人们的阅读方式正在从以学习和工作需要为主的学习性阅读向休闲性阅读转变。为什么会发生这个转变呢？这个转变究竟是进步还是退步呢？

不妨认真想一想，如果一个民族的全体成员不但把原本休闲的时间用来读书，而且还演绎出了休闲型阅读的形式，甚至把坐地铁、公交车的时间都用来阅读了，这究竟是倒退还是进步了呢？再进而思考，究竟是计划经济时代“一杯茶、一支烟、一张报纸看半天”的读书风气正，还是现在人们把乘坐交通工具的时间都利用起来阅读（尽管只能是浅阅读）更具有进步意义呢？

结论应当是不言而喻的。

只是，时至今日，除了出版界、传媒界为浅阅读说一些貌似中立的话以外，尤其是来自学术界的人士，为浅阅读说好话的不多，条分缕析地阐述浅阅读价值的，更是少见。

而我自从开始自觉地跨学科读书以来，浅阅读更是早已成为自己使用最频繁的阅读习惯（尤其是使用电脑阅读以后，更是如此），多年坚持下来，深感每次在向新的学科方向延伸所取得的实绩中，浅阅读都有一份不可或缺的功劳。

为此，我愿意以自己的亲身实践就怎样科学地利用浅阅读试作介绍，期望能够为浅阅读正名。有这样一个笑话。甲问乙：“我祈祷时可以抽烟吗？”乙回答：“不可以。”甲又问：“我抽烟时可以祈祷吗？”乙回答：“可以。”该笑话貌似荒唐，其实颇含人生哲理。一个思维逆转，原本不被允许的行为就成了值得表扬的行为。我们不妨把这则笑话做一个嫁接：“可以把读书时间用来消遣吗？”“不可以。”“那么，可以把消遣时间用来读书吗？”“不但可以，而且提倡。”同样是一个思维逆转，原本只能用于发呆的时间也用来读书，浅阅读就这样具有了时代的合理性。

跨学科读书不同于学科学制式读书的关键在于，要求从自己原先熟悉、擅长的领域跨向未知的、陌生的领域。显然，当务之急是大量获取信息，这就难免需要快速浏览、一目十行，又因为未知、陌生，一开始不会急于转入深阅读，以免陷入难以自拔的“深潭”里，导致事倍功半、事倍功微甚至事倍功无，白白耗费了时间、精力。其次，浅阅读具有初步感触的功能，浅尝辄止后，经过一番品味、回味、辨析、反思，产生了进一步认知的需求，就会很自然地转入深阅读，这有什么可大惊小怪的呢？

二、浅阅读是无明确目标追求主控的阅读方式

作为一个奔七的老人，我的人生自然经历了不同阶段，既经历过无书可读的时代，又体验过有书读却不知该如何读的时代。通过自己的阅读总结，我从属于浅阅读的阅读实践中，提炼出三种初始可能没有明确目标追求而最终又确有收益的浅阅读方法展示如下。

（一）"放羊式"浅阅读

大约在20世纪70年代，那时，我还在安徽省淮北市文工团任打击乐器演奏员。身为一个高中毕业生在当时那种环境里，百无聊赖之中，见到什么书都会拿过来翻一翻。记得有一次读了一本书（名字早就忘了），书中说道，为什么早在原始社会，在有些文明程度比较高的部落，人们宁可冒风险集体到其他部落去抢女人做老婆，也不和本部落（氏族里和自己具有某种亲缘关系）的女人通婚，是因为他们已经意识到近亲通婚的危害，于是部落内部约定：禁止本部落人内部联姻，一律外部通婚。

后来，我无意中又读到一篇报道，谈到东北某地有一种名叫"克山病"的地域性疾病（好像还会遗传，报道的主题好像是政府怎样投入了巨大的人力物力财力，解决了这一顽症的）。当时，我读后有感而发，写了一篇"痴人说梦"的文字（不敢称文章），提出了一个假想，如果能由国家出面，制定一项政策，一律禁止克山本地人互相通婚，如果结婚，另一方必须为非克山人，而且彼此之间离得越远越好，那么，克山病不就可望不治而根除了吗？

孤立地看这段几十年前的读书有感，实在就是漫无边际的"痴人说梦"，只是万万没有想到，几十年后，自己在撰写《情商养成分类与疏缺

补救——社会教育工作指南》（暨南大学出版社2014年版）一书时，竟然再次冒出这个念头，把沉淀在脑海深处的“痴人说梦”构想糅合恩格斯在《家庭、私有制和国家的起源》中的相关论述，演绎成该书第九章第五节“人类生育的社会化将对传统亲情情商形成最后的冲击”的核心文字，成为该书的封篇章节。

20世纪六七十年代，马克思和恩格斯的著作非常普及。尤其是在当时的文工团这样的单位，还会专门组织学习，交流心得。

坦率地说，马克思和恩格斯的书（例如《反杜林论》《哥达纲领批判》）对于一群只有中小学文化程度的文工团团员来说，根本就是无法读懂的天书。好在书中的中国字，具有中学水平就可以读通，于是大家读一遍以后，很快就开始交流。而此时，对于我来说，就是一个“放飞思想”的好时光。有一天不知怎么就突然想到一个问题，“communism”为什么会被翻译成“共产主义”?

不过在当时，尤其在文工团那样一个舞蹈演员往往只有小学文化程度，仅有的几个高中生已经算知识分子的环境中，即使我提出疑问，也不可能得到什么结论。而对于我来说，只是在脑海里留下了一个“划痕”，当时也就存疑完事了。

又过了几十年，我被委派进入上海嘉定区进行社区教育实验研究工作，开始接触并研究“社区教育”。没想到被封存在脑海中多年的“‘communism’为什么被翻译成‘共产主义’”的问题又浮了出来。于是，当年的“划痕”就变成了目标明确的转向思考。

终于，一篇《共产主义—社区主义》的文章写成，由于找不到地方可供发表，于是，我突发奇想地去了嘉定区公证处制定了一份公证书。也算是天道酬勤吧，以这篇论文的理念为支撑，在前后10年的时间里，我陆续出版了《中华文化与中国社区》《中华文化与中国社区教育》《社区教育实验与实务的多头推展——社区教育工作指南》等10本专著。不难想象，如果不是一个横亘在心中多年的困惑推动，也就不会在研究中国社区教育时下那么大的功夫去读马克思、恩格斯的书，也就不会写出上百万字的著述了。

（二）“遐思式”浅阅读

所谓“遐思式”浅阅读，就是遵循着老祖宗的“学而不思则罔，思而不学则殆”的教导，养成一种“学而思，思而学”的读书习惯。即使对某一本书的阅读没有明确的追求目的，但是阅读之后能够沉下心来，进入一种“信马由缰”的遐思状态，说不定什么时候就会有意外的收获。

例如，我国元代戏剧家关汉卿有一部名作《窦娥冤》，这部剧作原本表现的是小民蒙冤获得昭雪的故事。说的是民女窦娥，自幼死了母亲。窦娥的父亲窦天章，是个穷秀才，因要上京赶考，借了寡妇蔡婆二十两银子的高利贷，把窦娥半抵半送给蔡家做童养媳。十年后，窦娥长大嫁作蔡家媳妇，不到两年，丈夫就死了。窦娥守寡在家，与婆婆同住。

而在楚州当地有个流氓叫张驴儿，与父亲张老头一起欺负蔡家婆媳，有一天，蔡婆去找赛卢医索债，赛卢医想谋财害命，不料蔡婆被张驴儿所救。从此，张驴儿仗着自己救了蔡婆，持恩逼婚，要蔡家婆媳坐堂招婚。蔡家婆媳不肯，张驴儿便想毒死蔡婆，好霸占美貌弱小的窦娥。一天，蔡婆生病，窦娥做羊肚汤给婆婆喝。张驴儿在汤里放了毒，想先毒死蔡婆，然后逼窦娥成亲。谁知阴差阳错，毒死了自己的父亲张老头。张驴儿讹称蔡婆害死了自己的父亲，他买通当地县令，对蔡婆横施酷刑。窦娥怕婆婆年老体弱，经不起折磨，只得含冤忍痛自己顶罪，被判处死刑。

面对刽子手的屠刀，窦娥向天发出三个誓愿：若她是冤枉的，一是刀过人头时，一腔血都不往下洒，要全飞到挂在面前的白布上；二是六月天要降三尺白雪，遮住她的尸体；三是她死后，楚州要接连三年大旱。

奇迹果然出现：刽子手的刀砍下来，窦娥的血真的全飞到白布上；接着，六月的楚州天降大雪，遮住了她的尸体；楚州果然三年大旱。窦娥的誓愿得到实现。六年后，窦娥的父亲窦天章在京城应试高中，奉旨到楚州探察民情。一天夜里，他在灯下翻窦娥的案卷，窦娥的冤魂出现，细说冤情，求父亲主持公道。窦天章细审此案，为冤死的窦娥平反，宣布窦娥无罪，将张驴儿判处死罪，楚州太守受罚。宣判刚完，大雨从天而降。

《窦娥冤》丰满细腻地刻画了窦娥的形象，她正直善良、忠厚孝顺，面对降临到婆婆头上的冤案，不惜自身顶罪，甚至临上刑场，还请求绕道以免从家门口经过刺激婆婆，堪称是一个符合孝道的好女子。审视作品的社会意义，则基本上沿袭了“善有善报，恶有恶报”的永恒主题，最终让作恶多端的张驴儿与胡乱判案的昏官得到应有的下场，蒙冤而死的窦娥获得昭雪平反，其社会教育的意义也完全是正面的。

然而，2003年6月17日的《杂文报》上，一位署名“红帆”的作者发表了一篇文章《窦娥的另一种悲剧》，文章很短，不过几百个字，显然也是浅阅读后遐思的发现，然而其观点的思想内涵却非常鲜明。多年来，我在自己的著述中多次引用这篇文章。

文章篇幅不长，此处不妨再次全文摘录如下：

一日得闲，重读《窦娥冤》，她含冤负屈悲愤难当，我们少不得要为之洒一掬同情的泪水。可是，我觉得，有一件事情被我们遗忘了。窦女士死前三愿：血飞白练；六月飞雪；楚州亢旱。前两个愿望无可厚非，情节煞是凄美绝壮，而第三个就颇值得商榷了。且看窦娥道：“大人，我窦娥死得委实冤枉，从今以后，着这楚州亢旱三年。”大旱三年，的确足以惊动圣上，视为天兆，而事情也的确以恶人伏法为结果。可是，这三年的大旱，又要伤害多少平民百姓？他们与窦女士往日无冤，近日无仇，更不与张驴儿沾亲带故，却被窦女士挟一己之仇的毒誓害得颗粒无收。饿殍满地的三年，他们的冤屈又向何处诉？也许有人要说，这是恶人起的因，可黎民百姓又有什么理由来承受如此的果？既然窦女士对誓言的实现怀着绝对的信心，那么直接解决掉害她的人不就得了？偏偏采用这种迂回的毒辣方式，真真教人无法理解。

窦女士赴刑场路上要求刽子手绕道而行，以免婆婆撞见伤心。窦女士对自己的家人的确是考虑周详，可对不认识的人却是那般冷酷无情。她怕婆婆伤心而避走别街，却在深信自己誓言必会实现的心态下发出累及无辜的毒愿。造成她悲剧的是官场的黑暗，她的反抗，目标虽然对准恶人，可首当其冲的受害者却是善良无辜（的人）。看来对于她，善德，只是讲私德；公德，可能连如何写都不清楚。

该篇文章因为篇幅太小，所以不可能是深度阅读、长期思考的结论，而是一个只需浅阅读就能完成的跨学科反思：从古代文学的作品研究转换成了民族传统精神文化研究。它足以证明，不应当蔑视浅阅读，它同样可以获得重大收益。

我其实也有一则“遐思式”浅阅读的成果。《水浒传》是中国四大名著之一，其中有一个非常有名的人物——武松，更是家喻户晓，他不仅勇猛无比，曾经以赤手空拳打死老虎而名传千古，更在小说中演绎了“醉打蒋门神，帮助施恩夺回快活林”等一系列激动人心的故事。突然有一天，我发现武松之所以会为谁两肋插刀或者对谁以死相拼，其依据却只是与自己有没有亲情关系或者与自己的亲密程度。小说中，作者虽然竭尽笔墨将武松塑造成为疾恶如仇的血性男儿，但是，他判断是非善恶的标准却似乎从来都不是依据客观的“善与恶”，而只是当事人与自己有没有交情。

小说中，武松因为替哥哥武大郎报仇，杀死了嫂嫂潘金莲、奸夫西门庆，虽触犯了刑律但确实事出有因，被县官从轻发落，押送两千里外的孟州。在十字坡，他遭遇了开黑店卖人肉包子的母夜叉孙二娘。武松冷眼观察，发现情况不对，于是佯装已经吃醉，在关键时刻突然出手。眼看孙二娘必死无疑，孙二娘的丈夫菜园子张青及时出场，先是以“好汉息怒”劝止，继而以“久仰大名”讨饶，结果双方握手言和。待双方言和后，张青还领着武松参观了自己的“人肉作坊”，武松也亲眼目睹了现场的“壁上绷着几张人皮，梁上吊着五七条人腿”！但是，只因为此时双方已经开始兄弟相称，即使鲜血淋漓的惨死冤魂就在眼前，武松也就视如未见，不再

“拔刀”了。

武松到孟州城后，被卷入了“快活林酒店”的权利争夺纠纷。其实，对于他来说，施恩与蒋门神原本都是陌生人，“快活林酒店”的纠纷，与武松其实都没有任何关系，而他之所以认定施恩为必须相助的“友”，认定蒋门神为必须铲除的“贼”，根本原因并不在于二者之间的纠纷性质，而只是因为武松刚进孟州城监狱，就被监狱看守施恩利用职权先是免去了一顿“杀威棒”，随后又是一连多日的好酒好菜供着，结果，这一番情感笼络也就确定了他与武松之间的“情感联系”，又因为有了这种情感联系，武松为施恩演绎出了“醉打蒋门神”“血溅鸳鸯楼”的故事。

显然，将武松定位为英雄，其实是有失偏颇的，即使回到古代，尽管他孔武勇猛，但也不过就是个没什么头脑的、“有奶便是娘”的江湖混混而已。

也许，这也可以算作浅阅读也能得到深见解的又一个例证。

（三）“抬杠式”浅阅读

去过动物园的人都不难在猴山看到这样的场景：猴子常常会给别的猴子抓虱子，而且他们在抓虱子的时候一般总是逆着猴子身上的毛扒拉，因为只有这样逆着扒拉，才能看到藏在体毛深处的虱子。所谓“抬杠式”浅阅读，也是同样的道理，你如果顺着书中的文字读，往往就很难有什么新的见解，但是你一旦运用抬杠式读书法，和某人，或者是自己和自己原先的见解开始“抬杠”（不是非常严格意义上的辩论），有时候就可能有新发现。因而“抬杠式”浅阅读的创新价值，就在于不同观点的撞击与交流。

例如，在我国已经流传1 000多年的“梁山伯与祝英台”的故事，早已家喻户晓、人人皆知，恐怕人们连浅阅读的兴趣都没有了。但是，一旦进行抬杠式阅读，处处扭着读，这个故事就可能变成另外一个样子。

这个故事从情节发展看，表现为伦理道德与男女私情的冲突。在封建伦理道德体系中，“父母之命”是决定男女能否结合的决定因素，不能得到父母认可的男女私情是不允许存在的。梁祝二人尽管真心相爱，但是，没有得到祝英台父母的认同，最终只能以悲剧结束。这已经成为1 000多年来的定论。

然而，如果结论到此止步，这部作品流传千年的精神文化价值可能就被曲解了。因为按照这一理解，其父祝员外、其夫马文才（尽管马文才这个丈夫是“有其名而无其实”）都是破坏梁祝爱情的对立面人物，这就实实在在地冤枉了他们，因为他们其实是非常值得肯定的。

这里不妨“抬一下杠”。

先看祝员外，作为祝英台的父亲，他的开明程度简直堪称是超越时代的。设想一下，在那样一个封建的，而且交通极其不便的（一旦发生意外，家里人根本就是鞭长莫及）时代，他居然能放任爱女女扮男装，远赴外地（杭州）读书，而且一读就是三年。就是当今时代为人父母者，会不会让自己未成年的独女女扮男装离家外出读书学习三年（可能还要和男生同住一间宿舍）？

更能凸显他的开明的，莫过于梁山伯后来前来求婚时，明显为时已晚（祝英台当时已经许配给马文才），而祝员外竟然还能让梁祝二人楼台单独相见，任由二人哭诉衷肠而不加干预。这样的行为就是放到当今，恐怕也难以被认可吧？

再转过来看马文才，这个年轻人真是冤而又冤。他不但是祝英台合法的未婚夫，而且，还是一位胸襟坦荡、尊重女性的大丈夫。不妨设想一下，即便是当今时代青年结婚，有哪一位新郎官能在婚礼当天，在新娘子入洞房之前，同意花轿（或婚车）绕道，让新娘子先去私密情人坟前大哭以后再入洞房的？这不是晦气吗？可是，马文才做到了！

这才是这个悲剧得以在中华文化史上流传千年而魅力不衰的内在原因——这部作品的所有人物都在以自己的言行强烈控诉封建伦理的不合理性。即使按照今天的道德标准仔细分析，也不难发现，在这个美丽的传说中，祝员外、马文才不但没有错误，反而在以实际行动向传统道德标准（例如，男女授受不亲）挑战并提出抗议！

不难想象，如果没有祝员外、马文才的“理解”“同情”甚至“呵护”，梁祝二人怎么可能先是“同学三年”，又是“楼台相会”，后来又是“哭坟”地不停闹腾？至于梁祝二人，看似在向封建伦理道德挑战，其实却是有此心无此胆，三年间从未越雷池半步不说，“十八相送”那么好的机会偏偏就是始终不敢挑明，而后来面对阴错阳差的既成事实，二人也只不过是哭哭啼啼，悔之莫及而已。

据说1954年日内瓦会议期间，周恩来总理在将带去的越剧电影《梁山伯与祝英台》向与会代表播放之前，添加了一句解说词，将其定格为“中国的罗密欧与朱丽叶”，这句解说词加得极妙，一下子拉近了中外文化交流的情感距离。但是，深入分析，在向封建伦理挑战这一点上，梁祝二人和罗密欧、朱丽叶比起来，可就低了很大一个档次了。

俄国作家契诃夫的著名短篇小说《装在套子里的人》在引进国内时，主人公别里科夫就是带着俄国文学评论界的定论来的，他是“沙皇政府官方法令的信奉者”“自由和首创精神的刽子手”“告密的小人”“反动统治所产生出来的可怕的黑暗势力的代表”，他“反对任何新鲜事物”，在他身上能反映出沙皇走狗的典型特征。

当这部作品被引进中国并开始进入大学、中学教材时，结论基本不变，也是众口一词地称别里科夫是“官方制度的维护者”“告密的小人”，“长期危害了小城居民的自由，小城的生活因而变得死气沉沉”。

果真如此吗？不妨“抬一下杠”。

既然他是“沙皇走狗”，是“旧制度的捍卫者”，为什么在沙皇专制制度统治着俄国的当时（小说中的社会背景），他却是整天“心慌意乱”“六神不安”，以至于日夜把自己用“套子”裹住，以“隔绝人世”呢？既然说他把全城“辖制了15年”，以至人人怕他，为什么还是有人敢给他画漫画，同事也敢当面骂他呢？

进一步辨析又可以看出，与其说别里科夫出于“卫道”之心，因而一看见“新事物”就“闷闷不乐”，不如说他是出自对当局的“畏惧”，担心这类“违背法令，脱离常规，不合规矩”的“新事物”会引来麻烦或灾祸更为准确一些。（小说中我们读到，他最常说的话是：“只求这种事别传到

当局的耳朵里去才好，千万别闹出什么乱子来啊！”而从未见到他向当局举报什么违法违规的行为）

而对别里科夫的这种“担心”稍加分析即可看出，其中并无为旧制度“卫道”的成分，恰恰相反，这里深藏着的是对沙皇专制暴政的“不敢怒更不敢言”的不满。尤其值得注意的是，他对沙皇政府官方法令并不是“忠实信奉”的，而是不信任的。小说中写道：对于官方的告示和文章，“其中写着禁止什么事情，他才觉得一清二楚”，而“在官方的批准和默许里面，他就老是觉得“包藏着使人起疑的成分，包藏着隐隐约约、还没有说透的成分”。这样一个对当局持不信任态度的人，怎么可能是“旧制度的卫道士”呢？

因为对现实生活有着太多的怀疑和担心，别里科夫把自己和自己的一切都装进了套子，连耳朵都塞上了棉花，分析其原因，哪里是要为现行制度“卫道”，哪里是要“辖制这个世界”，分明是“少见、少听、少惹麻烦”的“自我保护”而已。他既然从未有过向当局告密的行为，又怎么能说他是“告密的小人”呢？

通读作品，别里科夫除了被嘲笑、被捉弄，他其实从没有害过任何人。他在政治上没有后台，也和上层没有任何往来，称他是“黑暗势力的代表”“沙皇走狗”，其实并不公平。

正因为他在政治上并不具有什么“威慑力量”，别人才可以放心大胆地给他起绰号，把他画成漫画撒满全城……而他面对着一般人都难以忍受的侮辱，只是怯懦地忍了下去，既无还击的念头，更无报复的手段。面对侮辱自己的漫画，他充其量也只不过是“脸色发青”“嘴唇发抖”地嘟哝两句，也就完事了。这种十足的可怜虫似的怯懦者，哪里有“反对一切现实的变革”的能力呢？

尤为值得关注的是，这个终日在“难忍难熬”的心境中生活着的别里科夫，一生从未开过笑脸，但是小说作者却让他死后，躺到棺材里时，才显出“温和、愉快，甚至高兴”的表情，显然，“死”对他来说，无疑是一种解脱。因为活着时日夜担心、处处小心的现实世界的恐怖威胁，现在终于不再对他有任何压力了。而只要活着，这种威胁就将时时悬在心头——这对于19世纪末的俄国社会，是一个何等悲愤的控诉啊！

从这一新角度贴近作品进行解读，才是真正把握了作品的主题：作者所写的并不是一个可怜的政治庸人的故事，更不是一则政治小丑的轶事，而是一篇饱蘸着受害于“套子”的弱小者的鲜血写就的，指控“套子”——残酷黑暗的专制制度的起诉书！

三、关于浅阅读的一点小结

在批判浅阅读的文字中，不难看到这样的字眼：浅尝辄止、迅速更新、看过即丢、随即遗忘，似乎浅阅读也就是只用眼睛，不通过大脑思考。

确实，如果一个人的读书学习过程，就是不停地抛弃、遗忘的过程，那也就大致相当于东北民间故事里说的“狗熊掰棒子”的故事：一只狗熊闯进玉米地里，掰一个玉米棒子就夹在腋下，再掰一个再夹到腋下，前一个玉米棒子就掉了，就这样一直在地里掰，腋下始终只有一个玉米。人的读书如果真是这样，那么这个人大概也就相当于一个健忘症患者，是一个病人了。

而如此尖刻地批判浅阅读的人可能并不了解，健康人的大脑的特殊功能之一，就在于对某些事物，或者情节生动、特点鲜明，或者与自己关系密切，或者有价值等多种原因而留下特别记忆。即使主观上对某些事情并不想刻意保持记忆，然而，只要读过、看过、听过，大脑会自动留下记忆。例如，幼年时自己经历的一些事情，看到的一些现象，尽管那时并没有记忆的需求，但是却能终生不忘。同样的，一个人只要阅读，就难免会出现有的材料怎么强记也记不住，而有的文字却过目不忘，这就是大脑所具有的近乎是一种本能的过滤功能。

通过以上三种典型的浅阅读方法的介绍结合实例剖析，应当不难看出，浅阅读作为一种阅读形式，本身并无褒贬、对错之分。至于浅阅读究竟有没有价值，还取决于阅读者怎样利用浅阅读。只要坚持“学而思，思而学”，浅阅读就完全可以成为一种有价值的阅读方式。

由此可知，浅阅读之“浅”，其实不应当以偏概全地斥之为“浅薄”“浅陋”，而是转换角度，将其界定为“浅近”“快速”，同时逐步推进将反思变为自觉行为，并进而养成习惯。那么，即使只是浅阅读，也能得出具有一定思想深度的有价值的结论。

我在几十年的浅阅读过程中，养成了这样的习惯：并不是时时做读书笔记以防遗忘，而是随手翻阅，任其遗忘，这样，大量阅读却能保持相对轻松。多年以后发现，有些内容表面上看起来是遗忘了，其实并没有真正忘记，运用心理学的名词，它是被大脑自动沉淀在了“个人无意识”的“仓库”里了。一旦有具体的需要时，它就会通过“过滤”自动浮现，这时，就会出现与“书到用时方恨少”相对立的“书到用时自然来”。

四、深阅读是有明确目标追求主控的阅读方式

与浅阅读相对应的，自然就是深阅读。

但是，何谓深阅读？是不是正襟危坐的阅读就叫深阅读？“两耳不闻窗外事”的阅读就叫深阅读？

如果这样界定，这种认知恐怕未免太表面了。

为了更为准确贴切地把握深阅读，我们不妨给深阅读一个界定：“有明确的目标追求并以此作为阅读的主控方式的阅读。”如果说，浅阅读以“广博”为其标志，那么，深阅读则以思考之“深透”为其标志。

还应当指出的是，“有明确目标追求作为主控”之“深”也是一个逐步提升的过程。例如，首先起步于解析文句（有时甚至要达到逐句逐段，无所不知、无所不晓的细密程度）；其次要吃透关键句段的思想内涵，准确探知其表达的究竟是什么思想观点（是直抒胸臆还是曲笔隐含，不但要知道表层意义还要明确在具体语境中的深层含义），直至把整个作品吃透并把握，甚至连某些加注文字的意义都要掌握，这就是跨学科读书深阅读

的第一阶段的任务。但是，如果读书到此止步，那也至多只达到了传统的单一学科读书的深阅读的水平。

而跨学科读书的深阅读则更要求或者通过作品内容，或者通过作品的理念、方法，甚至修辞手法，深刻认知作品的思想理念以及当时的时代意义。不仅如此，还要能参透作品的深层次蕴含之意、难以直白的言外之意，并能通过诸种含义派生出从新的时代角度凸显的个性化见解（这是至关重要的环节），并使其在理论上立论坚实。这才是跨学科读书的深阅读。因此，跨学科读书的深阅读，有时可以长达数年甚至数十年。这里同样介绍三种跨学科读书的深阅读的方法。

（一）“挖井式”深阅读

所谓“挖井式”，严格地说，就是在单一学科深阅读的基础上，进行突破学科界域限制的更深层次的深阅读。犹如挖井一样，在已经成功见水的基础上继续往下深挖，最终在地下水的下面发现油。

需要强调指出的是，挖井式深阅读不可理解为现代科学意义上的钻井式深阅读。因为按照现代钻井技术，一根钻杆可以以很小的直径一直钻到地下很深的位置，而不触及井壁的其他部位（这就相当于单一学科式深阅读，不突破单一学科界域的限制）。而“挖井式”深阅读，更接近于“愚公移山”式的挖井，使用的是锄头、钉耙、铁锹等原始工具，因此这种挖井方法同时还需要一个挥舞工具以用力的空间，这就必然会挖掘成一个漏斗状的“井”，并且，越是往深处去，上面的漏斗空间就越大（就越是要突破单一学科的领域范围），由此形成一种个性鲜明的“跨学科读书”方法。

这里不妨以恩格斯在《共产党宣言》中对意大利文艺复兴初期但丁的《神曲》的跨学科解读为例。

《神曲》在欧洲古典文学作品中，属于很难第一遍就能通读的作品，阅读者很可能读了一遍、两遍，还根本不知道作者究竟想说什么，有时候甚至连一遍都读不下去。而今天的中国读者阅读《神曲》，更难在对欧洲中世纪的文化背景不太熟悉，再加上作品中大量使用了宗教文学常用的象征手法，这就增加了阅读的难度。

但是，如果是单一学科式深阅读，那么，不论《神曲》多么难读，只要抓住诗人借助基督教的救赎观念和“地狱”“炼狱”“天堂”三界的神学教义解构全诗即可。例如，在《神曲》中，但丁精心安排了两个人物作为自己的导师，一为象征理性、知识的维吉尔，一为象征信仰、虔敬的贝阿特丽齐。象征理性的维吉尔只能在“人间世界”里充当诗人的引路者，象征信仰的贝阿特丽齐才有资格带领诗人进入“天上王国”。这清楚地说明，但丁是将信仰置于理性之上的。《神曲》的主题，意在探索诗人自身、意大利民族，乃至人类的未来命运，而其结论是，意大利民族和整个人类必须在信仰的启示下，以理性规范行为，实行道德完善和精神境界的不断超越，才能与最高真理合一，获得光明的前途。这就是《神曲》的解读主线，抓住了这条解读主线，就可以基本通读这部作品了，至于作品中大量提及的当时的人和事，即使读不懂也没有关系，大不了借助书中的注解，逐一解读，速度再慢，最终总是能读通的。

实际上，《神曲》结构严谨，情节服从于全诗的主题，其中的人物、场景均有所指。只要抓住了作品的理念，解读就可以步步推进。

抓住这一总纲，就可以纲举目张了。诗人继承了先知文学和启示文学的传统，将澎湃的激情与匪夷所思的幻想相结合，将对现实的评判与对“天国”诚挚的信仰相结合，展示出诗人惊人的想象力，把以梦幻、寓意、象征为特点的中世纪文学艺术推向了高峰。

几百年来，很多专家学者也在努力进行着解读。

例如，人们发现，但丁的政治理想是：反对教皇，反对教会，反对政教合一、神权统治，但丁最力透纸背的一笔给了教皇。教皇，原本是掌管人类灵魂，是专门给下地狱的人发放“签证”的。但是，当时的教皇卜尼法斯八世还活着，但丁却在地狱中为他预留了一个位置，让犯有贪腐重罪的他倒栽于石穴中受火刑的惩罚（卜尼法斯八世后来因为疯狂搜刮黄金被法国突击队打死），这就足见但丁的勇气和理念之新。

再例如，中世纪的宗教神学认为人是上帝的奴隶，人生的一切都是上帝安排的，人只要服从现实就可以了，没有必要对现实生活展开为什么如此的思考。但丁却在作品中高度评价希腊英雄俄底修斯，借他的口说出："人不应当像走兽一般地活着，应当追求知识和美德。"

再例如，中世纪教会宣扬禁欲主义，尤其是破坏婚姻关系的爱情。但丁在地狱中看到为爱情而亡的灵魂饱受折磨，"竟然昏厥于地，好像断了气一般"，向他们表示了极大的同情。

上述种种"散点式"的评价，其实依然是在单一学科读书内部层面的深阅读。但是，这种解读方式所能解读的，充其量也就是主题思想、段落大意、写作特色的单一学科认知。跨学科读书意义上的深阅读还远远没有开始。

严格地说，对《神曲》的跨学科解读最为经典的，是恩格斯在《共产党宣言》1893年意大利文版序言中写下的。为什么这么说？就因为恩格斯在世人公认已经完成了对《神曲》的解读之后，继续进行了更深层次的思想价值的挖掘。恩格斯写道："意大利是第一个资本主义民族。封建的中世纪的终结和现代资本主义纪元的开端，是以一位大人物为标志的。这位人物就是意大利人但丁，他是中世纪的最后一位诗人，同时又是新时代的最初一位诗人。现在也如1300年那样，新的历史纪元正在到来。意大利是否会给我们一个新的但丁来宣告这个无产阶级新纪元的诞生呢？"

短短一段文字，展示了深邃而丰富的思想内容。正是恩格斯的这一跨学科解读，"中世纪的最后一位诗人，同时又是新时代的最初一位诗人"，突破了对《神曲》的单一文本解读，是对但丁及其《神曲》在欧洲（也是世界）文化发展史上做了最为准确的定位。

在这一定位中，关于但丁"是中世纪的最后一位诗人"，这一点并不难理解。因为，他的作品中凸显的宇宙观是以地球为中心的，他的"地狱""炼狱""天堂"的构思是源自宗教的，他的意大利复兴需要通过苦修苦练也是教会的理念，他在作品中展现的梦幻形式、象征手法，也是教会文学常用的。

但是，他为什么又是“新时代的第一位诗人”呢，这就需要突破单一学科的解读制约，来挥舞跨学科阅读的工具来“挖井”了。

“新时代的第一位诗人”中的这个“新时代”，正是名垂史册的文艺复兴运动。在《自然辩证法》导言中，恩格斯这样评价了文艺复兴：“这是一个需要巨人而且产生了巨人——在思维能力、热情和性格方面，在多才多艺和学识渊博方面的巨人的时代。”

按照中国国内一般的评价，文艺复兴运动标志着走出中世纪的欧洲当时已经是一片光明、万物复兴了，其实现实环境并非如此。长达数百年之久的文艺复兴运动，是在近乎阴冷和黑暗的中世纪文化背景下挣扎着向前迈进的，而“巨人”们也几乎都是当时饱受磨难直至后世才逐步被追认的。

例如，《十日谈》的作者——意大利人薄伽丘，由于他美化下层市民形象，表达下层市民的诉求，当他在贫困和孤寂中死去以后，教会并没有因为他晚年的忏悔而宽恕他，而是挖掉了他在家乡的坟地，扔掉了他的墓碑。

次如，《乌托邦》的作者——英国的托马斯·莫尔，尽管他先后担任过英国下议院议长、大法官，但是，面对当时“圈地运动”给社会带来的灾难性后果，他开始寻求改造方案，并将其写进了《乌托邦》中。结果他被关进了伦敦塔监狱，最后被处死。

又如，《堂·吉诃德》的作者——西班牙人塞万提斯，尽管他在生前就已经因为《堂·吉诃德》等作品而声名大振，但是，当他在贫穷潦倒中死去后，西班牙当局连墓碑也没有给他立。直到200年后，马德里才给他建立了一座纪念碑，从此开始，他才逐渐受到全世界的关注。

再如，《巨人传》的作者——法国的拉伯雷，由于他在书中以轻松、幽默的笔调嘲笑了教会、教徒，很快，《巨人传》被官方列为禁书。而他本人则因为有朋友告知内部消息，才逃脱了抓捕。后来，《巨人传》第三部出版，尽管他经多方努力，拿到了国王的特许发行证，为了保险，他又在篇首写了一首献给王后的诗，作品还是被当时的巴黎议会裁定为禁书，拉伯雷再次逃脱。可是，拉伯雷的好朋友、出版商拉季埃姆竟然因此被判处死刑，被活活烧死并陈尸示众。

只要转向跨学科读书的深阅读，我们就不难理解恩格斯钦佩但丁的深层次的文化原因了，因为但丁不仅在时间上是文艺复兴运动的第一位巨匠，更因为他在思想上，在中世纪沉闷的专制文化压抑下，以超越时代的大无畏勇气发出了人文主义的第一声呐喊。在这一点上，他名副其实地成为了文艺复兴这个新的时代的第一位巨人代表。

需要强调指出的是，当我们在解读恩格斯关于但丁的历史地位时，不可忘记恩格斯的界定恰恰也是一种跨学科深度解读。因为在但丁死后，人们曾经根据他的《神曲》中拥有着丰富的知识而将其认定为一位伟大的“神学家”（单一学科角度的深阅读）。然而在恩格斯的笔下，他成了时代与社会发展的转折关头的“新时代的第一位诗人”。这就从宗教神学的角度跨向了时代与文化发展的社会学角度，恩格斯对但丁的历史文化定位为后人提供了“跨学科评价”的创新模式。

而我们作为后学者，更为重要的恐怕还不在于读通《神曲》，而在于怎样学习恩格斯对《神曲》的评价方式、评价角度。从历史发展的纵向角度考察、分析，进而掌握历史唯物主义的评价方式。例如，在前文中，我写下了对陈景润的这样一段评价：“综观陈景润先生的一生，他的成才过程以及他恰好置身于社会转型期的生命历程（1933—1996年），使得他成为‘传统学科读书的第一位失败者’（在20世纪50年代，大学生稀缺时期，他手持名牌大学毕业证书却连一个中学教书的岗位都不能保住），同时又名副其实地成为‘自主跨学科读书的第一位成功者’（在得不到社会承认的情况下，完全自主地取得学术创新研究的巨大成功）。”

这样一种评价方式其实正是借鉴了恩格斯在《共产党宣言》中对但丁的评价方式。

（二）“借光式”深阅读

所谓“借光式”深阅读，有点类似我国古代的“凿壁偷光”的故事。

我曾经运用“借光式”深阅读解决了《西游记》中长期困扰读者的一系列问题，所借的“光源”是歌德的《浮士德》。而最后，这个成果写成的论文成为我申请副教授职称的代表作。

关于德国启蒙时期大思想家歌德，曾被恩格斯赞为“是真正奥林匹斯山上的宙斯”，是“最伟大的德国人”。歌德著述甚丰，但是顶级的作品，恐怕还是要数他的《浮士德》。这部作品，歌德竟然写了60年，直至其生命即将走向尽头的时候才完成。

对于《浮士德》“以悲剧开始，而以欢快的歌剧告终”这样一部很难在舞台上演出的作品，歌德的助手爱克曼曾经表示困惑，认为不符合亚里士多德的“悲剧要能激起怜悯与恐惧”的标准。他曾经询问歌德，歌德回答他说：“是的，是这样，但这正是我的心愿。”后来，歌德又一次回应这个问题，说道：“人们还来问我在《浮士德》里要体现的是什么观念，仿佛以为我自己懂得这是什么而且说得出来！从天上下来，通过世界，下到地狱，这当然不是空的，但这不是观念，而是动作情节的过程。此外，恶魔赌输了，而一个一直在艰苦的迷途中挣扎、向较完善境界前进的人终于得到了解救，这当然是一个起作用的、可以解释许多问题的好思想，但这不是什么观念，不是全部戏剧乃至每一幕都以这种观念为根据。”（《歌德谈话录》，人民文学出版社1978年版）

尽管歌德自己的解释似乎有点云山雾罩，有点让人摸不着头脑，但是，任何一部成功的作品，无论作者将其主题隐蔽得多深，读者只要有心探索，总是能找到打开迷宫大门的钥匙，《浮士德》当然也不例外。那么，这部作品的迷宫钥匙究竟在哪里呢？

后人通过研究，终于发现了打开这座迷宫的钥匙就在作品一开始，天帝和魔鬼靡菲斯特的一段对话中。在那里，天帝相信人类会追求真理，永远不会放弃理想，一定能克服困难，改正错误，不断前进；而魔鬼靡菲斯特对人类持否定态度，认为人就像长脚的蚂蚱，没有理想，只是瞎蹦跳。于是他们打赌，由靡菲斯特下到人间勾引浮士德放弃理想追求，天帝同意了。因为他发现人类有趋向懒散的缺点，他同意靡菲斯特下到人间去勾引浮士德，进而刺激浮士德不断奋发向上。

这就是打开《浮士德》这座迷宫的钥匙。而按照中华文化“生于忧患，死于安乐”的理解，提供安逸舒适的魔鬼显然比制造麻烦的魔鬼更具有腐蚀力。《浮士德》中我们看到，靡菲斯特与浮士德如影随形，他全力满足浮士德，竭尽全力让浮士德沉溺于现状进而导致精神上丧失追求而毁灭。而浮士德却不负天帝的希望，始终没有停止新的追求。直到最后，浮士德老了，眼睛也瞎了，靡菲斯特以为自己即将成功，派来小鬼给浮士德掘墓，浮士德误将小鬼的掘土声理解为围海圈地成功，人民已经开始安居乐业，于是脱口说了一句：“你真美呀，请停留一下。”靡菲斯特见浮士德终于说出了一句满足现状的话，以为他终于消沉，自己终于赢了，可是它还没有来得及得意，就有天使下凡，把其实始终没有停止人生追求的浮士德接到了天上。

上述对于《浮士德》作品的解读，是前人已经形成的定论，但是，上述关于《浮士德》的解读其实还是比较单一的作品解析。而跨学科读书学习的原则是，越是像这种已经具有权威定论性质的作品，往往越是具有参照对比的性质。如果让其发挥灯塔的照耀功能，用作品的哲学理念来解读其他作品，往往被照耀的作品会显现出过去未曾显现的无尽魅力。

20世纪80年代，我在芜湖师范专科学校当过一届班主任。我在担任班主任期间，曾经向本班学生针对我国古典名著《西游记》提出了一系列让学生感到困惑的问题。

例如，如来佛祖既然轻轻松松就能降服孙悟空，为什么孙悟空大闹天宫时把天宫闹得人仰马翻，如来佛祖始终没有出来维护天宫秩序？

再例如，孙悟空大闹天宫时，那么多天兵天将对孙悟空都是毫无办法，可是西天取经路上，他的本事怎么越来越不行了，他打不赢的妖怪怎么越来越多？

当这些问题越来越多地聚集起来时，《西游记》就难免出现了云山雾罩的现象，主题也就难免模糊混沌，让人难以准确把握了。在这种情况下，单一学科的深阅读往往就会显得乏力。于是，应同学们的要求，我以班主任和外国文学教师的双重身份，精心准备后给同学们做了一场《怎样解读〈西游记〉》的报告，借助人们对《浮士德》形成的定论来解读《西游记》。

报告之始，首先提出，中国四大传统文学名著中，《红楼梦》《水浒传》《三国演义》都是回顾历史的，唯有《西游记》是畅想未来的，因而这部作品绝不仅仅是像眼下拍成的电视连续剧那样，几乎是一进入暑假期间就列为专供孩子们消遣逗乐的“儿童文学作品”，其中的哲学思考和文化价值在某种意义上，几乎和鸿篇巨制的《浮士德》不相上下。甚至可以说，《西游记》就是中国的《浮士德》。

例如，从《浮士德》中的天帝形象来对应解读如来佛，不难发现，如来佛对于以玉皇大帝为首的天庭并不关心，反而特别呵护罪该万死的孙悟空。在孙悟空已经把天庭闹得天翻地覆而且完全没有认罪的情况下，饶有情趣地和孙悟空斗法。在猴王不知天高地厚地在他的手指缝中小便之后，不是将其一把捏死，却只是以一座大山“轻轻地把他压住”。而且，刚把齐天大圣压到五行山下，立即就给他派来了“生活管理员”——一个土地神，会同五方揭谛——名为监管实为专门照料他的生活，还交代说，500年后他将另有重任。“英雄重展翅，奉佛上西天”，应当看到，压在五行山下500年，对于已经无生无死的齐天大圣来说，岂不也就相当于要世间凡人闭门思过半日？如来佛祖怎么不但不帮助天庭镇压罪孽深重的孙悟空，反而如此精心设计了对孙悟空这个“死囚”的教育改造方案，而且一抓到底，直到最后敕封他为“斗战胜佛”？显然，和《浮士德》中的天帝对浮士德不但充满信心而且寄予重望一样，如来佛祖对孙悟空也同样充满信心而且寄予重望。

再例如，取经路上的妖魔鬼怪与孙悟空本领不相上下的比比皆是，为什么就是灭不了师徒四人？其实，只要借助《浮士德》中的靡菲斯特的形象进行对比映照，答案马上就清晰明确了。

《浮士德》中，魔鬼靡菲斯特是在天帝的安排下来到浮士德身边的，他的任务是与浮士德朝夕相伴，阻挠和破坏他的行动计划和目标追求。靡菲斯特和浮士德之间，形成了一种对立统一关系——它既是浮士德实现目标的阻力，同时又刺激他永不停留，奋发向上。因而，靡菲斯特同时又是浮士德前进途中的必要条件，他只可能使浮士德在前进道路上暂时受挫，却绝不能使之毁灭。

而《西游记》中的众妖魔扮演的也正是靡菲斯特的角色，他们实际上也是如来佛祖授意观音菩萨安排的，分别被派到取经路上的不同位置，给取经制造麻烦。我们看到，西天取经路上的众妖魔，有的就是天上神仙下界，甚至如来佛祖头上的大鹏鸟也加入了制造麻烦的行列之中。但是，他们和靡菲斯特一样，既是取经的阻力，同时又刺激取经人永不懈怠，直向西天前进，因而他们也是取经成功的必要条件。同样，无论这些妖魔鬼怪怎样接近消灭取经人的目标，最终他们只可能使取经人在前进道路上暂时受挫，却不能使之毁灭。因而，在形象意义上，取经途中的众妖魔，也就是《浮士德》中的靡菲斯特。

《浮士德》中，浮士德在天帝的安排下，先后通过“追求知识、追求爱情、投身政治、追求唯美、追求事业”五大悲剧的锤炼，完成了以自我追求为中心的“小我”到以社会理想为中心的“大我”的精神升华，最后荣升天境。取经路上，孙悟空那“由着个性胡来”的为非作歹的劣根性终于在观音菩萨的紧箍管束下逐步“改邪归正”，而他的勇敢无畏、忠贞不移等一系列善的本质被更好地发挥了出来，且被用在了“西天取经，以拯救东土大唐”的宏伟目标上，孙悟空最后之所以成为“斗战胜佛”，也同样是因为他成功地完成了“从小我到大我”的精神升华。

通过借助《浮士德》的分析方法与主题把握来对《西游记》进行跨学科深度解读，《西游记》这部作品的思想精华终于闪现出与《浮士德》相比毫不逊色的光辉。

（三）“大跨度”深阅读

人们读书学习其实还有一个非常重要的任务，就是通过前人著书立说总结的经验规律，来强化自身发现客观规律的能力。所谓客观规律，是一个内涵极为丰富的概念，包括古今中外的社会、历史发展规律以及道德、情欲、人情世故的一般性要求。一部优秀的作品必然会对上述某一方面有所触及，或显明或隐蔽地展示于作品中。例如，法国19世纪著名作家雨果在其一系列作品的创作中始终坚持的一点就是：“在绝对正确的革命之上，还有一个绝对正确的人道主义。”而我国古典名著《三国演义》中演绎的社会前进的规律是：“天下分久必合、合久必分。”这都能够给后人提供某种深度思考的精辟见解。

而跨学科读书的深度阅读的价值在于：无论阅读者最终究竟是赞成还是反对读物的结论，既然进行了深度阅读，就应当勇于形成自己的独立见解并与他人交流（或者是推翻前人的结论，或者是进一步弘扬前人的结论），而无论个性化见解最终得到的是肯定评价还是否定评价，都将有效提高阅读者的人生层次，进而强化自身的理解能力。

古人有诗云：“欲穷千里目，更上一层楼。”其中也正蕴含了这个道理。跨学科深度阅读一方面推动阅读者通过“点”的挖掘探求认知深度，另一方面也力主通过“面”的广度来把握认知高度。而“欲穷千里目，更上一层楼”的思想内涵正在于“登高望远”，这就同时要求“跨学科读书”是以“登高”为前提的。而“大跨度”深阅读是使阅读者通过“深阅读”既要能读出顿悟的深度，又要能读出创见的高度的重要方法。

例如，恩格斯在那封写于1888年4月的著名的《致玛·哈克奈斯》的信中，对巴尔扎克的著作写下过一句评论：“（巴尔扎克）他用编年史的方式几乎逐年地把上升的资产阶级在1816—1848年这一时期对贵族社会日甚一日的冲击描写出来。”这一评论就堪称“大跨度”深阅读的标志性话语。

巴尔扎克是法国19世纪伟大的小说家，塑造典型的巨匠，举世公认的现实主义大师。他在《人间喜剧》的总标题下，用同一人物反复出现（即人物再现）的手法，将他的90余部小说联为一个有机整体，构成了一幅完整的包罗万象的社会风俗画，描绘了19世纪法国社会的卓越的现实主义历史，使通常被视为供人消遣的小说具有了社会反映、历史再现的认知功能。

在他的90余部小说中，描写了资产阶级如何发家，贵族阶级如何破产，资产阶级的势力如何深入每一个城镇、乡村，在各个领域和贵族社会展开政治上、经济上的较量以及贵族的庄园经济如何在资产阶级的进逼下土崩瓦解；他的作品还披露了心狠手辣的银行家如何用倒账清理的手段掠夺千家万户的财产，敦厚的老派商人又如何在金融投机家的算计下被逼破产；青年人在拜金主义新时尚的冲击下面临何等严峻的人生选择……

尽管巴尔扎克在文学创作上取得了如此辉煌的成就，但如果读者只是阅读他的某一部作品，显然难以领略《人间喜剧》的总体面貌，而恩格斯对巴尔扎克小说的总评就好像是将他的90余部小说全部堆在桌子上，然后按照“编年史”的方式整理有序并最终得出结论。这一结论就已经不是对某一部作品的评价，而是对其一生创作成果的宏观评价，而这个宏观评价，就是恩格斯通过“大跨度”深阅读获得的创造性见解，换句话说，恩格斯对巴尔扎克作品的总体评价的重要价值不仅在于结论，更在于他还提供了一种高于解读单一作品的“欲穷千里目，更上一层楼”的攀岩式的高度解读。

借助恩格斯的这一阅读方式，我们可以大跨度深阅读莎士比亚。

我们通过单本阅读，已经不难感受到莎士比亚的四大悲剧，每一部都堪称精品甚至极品。而关于针对莎士比亚四大悲剧的单本解读剖析（包括深度解读剖析），可谓汗牛充栋。但是，如果从四部通读的大跨度高度来把握他的人生见解、人生理念，我们会得出一种什么样的新结论呢？

不妨先看《哈姆雷特》。其剧情是：丹麦王子哈姆雷特在德国威登堡大学接受人文主义教育。因为父王突然死去，心情沉痛地回到祖国。正当他忧郁苦闷之时，又在城楼上遇到父王鬼魂，要他为自己复仇，因为杀害他的正是新国王——自己的亲叔叔。哈姆雷特为此更加郁闷，因为父亲的要求他不能不照办，可是鬼魂说的话又难以确信，况且新国王的种种表现迫使哈姆雷特既要不断地辨识真伪，又要小心翼翼地应对身边多变的形势，这就导致哈姆雷特反复斟酌，以至犹疑不决。直至最后，哈姆雷特与新国王、王后等人同归于尽。

再看《奥赛罗》。其剧情是：奥赛罗是威尼斯的一个黑人军人，因为战功卓著被提升为将军。威尼斯元老院元老勃拉班修的女儿苔丝德蒙娜爱上了奥赛罗，她不顾父亲的反对和奥赛罗结婚，并勇敢地陪同他前往塞浦路斯岛抵御入侵之敌。在御敌胜利庆功宴上，没有获得理想提拔的伊阿古精心设计的陷阱开始生效，奥赛罗相信了谎言，认定苔丝德蒙娜与他人有奸情，失去理智的他掐死了苔丝德蒙娜，而迟来的真相使他难以原谅自己，用剑自刺胸口，倒在妻子身上咽了气。

再看《李尔王》，古代不列颠老国王李尔年迈力衰，突发奇想，把自己的三个女儿叫到身边，让她们用语言表达对自己的爱，然后由自己评断怎样给他们分封国土。大女儿、二女儿狡猾地凭借花言巧语谋得了一份国土，而最忠厚的小女儿竟因为不愿意花言巧语而被剥夺继承权。这一荒唐决定实施不久，李尔王的挫折、灾难接踵而来。等到李尔王终于清醒时，局面已经难以挽回。最后，作恶的坏人固然恶有恶报，但是李尔王与小女儿考狄利娅也都死去了。

最后再看《麦克白》，苏格兰大将麦克白平息叛乱凯旋途中，路遇三个女巫，预言他将成为国王，但他并无子嗣能继承王位，反而是同僚班柯将军的后代要做王，并且将比麦克白更有福。这一预言被麦克白夫人得知，不断地怂恿麦克白寻机杀死国王以加快预言实现。麦克白克制不住贪婪之心，在国王前来家中做客时杀死了国王，夺取了王位，从报国忠臣变成弑君的野心家。由此开始，他犯下越来越多的罪恶，最终众叛亲离，死在讨伐的剑下。

我们看到，《哈姆雷特》中，哈姆雷特本人几乎没有任何缺点，也没有犯下任何错误，只是因为承担了无法独立完成的任务而又无法摆脱——不知道敌人是谁，也不知道敌人在哪里，却必须接受父亲鬼魂的嘱咐去消灭敌人，以致最后被迫与敌人同归于尽。而《奥赛罗》的悲剧则是主人公的性格缺陷导致的。尽管主人公的这种性格缺陷相对隐蔽，但被身藏暗处的对手发现并利用，导致奥赛罗犯下“认敌为友、认友为敌”的错误，最终酿成悲剧。至于在《李尔王》中，主人公的性格缺陷已经公开化了，他的专横跋扈、偏听偏信，导致他的人生悲剧已经含有几分“活该如此”的天谴责罚的含义。而《麦克白》中，则已经不是性格缺陷问题，而是由于其内心深处原本就深藏着“贪婪”，所以只要条件成熟，“隐蔽的贪婪”就会破土而出，以致最终麦克白自我人格分裂，从国家重臣蜕变成叛国逆臣。

“大跨度”深阅读四部悲剧，就不难看到莎士比亚的另一种伟大：他不仅以“化腐朽为神奇”的巨笔，将看似不太新鲜的史料一段一段地编撰成了经典悲剧（莎士比亚的作品几乎全部都是改编自史料），而且，他的这种改编还不是简单并列的、零碎散乱的，而是就在一步一步地在揭示出社会发展趋势的同时，努力对人文主义思想理论进行总结批判。通过他的作品我们看到，在向近现代社会转型的过程中，人类已经从当初一心认为只要高举人文主义的理想大旗呐喊奋进，就可以进入一个全新的世界开始，进而认识到在高举这面大旗奋进的同时，还必须反思自己的言行规范，以免被敌人利用，导致新的错罪。再进而，莎士比亚又引导人们看到，人文主义理论对人文主义者自身也有着引发新的社会悲剧的另外一面。这也就不难理解莎士比亚在写完四大悲剧之后，就不再以“悲剧”进行思考，而是转向以《暴风雪》这一魔法幻术主导的戏剧宣告自己创作生涯的结束——他对人文主义的批判认知已经完成，他写不下去了。

五、关于深阅读的一点小结

深阅读究竟应当怎样把握。也就是说，究竟什么样的阅读才叫“深阅读”。应当看到，当今时代的深阅读既不应当混同于“头悬梁、锥刺股”的传统苦读，也应有别于“红袖添香夜读书”的传统雅读，它更注重运用与传统学科理论不同的新的思考角度，对作品进行创新解读之路的探索。

而至于“深阅读”，之所以会以“跨学科读书”的方式来进行新意解读，是由当今时代的创新特点决定的。因为，能够经得起字斟句酌的深度阅读的著述，往往无不经过历史“大浪淘沙”的冲刷，其思想内涵丰富而且值得挖掘，以上文字中提及的但丁的《神曲》、歌德的《浮士德》以及巴尔扎克的《人间喜剧》、莎士比亚的“四大悲剧”等诸如此类的作品，对于中国社会各界的读书群体来说，几乎都是既非常熟悉又人人皆知“难啃”的作品，所以在阅读方式上，全部属于只有深阅读才能体味的作品。

正因为这些作品早已被前人反复研读，并早已有了各种深刻见解。所以，如果不能从新的学科理论为指导的角度进行解读，而是一味地注重引经据典，尽管可能做到广征博引、集众家之精粹，但这样的深度阅读至多也就是进行了考据整理，看似面面俱到，其实却是难有新意。因此，要想在前人已有种种颇为深刻的见解的基础上努力得出自己的与众不同的看法，就必须跨学科深阅读。

拓展阅读3

自主跨学科读书与“自由人才能造起金字塔”的理念不谋而合

我刚到55岁，作为人才引进上海不到两年并且无任何过错却被告知，今后不再拥有校内教学岗位，以致原本就是“四无”之身，现在又增加了“没有教学岗位”，变成“五无”，堪称典型的人生途穷。但是，当时没有想到，自己于“五无”之中竟然得到“一大有”：原本只有完成本职工作之后，才能挤出一点属于自己进行独立思考的自由时间，现在变成每天都是属于自己的、没有任何外部压力的24小时自由时间。由此，我进入了“思如天马行空”的真正自由的岁月，进而，独自开始了学科创建的自主探索与研究。

我的自主读书经历成就了我的学科创新研究成果系列，并且顺应着人生发展，在无压力的情况下，以六次学科大跨越实践了“自主跨学科读书”。

当很多读书人获得了高级职称，随即“刀枪入库、马放南山”，从此再也无意于什么学术创新研究时，我却犹如年轻人，以愈发充沛的爆发力向跨学科学术创新研究冲刺。事实为证，我的六次学科大跨越中的后五次是2003年失去校内教学岗位以后进行的，而且跨度越来越大。

1.第一次学科跨越——被人生如何成功吸引，从文学研究跨向应用语言学研究

面对着传统学科专家群居的拥挤现状，很多教师为学术研究之难而苦恼，我却以“高年龄、浅资历，只拥有国内普通本科学历”的一介平民之身轻松地在教师群体中任现职年限一满就被提升职称：1982年（34岁）在安徽师范大学中文系本科毕业，1993年获评文学副教授（45岁），1999年获评应用语言学教授（51岁），顺利完成了两个学科之间的高级职称的第一次大跨越。

2.第二次学科跨越——被扩大研究领域激励，从高等教育跨向中小学教育

2002年，我以20余年的潜心研究实现了第二次学科跨越：以独创、首创、原创的“小学—成人口才交际能力递进式训练体系”9种成果（共计200余万字）为基础，获得教育部普通高校新创“十五”国家级规划教材《口才与演讲——技能训练》的独立撰写权。2004年获聘教育部语用司“全国中小学生口语交际能力评价标准课题组”主笔专家。时至今日，我的这套“小学—成人口才交际能力递进式训练体系”始终稳居中国唯一的地位，而其中，立体思维创新能力训练更是成为经典模式，我也多次应邀前往河北、广东等地开展国家级层面的培训，至于大大小小的讲学培训20年来更是难以计数。

3.第三次学科跨越——被未知好奇刺激，从应用语言学跨向汉语语用学

我的第三次学科跨越则是在汉语语用学领域。语用学是一门20世纪70年代创建于美国的新创学科，而汉语语用理论体系是以西方的语言学理论为基础创建的，很自然地，汉语的语用研究著述更是难免出现“洋瓶装汉酒”的现象（用西方的理论填充汉语的例子）。

《中华文化与汉语语用》一书还未出版时，中国语用学会会长、广州

外语外贸大学何自然教授就给予了这本书高度评价，夸赞该书为一部“汉瓶装汉酒”的立足于汉民族精神文化的独立原创著作，他在评价该书具有五大亮点的第一大亮点中就写道：“我读过几本讲汉语语用学的书，他们大都是用国外语用学的理论作为框架套上一些汉语例子而成。这样的书籍只告诉读者：国外语用学讲的那些东西，我们汉语里也有。仅此而已！但《中华文化与汉语语用》一书读起来就完全没有‘洋瓶装汉酒’的感觉。这本书紧密结合汉文化和汉语语用特点来谈语用学理论，将普通语用学理论与汉语文化糅合在一起来讨论汉语的语用问题。语用学中的指示语、预设、含义、言语行为、会话结构都在介绍汉文化语用中交代了，读者并不觉得那里有外国的语用学。”2007年，何自然先生又不顾自己70岁的高龄，亲笔撰写《中华文化与汉语语用》的评介文章在英国《话语与多元文化》刊物上发表，以展现中国本土的语用学最新研究成果。而《中华文化与汉语语用》一书眼下已经入列国内数所高校“语言学与应用语言学”专业研究生的必读书目。2014年，该书修订出版并更名为《汉语交际一本通——对外汉语教学高级读本》，这两个版本的著作分别于2013年、2014年先后被国务院侨办采购，入列中华文化形象代表，分送世界各地孔子学院以及外国高校中文图书馆收藏。

4.第四次学科跨越——被理想价值目标推动，从汉语语用学跨向马克思主义中国化研究

2005—2008年，我成功实现了第四次学科跨越：以民间马克思主义研究者的身份从社会学角度重新解读《共产党宣言》等著作，进而提出了对“共产主义—社区主义”等一系列概念的新见解，并以此为基础，提出自成一家之言的“人类社区发展史”的三段论划界：“原发社区：人的不自由联合体；现代社区：人的自由联合体；未来社区：自由人联合体。”再以此三段论为依据，出版了《中华文化与中国社区》《中华文化与中国社区教育》《中华文化与中小企业文化》等多部研究中国社会转型的著作，从民族精神文化角度研究当代中国社会转型问题。

2013年，《中华文化与中国社区》一书被国务院侨办采购，入列中华

文化形象代表，分送世界各地孔子学院以及外国高校中文图书馆收藏。

5.第五次学科跨越——被意外发现振奋，从马克思主义哲学跨向《圣经》精神文化研究

第五次学科跨越则是对《圣经》的非宗教式解读。我并不是宗教徒，但是，早自20世纪80年代大学刚毕业就从事欧美文学教学时期开始，我就苦心研读《圣经》20余年，从《旧约》反复“啃”到《新约》，以对人类文明理念发展历程展开溯源研究。2008年，我出版专著《中华文化与圣经文化——面对中西方文化交融的哲学思考》，随后，又以“一个非宗教徒与上帝的千年对话”为题，应邀在上海交大海外教育学院“国学与西方经典”研修班上，主讲“《圣经》的非宗教文化价值溯源——面对中西方文化交融的哲学思考”。

6.第六次学科跨越——被责任道义鼓动，从《圣经》精神文化研究跨向社会教育研究

自2004年以来，我以上海嘉定区社区教育研究所所长的身份，实现了学科研究的第六次跨越。我立足嘉定，通过嘉定社区教育实践研究当代中国社区教育，进而从宏观把握和微观操作角度提出了一系列新创理念和富有可操作性的实验方法。并且，我先后应邀赴江苏、浙江、河北、宁夏、江西、新疆等地，在省市级培训、国家级培训层面上推介引领理念与实践方法。2013年，我出版《社区教育实验与实务的多头推展——社区教育工作指南》《大国小民——中国市民精神解剖报告》等多部著作，在国内率先独立完成了中国社区教育的学科体系的个性化创建，以8种原创专著成果共计180万字的实绩成为自成流派的社区教育学者。

读者诸君不妨以我为案例进行思考，自主跨学科读书和传统学科学制式读书，哪一种对于人生发展更有价值呢？

第四章　跨学科读书必须恪守“成功四原则”

刘伯奎读书体验：

读书至苦，苦得呕心沥血，哪里有胃口喝什么鸡汤。

读书至乐，乐在有新发现，哪里有时间喝什么鸡汤。

谈到“怎样跨学科读书”，首先必须指出，这其实是一个已经有很多先行者通过实践取得了成功的行为。由于这种读书行为既不能通过行政手段强行推广，也很难借助某种激励手段长效延伸，它只能通过先行者的成功实践来证明这一读书学习方法的先进有效，才能吸引千千万万的学习者随之前进，并且又因人而异。

一旦转化为个人行为，跨学科读书就难免会面临一个“怎样实施”的问题，因为每个人的具体情况各不相同，有的人可能因为学科内（工作中）诸事繁忙而无暇跨学科读书，有的人可能因为觉得缺乏明确方向而难以坚持，还有的人可能坚持了一段时间却未见理想效果而不再坚持……那么，怎样确保跨学科读书真正取得成功呢？本书认为，除自主坚持以外，还必须注意恪守兴趣主导、困惑引导、敢于质疑、保持童心四项原则，只要坚持了这四项原则，就可望实现浅水平者可以获得浅水平的跨学科读书成果，高水平者可以获得高水平的跨学科读书成果。

一、兴趣主导是跨学科读书的灵魂

只要我们结合社会现状进行考察，就会发现“兴趣主导”问题无论怎么强调都不过分。因为在我们这个民族，读书学习“重功利追求，轻兴趣主导”不仅有着相当的普遍性，而且还可以说，它已经上升到了民族精神文化层面，对于本民族成员有着一定的控制力。

时至今日，学习者个人对所读之书没有兴趣的问题，学习者个人、学习者家庭乃至社会似乎在很大程度上还处于一种相当漠视的状态，即使学习者对所读之书没有兴趣，只要家庭、学校认为有必要，自然就会像“捏着小孩子的鼻子灌药”一样，通过多种渠道从外部强制学习者读书学习。与此同时，我们也看到，在以“学历文凭”为追求目标的读书学习中，即使有相当数量的学习者完全没有兴趣，但也不乏人数众多的成功者。何况，在日常生活中，我们往往也确实难以分辨成功者中，追求“学历文凭”与追求“兴趣爱好”二者在应试阶段的读书学习的表现有什么不同。其实，二者之间主要存在着两大本质差异。

差异之一：同为读书学习，以追求学历文凭引导读书，只要学历文凭没有到手，追求者自会勤奋苦读，一旦目的达到，读书往往也就终止；而兴趣读书则表现为一种“越读越有味道，越读越要读”的特点，随着对兴趣点越钻越深，取得的成功也会越来越大。也就是说，前者往往后劲不足，而后者则越到后期冲劲越大、成就也越大。

差异之二：以追求学历文凭为目的的读书，难免就会计算阅读投入，难免就会思考怎样以小的投入获得大的成功。通俗地说，就是“60分万岁”。例如，在以学科学制式读书为主的国内的各类学校里，考了59分就要重读、补考，否则就难以获得学历文凭，这是人人都必须服从的规则。但是，很少有人考了60分而主动要求重读、重考的。而兴趣读书则使读书人永远不满足于现状，为了满足自己的兴趣会一直读下去。为什么这种反差明显的情况会长期存在？关键点就在于目标追求的差异。

不仅如此，不同目标追求的读书学习在现实生活中也还是有着种种鲜明的表现差异。

例如，为追求学历文凭的读书学习，高考结束之日往往会被演绎成“教材变废纸”之时。与此同时，学生在学习过程中，往往还会关注如何以最小的付出获得最大的收益，有时就难以杜绝作弊、造假……只求能够“过关”。

而兴趣引导读书，则会以满足兴趣为目标，就会唯恐有疏漏，就会力求精确、精密、精致。在生活中，我们常常看到诸如此类的现象：某人喜欢下象棋，哪怕因为棋艺拙劣被人嘲讽为“臭棋篓子”，但只要一摆开棋盘他就马上情绪亢奋起来，不仅如此，还往往会因为一步走错，自己要反复思考、琢磨、探讨；再例如，某人喜欢打麻将，只要一坐上牌桌，24小时连续奋战，饭可以不吃、觉可以不睡，连上厕所来回都是跑步……为什么？

原因很简单：因为有喜好、有兴趣。在生活中，不难看到人们对自己感兴趣的事物表现出积极、热情，乃至痴迷的现象。例如，爱好集邮者可以为了一张自己喜欢的邮票不惜付出巨大代价；戏曲票友可以为了一句唱腔“字正腔圆”不惜多方讨教甚至拜师学艺。至于喜欢养鸟、养鱼的，喜欢琴棋书画的……生活中的各个领域，都不难看到痴迷者专心求知的种种表现，也随时可以感受到痴迷者刻苦钻研的内在热情，而这种务求圆满的追求，无不源自其喜好、源自其有兴趣。

例如，伴随着现代社会竞争的加剧，当今中国社会已经和国外一样，自杀现象越来越引起社会的关注。在社会自杀者群体中，有相当一部分人在外界看来，其实已经是事业有成，有的甚至可以称为精英人物。他们为什么也会自杀？其中一个重要因素，恐怕就要从“兴趣”来思考了。如果一个人的事业目标与其兴趣目标相一致，那么，事业目标方面即使遭遇挫败，在某种意义上可能反而会激起他更大的热情，去思考失败原因，追求反败为胜。反之，如果他的事业目标与其兴趣目标不一致，越是继续追求下去，所得到的也只是与自己没有兴趣相连的目标的达成，离自己的“有兴趣相连的目标”却渐行渐远。结果难免是即使取得成功，自己也未必真的欣喜若狂，而一次挫败就有可能导致其万念俱灰，导致其对自己人生价值的全盘否定，于是选择自杀。

“中国江苏网”2012年4月27日报道：《江苏化学天才美国自杀　曾是“知识改变命运”典范》。他曾经是江苏首位化学奥赛金牌得主，是南京大学化学系第一个跳级生，更是江苏海安中学“寒门出才子”的典范样板，2012年4月6日，他在大洋彼岸的美国家中自杀，留下两个不到10岁的孩子和无依无靠的妻子。

据报道，1990年法国巴黎举办第22届国际中学生化学奥林匹克竞赛，当时正在读高三的王庆根一举夺得金牌。回国后，他还被江泽民主席和李鹏总理接见。当时的照片，多年来一直醒目地挂在海安校史馆里。获奥赛金牌后，王庆根进入南京大学学习。海安中学一位毕业生回忆，当时王庆根完全可以选择清华、北大，但他家里太穷了，父亲只有小学文化，母亲是文盲，放学回家，他还要自己做饭，舀上一锅水，淘一瓢米，切几块山芋，点火拉风箱。而南京大学开出的丰厚条件，足以解决他的经济负担。进入南京大学后，王庆根成为化学系风云人物，成为该校化学系史上第一个跳级的学生。

随后，王庆根赴美国斯坦福大学深造。2001年，他拿到了斯坦福的化学博士学位，之后留在美国。不过，最后他选择了和化学完全无关的计算机行业。他曾在电子地图公司decarta服务三年，2004年进入更为知名的因特网服务商PayPal公司，之后八年，从普通员工做到高级工程师，事发前他是公司首席工程师。

王庆根自杀后，很多人深表惋惜，其中学母校海安中学王大庆副校长回忆说：“当时我问他化学这么好，为啥改行做软件，他说这样赚钱比较快。我问他收入怎么样，他说全家一年20多万美元，属于比上不足比下有余。当时我跟他说，还是回国发展吧。他有些犹豫，说以后会考虑，现在暂时回不来。”王大庆说，王庆根在美国丢掉专长和爱好很可惜，不如在国内搞专长。其实在我看来，从更深层次的原因思考，他在美国做软件，如果真的是为了赚钱快，那么，他如果继续努力，也不过就是从年收入20多万，增加到40多万、60多万……同样会觉得自己仍然是“比上不足比下有余”，感觉不到事业成功的快乐。至于他在美国能够丢掉化学专长，恐怕他早已发现化学专长也未必真的就是他的人生兴趣点所在，是他可以视之如敝屣的东西，只不过他较早在化学这个“敝屣”方面凸显了才能，被社会推上了“化学天才”的宝座罢了。

如果说，王庆根的悲剧在某种意义上，可以视为兴趣追求与人生追求发生冲突的比较极端的悲剧，他在国内得到的“顶级天才”评价与其在国外实际上处于“比上不足比下有余”地位的反差所带来的长期压力，也许成了压垮天才的“最后一根稻草”。

由此，我们不难看到以兴趣引导读书，其价值绝不仅仅只是“读什么书，怎样读书”的问题，而同样更在于它对于人生发展具有潜在的巨大推动力。

首先，以兴趣引导读书，可以有效地实现从外部施压的“要我读”向主动需求的“我要读”的转变。其次，这种读书又可以通过开阔眼界、拓展兴趣范围、提升兴趣质量，将兴趣从感性向理性升华，而兴趣范围的拓展、兴趣质量的提升又可以有效地优化读书的质量，进而有效推进人生的可持续发展。

不过，仅仅认识到这一点是不够的，因为，每一个人都生活在现实世界里，随时面临着利弊得失的权衡、攻守退避的抉择。也就是说，一个人的兴趣爱好往往难以完全摆脱功利目标追求的影响。所以，尤其是对于成年人来说，怎样协调兴趣爱好与功利目标追求的对立统一关系，可以说是人生中难以回避的问题。从理想角度分析，当然是二者有机统一，兴趣爱好与功利目标追求相一致，是人生的一种理想境界。但是，更为多见的往往是兴趣爱好与功利目标之间出现某种对立，取此则伤彼，取彼则伤此，这就需要认真思考了。

当然，当追求单纯的兴趣爱好可能会对自己的生存与发展带来较大伤害时，人们往往会或暂时或永久地放弃兴趣追求。毫无疑问，这一做法是具有一定的合理性的，但是，兴趣主导的核心地位不能长期被排斥，如果长期过于关注功利目标，完全排斥兴趣在生活追求中的应有地位，最终可能导致兴趣丧失，人生发展就可能受到压抑或者发生扭曲，严重的还可能因为悔不当初而发生意外事件。

拓展阅读4

兴趣主导创新《中华文化与中国社区》

2003年，我意外接到领导通知，终止已经获得教育部批准的并且已经在进行中的“教育部普通高校‘十五’国家级规划教材《口才与演讲——技能训练》”的创新撰写，去嘉定区协助进行国家级社区教育实验区的工作推展。

一项全新而且陌生的工作摆在眼前，社区究竟是个什么东西？中国社区又具有什么样的个性特点？社区教育实验又将如何开展？……一连串的问题使得中文系本科毕业的我倍感苦恼，于是一度开始了漫无边际的、既无口又无心的浅阅读。

在一次很偶然的阅读中，在某一本谈论社区的著述中，见到在“社区”这个词的旁边加了一个英文注释（community），这个单词一下子让我想起了另一个英文单词：communism（共产主义），两个单词相似到这种程度，那么它们之间是不是存在着什么内在联系呢？

一个兴趣点的产生，推动我立即开始重新研读《共产党宣言》，继而又远赴北京，登门向国内著名的马克思主义研究专家求教。终于，形成了一篇完整的论文《共产主义—社区主义》，该篇论文后来成为自己关于“传统文化与当代社会”系列著述的核心理念。

我明确社区概念后，随即开始关注“中国社区”的来龙去脉。我在漫无边际的扫描式浅阅读之后，最终将中国传统社区的把握定格在魏晋时期陶渊明的《桃花源记》上，决定以这部作品作为农耕社会精神文化的代表，探索我们民族的传统精神文化。

陶渊明的《桃花源记》，从字面上看，描绘了一个没有压迫、没有剥削、人人劳动、平等自由的社会生活的虚幻的理想世界，但是，在这部小自耕农“乌托邦”社会的文字描写背后所显露的，却是中华民族传统精神文化体系的构成基础以及特点形成的内在原因。因此，这篇写于1 600年前的篇幅短小的“桃花源记”，实在不应当只被看做一篇文学作品。

首先，从游记中我们看到，农耕社会的人们由于对土地的高度依赖性，往往除了自然灾害、战争动乱等原因，整个家族（或部落）很少发生流动迁徙的行为。桃花源形成原因就是：“自云先世避秦时乱，率妻子邑人来此绝境，不复出焉；遂与外人间隔。”原本只是为了躲避一时的战乱而来到桃花源，就因为桃花源里有了赖以生存的土地，于是安于现状，在一块陌生的洞天世界一待就是数百上千年，并且从此不再离开。

其次，正是这种一家一户对于土地高度依赖的生产生存方式，奠定了桃花源中人“鸡犬之声相闻，老死不相往来”“各人自扫门前雪，莫管他人瓦上霜”的生存心态，为什么？因为自己的一亩三分地已经完全决定了自己的现实生活水平与未来的可持续生存，别人家（包括桃花源外面人家）的13亩地、130亩地、1 300亩地的经营状况如何，基本上与自己没有什么关系，很自然地也就不多关心了。

最后，桃花源中人非常注重“对内有序和谐，对外排斥封闭”。他们能在一个封闭的小天地里，共生共存千年之久，堪称“有序和谐”的标本。但是，这毕竟是一种“堰塞湖”一潭死水式的静态和谐。我们看到，尽管武陵人的意外闯入也曾经唤起他们对于外部世界的家乡的思念，于是“咸来问讯”，并且为外部世界发生的变化而“皆叹惋”，但同时，他们对外部世界“排斥封闭”的心态也非常鲜明，其证据有三：第一，对外部大千世界毫不关心，历史已经越过千年，而桃花源中人却“不知有汉，无论魏晋”；第二，他们也不希望外部世界了解桃花源里面的情况，所以他们告知这个武陵人，桃花源里面的情况“不足为外人道也”；第三，武陵人出来后重寻桃花源，找不到了，显然，他们把自己重新封闭起来，“隔绝于世”了。

目标定位以后，随之开始的是对《桃花源记》中显现的文化理念能否代表我们民族传统精神文化成果的社会调查。

结论很快出现："桃花源"的这种文化心态之所以可以作为我们这个民族曾经的文化标志，是因为这种表现具有很强的精神控制力，它使得我们这个民族无论身处何处，都会有基本类似的表现。结果就形成了，中华大地上，一方面，"桃花源"看似虚无缥缈，无处可寻；另一方面，"桃花源"现实存在，到处都是。

后来被我收入《中华文化与中国社区》一书中的表现各异但"桃花源"文化本质相同的中国三大村落可以作为"桃花源"文化心态的实例旁证。（详见《中华文化与中国社区》一书）

图1　中华文化与中国社区

中国各地的民居各有特色，不胜枚举，但是只要是百姓群居之处，都可以发现一个共同特点，那就是"对内有序和谐，对外排斥封闭"，同时遵循"各人自扫门前雪，莫管他人瓦上霜""鸡犬之声相闻，老死不相往来"等生存理念。而这正是"桃花源"精神文化理念的重要构成因素之一。显然，持这种理念进入以"地球村"为基本特点的开放时代，必将面临着一个更新扬弃的过程。因而，"从桃花源转向地球村"也就是当代中国社区教育研究的总的任务。

于是，以陶渊明的《桃花源记》精神文化理念为标志，我围绕着两个关键点反复挖掘，一气写出了《中华文化与中国社区》《大国小民——中国市民精神解剖报告》《从大国小民到富国强民——国民精神文化转型指南》等8部著作，通过这8部著作，分别从不同角度提出了怎样推展社区教育的宏观理念与具体的实施步骤。

二、应当以困惑引导思辨创新

在多种谈及科学家与发明创造的故事书籍中，人们都很乐于介绍“牛顿发现万有引力定律”的故事。直至2010年，英国为纪念皇家学会成立350周年，将馆藏的部分珍贵手稿放到网上与公众分享。其中牛顿的好友、与他同时代的物理学家威廉·斯蒂克利在手稿中还原了当时“牛顿与苹果”的真实故事。

在这个故事中，斯蒂克利谈到，1726年时，已经步入晚年的牛顿在一次闲谈中和斯蒂克利谈起，他是看到苹果落地，联想到自己儿童时做过的一种游戏：把一只盛着牛奶的小桶在空中挥舞起来，桶里的牛奶为什么不会洒向地面，而苹果却会掉落地面呢？由此他又综合自然界种种现象进行分析，最终发现了“万有引力定律”。

显然，牛顿的成功并不是“苹果砸了脑袋”的撞大运式的突发奇想，而是观察自然现象，结合生活现象，通过联想综合、比对分析的结果。

事实证明，跨学科读书要想有成果、要想取得成功，还应当坚持以困惑为引导，勤于思辨。否则，书读得再多，最终也不过就是个“活体书橱”，于社会是没有什么大用的。单一的“知识积累”并不能改变人的命运，而在知识积累的基础上勤于思考、勤于思辨才能有所创新，才能有效保证“活读书、读活书、读书活”，才能有效改变人的命运。

我们不妨再看一则实例。1995年年底，全国第二大啤酒生产企业“北京燕京啤酒集团”为扩大生产能力，兼并了陷入困境的“华斯啤酒集团公司”，在对华斯集团进行大规模技术改造的同时，将华斯集团公司大啤酒罐中尚存的1 214吨啤酒倒入了地沟。

这则报道对当时社会最大的震撼是：过去我们只习惯于接受来自对立阵营方面的报道，例如，资本主义国家经济危机爆发时，会出现将牛奶倒入海里，将刚刚收获的柑橘碾烂在田地里等。现在，中国刚刚改革开放不久，并未出现什么经济危机，怎么也出现了这种把上千吨合格啤酒向地沟里倾倒的行为了呢？哪怕打点折便宜卖出去也可以收回一些成本啊？

显然，继续固守“勤俭节约”理念来解释这一现象，只怕永远也得不出一个令人满意的结论。但是，转换一个角度，从市场经济的时代特点来理解市场经济时代的企业行为，难度就小得多。

据当时媒体报道，“燕京”兼并“华斯”，在企业界引起了两次轰动。第一次是，“燕京”因产品供不应求，准备“扩产”的消息传出后，曾有十几家海外大啤酒企业先后找上门来，要求与“燕京”合资，而“燕京”却没有“攀大附强”，反而以兼并的方式去努力救活一个弱于自己的国有大企业。

而第二次轰动，则是将千吨华斯啤酒倒进地沟，被倾倒的华斯啤酒，既非严重变质，亦非假冒伪劣，仅仅是因为生产工艺水平不够先进，口味不佳而已。而燕京的老总们既不对其重新处理，亦不削价销售，而是坚持认为，“华斯”既已不存在，“华斯”的产品也应消失。千吨啤酒倒入地沟，连同低价转让卖给养猪场的库存酿酒大麦，共计损失至少220万元，因而引起社会轰动。

究竟应当怎样看待这两个问题？如果简单沿袭传统理念，人人皆知“背靠大树好乘凉”，既然有海外大啤酒企业主动找上门来，燕京不迎上去“强强联合”，显然不够聪明。至于把千吨合格啤酒全部倒入地沟，更是一种“败家”的行为。从单一角度思考这两个问题，确实一时难免困惑，甚至难免陷入以传统道德标准进行谴责的误区。当时，我在校内的口才训练课上引导同学们对这两个问题展开了辩论，让大家各抒己见来推进思辨能力训练。结果，一场辩论以及由此引发的深化阅读，使得大家最终发现，“燕京”的做法不仅高明，而且它还提醒我们：不同职业领域的职业道德其实各有其个性化的行业标准，有时候，它与我们的传统社会道德还会有不同的要求和表现。

“燕京”兼并“华斯”，看起来是“强者”联合了“弱者”，不能像与国外大企业联合那样迅速“做大、做强”，其实不然，因为“华斯”啤酒作为国有大企业，原本就拥有企业用地、车间以及一系列生产设备。与“华斯”合并，不仅可以节省扩建的大笔资金，又可节省扩建改造的时间，同时又能救活一个国有大企业，此为一举三得。此外，如果“燕京”不兼并“华斯”，“华斯”也可能被海外企业收购，其结果有可能导致“燕京”在市场上反而多出一个竞争对手，因而“燕京”兼并了“华斯”，实际上还是“一举四得”。

再看被倒掉的1 000多吨华斯啤酒，只是口感不佳而已，并不是已经不能食用，倒入地沟，岂不是浪费？其实转换角度就又可以发现，这也是一种商战谋略，200万余元的物质财富，仅思考其经济价值，倒入地沟不能说不可惜，但从市场经济需要广告效应来说，这种做法又堪称一本万利。试想，如果将其销售收回200万余元，再转而投向广告宣传，区区200万余元，能在媒体上获得多大的广告效应？现在，从中央到地方的大小媒体无不密切关注，继而“燕京”的品牌名气在全国大幅提升，这种以牺牲已经死亡的“华斯”来提高“燕京”的知名度和质量可信任度以及打开随之而来的“燕京”产品销路，能是区区200万余元可以相比的吗？

显然，在商言商，商战方面的谋略行为就应当用商贸职业独有的道德标准来评价。而企业文化的核心理念原本就是唯利是图，只要有利可图，就不能简单地斥之为浪费、挥霍。

跨学科学习者一旦在某一个问题或者在某一点上，有了自己的独立见解，务请不要浅尝辄止，不要固守或退回自己的本专业，不要认为研究本专业外的问题就是不务正业。而应当进一步深入地思考下去，力争能有第二点、第三点……并由此开始“聚沙成塔，集腋成裘”。

以我而言，原本并非商界人士，也不是从事企业文化研究的，即使在社区教育研究中，碰到学习型企业之类的问题，有一段时间也是因为自己不懂，能不说话就不说话。

但有一次从上海坐火车去成都开会，在一位乘客处读到一本《细节决定成败》，在“熬时间等到站”的浅阅读中，觉得这一观点至少在逻辑上有点绝对化而有失严密。因为，细节只可能影响成败而绝不可能决定成败。于是顺延着这个思路继续思考下去，随后又一点一点地发现，我国在从农耕社会转向市场经济社会，在企业文化建设方面，已经混杂了相当多的不正确理解，有的甚至形成了一些误区，于是就尝试将这些零散的一得之见聚拢，并撰写成文章，最后形成了一部跨学科专著《中华文化与中小企业文化》。

拓展阅读5

化解困惑创新《中华文化与中小企业文化》

这是一部“聚沙成塔、集腋成裘”的著作。所谓“聚沙成塔、集腋成裘”，也就是对同一主题通过思辨阅读，形成一个一个的独立观点，当这些独立观点积累到一定的量时，往往会自行聚合，形成一个自主观点系列，一部专著自然而然就形成了。由于这些观点往往是在与传统观点的争辩中形成的，因而，勤于思辨就成为此类著述学术创新的原始动力。

图2　中华文化与中小企业文化

例如，《中华文化与中小企业文化》就是将裂变创新的零散观点进行有序融聚而形成的一部专著。除了前文中提出的企业文化的核心理念是唯利是图、商贸职业道德有其独有的价值标准之外，又出现了如下观点。

思辨观点一：企业文化是不是老板的文化？

主张“企业文化是老板文化”的依据之一：企业是老板投资开办的，企业必须接受老板的控制，老板控制下形成的文化当然是老板的文化。

依据之二：老板的价值观念决定了企业的价值观念，所以，企业的文化是老板的文化。

从表面上看，上述观点确实有着相当的合理性。因为，老板（董事长或董事会）的文化品位、文化理念客观上对企业文化的形成影响最大，尤其是在中小企业，在某种意义上，董事长（或董事会）的文化品位、文化理念也就代表了企业文化的主流品位和理念。

但是，转换一个角度便不难看出，企业其实既是老板的又不是老板的。因为，没有老板的投资，固然不能诞生企业，但是，如果没有员工知识技能的投入以及他们在生产经营方面的踏实努力，企业也难以维持，更谈不上发展壮大。换句话说，任何老板都不仅无法否定全体员工的价值，也无法否定企业必须依赖员工才能维持其生存与发展这一客观事实。

那么，如果将“企业是老板的”改为“企业既是老板的又是员工的”，是否就没有问题了呢？其实，问题还是同样存在。因为，有了老板与员工，固然能够诞生企业，但是其产品与服务的经营销售，却受到市场的严格检验。只有产品与服务能够满足市场需求、受到市场欢迎的企业，才能够长期生存并发展壮大。从这一角度看，“顾客是上帝”这句名言，又一语点出了企业文化的另一重要性质——“企业是社会的”之社会性所在。

思辨观点二：企业是不是存在着一个“谁养活谁”的问题？

在一个企业里，究竟是“谁养活谁”？究竟是老板养活员工，还是员工养活老板？这个问题在中国曾经是一个引发过激烈讨论的问题。

应当看到，“谁养活谁”的问题原本属于我们民族的传统精神文化的一种特定的思维模式，它表现为我们民族的一种“饮水思源”的报恩情结。

但是，这种原本属于尊敬对方、感激对方的报恩理念转到劳资双方的关系分析上时，却变成了究竟是“资本家养活工人”，还是“工人养活资本家”的强烈的观点对抗。其实，当人们在条分缕析地论证是“工人（员工）养活了资本家（老板）”时，在文化理念上，它其实与“老板（资本家）养活员工（工人）”的观点一样，严格地说，都没有超越封建制的企业伦理的范畴。

而从现代企业伦理学的角度来看劳资双方的人格关系，本质上其实是一种既对立又统一的、相辅相成而且谁也离不开谁的合作经营关系。

思辨观点三：企业文化是不是应当有形式标记？

例如，企业文化的形式标记之一就是标语口号化。

任意走进国内一家企业，都可以看到，在只要是有墙壁的地方，几乎都有着“厂兴我兴、厂衰我衰”“以厂为家，以厂为荣”等呼唤企业凝聚力的标语口号。在有些企业，人们把这些“标语口号”看作企业文化的标志，有人甚至认为，没有了这些标志，就感受不到企业文化了。与标语口号化相类似的，还有唱厂歌、职工联谊活动等诸如此类的形式文化标记。

企业文化的这种形式活动，由于具体鲜明、生动活泼，相当多的略有规模的企业往往乐于接受。例如，设定本企业独有的文化仪式：每天上班前先开晨会，晨会上有职工轮流宣讲企业精神，大家齐唱公司歌曲，定期举行升本公司旗帜的仪式，等等。再如，在员工生日时送上生日蛋糕和礼品，经常组织员工郊游、踏青，甚至休闲旅行，等等。

只是，企业的这种文化联谊活动，无论举行得多么频繁，感情交融得多么真挚，它至多只能属于企业文化形式的一个部分，不应当等同于企业文化。因为，企业的主要行为既然是生产经营，那么企业文化的主体构成显然应当是围绕生产经营而确立的经营宗旨、价值观念和道德行为准则的综合反映，或者说，是企业创业的原则和信条，也就是企业精神。

思辨观点四：企业文化是不是细节文化？

细节文化无疑可以视为企业文化水平显现的重要标志，但是，无论其在推动企业发展方面具有多么重要的作用，因此就认定细节决定成败，则理论难免过于简单武断。

第一，如果把企业文化看成类似人体的血液循环结构，那么，在某种意义上，细节在这个系统中的地位，有点近似布满人体的毛细血管。确实，毛细血管的健康水平可以反映人体的总体健康水平，毛细血管出了毛病也可能影响身体的总体健康水平，甚至可能影响生命安全，但是如果因此就认定，毛细血管有了问题，这个人就活不下去了，恐怕未免夸大其词、危言耸听了。

第二，精神文化体系是一个系统结构（企业文化也是一种精神文化），细节属于这个系统的末节终端，细节的良好显现可以标志着精神文化系统达到较高水平，细节的不佳显现也可能引导人们管中窥豹，发现某些问题，甚至可能是很严重的问题。但是，仅凭某一细节出现了问题，就认定企业整体，甚至是企业文化整体出现了严重的问题，已经到了决定成败的关头，这一结论难免有失偏颇。

思辨观点五：企业文化其实也就是制度化。

对于这种理解，同样不能简单回答是对还是错，也需要进行辩证思考。

企业管理越是向高水平发展，就越是离不开制度，离不开制度化，这是一个不争的事实。例如劳动聘用合同的签订，就是企业在人事管理方面的一种制度；劳动生产流程的管理，则是企业在生产操作方面的一种制度；而产品利润分配的控制，则是企业在经营销售方面的一种制度；等等。但是，无论制度的形成与实施在企业行为中处于多么重要的地位，认定企业文化也就是制度化，或者说，把企业制度建设等同于企业文化建设，这个结论还是有失偏颇的。

制度化的直接结果，犹如在企业内部构成了一张上下左右前后交叉纵横的大网，以强制性规定来保证实现企业的经营宗旨、价值观念和道德行为准则，但是，制度化的强制规定与企业的经营宗旨、价值观念和道德行为准则并不是同一回事。

企业制度与企业文化之间就这样形成了一种对立统一关系，没有长期的制度化实施，企业不可能实现优质文化化，文化化是制度化的最终结果，企业制度化的最高目标是企业文化化。但是，由于企业制度可能存在着不同的执行方式（严格执行制度规定、选择性执行制度规定，以及有章不循，阳奉阴违地对待企业制度，等等），因此，制度化却并不必然导致企业实现优质文化化。

思辨观点六：小企业看老板，中企业看制度，大企业看文化。

一旦企业经营者澄清了上述种种认识误区，就不难理解，企业文化不是能够主观打造的，它是在雇佣者与被雇佣者的利益抗争中逐步融注的，是在同行之间的利益抗争中逐步融注的，是在大小股东之间的利益抗争中逐步融注的，是在企业与市场之间的利益抗争中逐步融注的，是在国际贸易中的利益抗争中逐步融注的。

由于上述种种利益冲突，在企业诞生之初就与生俱来，所以，企业文化的融注应当在企业诞生之初就给予足够的关注。至于市场上占据强势地位的观点："小企业看老板，中企业看制度，大企业看文化。"这又是一个大大的认知误区。

通过无影灯式裂变创新读书，逐步形成了针对企业文化的一个个的独立观点，当这些独立观点积累到一定的量时，往往会自行聚合，进而形成一个自主观点系列，当这个系列形成以后，《中华文化与中小企业文化》（河南电子音像出版社2007年版）的著作撰写也就近乎属于一种水到渠成的工作了。

三、敢于质疑才可能探知真理"矿藏"

鲁迅先生在他的著名小说《狂人日记》中，曾经借"狂人"之口，发出一声惊天动地的质疑："从来如此，便对么？"

人类在对主客观世界的探求认知过程中，实际上始终贯穿着一种质疑精神。这种质疑基本上立足于两大类情况：一类是人类对于主客观世界的认知，是一个逐步向真理靠拢的渐进过程，由于这一渐进过程中始终充斥着“去伪存真”的思想，因而，人类需要保持一种对既有认知的质疑精神；另一类是人类对于主客观世界的认知水平取决于自身探索世界能力的大小，当人类自身探索世界能力处于低水平时，其对主客观世界的认知与当时的探究水平、理解水平相吻合，伴随着人类探索世界能力的不断增强，很自然地就会逐步发现，自己原先认为是正确的理解、科学的真理，还存在着错误认识甚至谬误。因此，人类需要保持一种对于既有认知的质疑精神。

保持质疑精神，说起来轻松，但是实际上行动起来却常常很难。因为人们常常会因为对于传统定论的被动性认同、对于专家权威的习惯性盲从，以及对于长辈导师的出自内心的敬仰等而对其所述不予质疑，也不愿意质疑。

但是我们看到，人类对于主客观世界的每一次认知的深化、提高，都无不起源于质疑。正因为如此，古希腊著名学者亚里士多德的一句名言才得以流传千古：“吾爱吾师，吾更爱真理！”而正是在这样一种应当敢于质疑的理念的推动下，亚里士多德的学生伽利略大胆质疑，并通过实验彻底否定了亚里士多德的“物体下落的速度与其自身重量成正比”（通俗地说，也就是物体越重，其自由下降的速度就会越快）的定论。

当今时代，传统学科门派林立，新兴学科、边缘学科、交叉学科纷至沓来，后学者面对铺天盖地的“知识爆炸”的碎片雨，似乎已经陷入只能招架式攻读，才不致面临“落伍掉队”的尴尬。尤其是一些年轻的教师、研究人员，面对着专家权威林立的某一学科，似乎想发表一篇豆腐干的小文章，都已经成为一个举步维艰的事。

其实，中国有一句老古话：“不会看的看热闹，会看的看门道。”这句话早已深刻揭示出，后学者只要有心，就还是能在当今时代的知识密林间开拓自己的一席领地。

怎样使自己成为一个能够“看出门道”的人？在当今时代，就是要在坚持跨学科读书学习的过程中，学会并坚持质疑，要能不断地以质疑的问题提醒自己注意。有时候，在不经意当中，原本看来严丝合缝的某一理论体系就可能被你撬开了一道缝隙，进而扩大成一个洞，再进而，你就站住了脚，甚至最后自成一家之言。

需要强调指出的是，要想在自主阅读中能够“看出门道”，直至最后形成一家之言，很重要的一个原则就是要坚持“直接读书”，也就是要亲自阅读原著（包括外文译著），而不能是转读他人的摘引，更不宜过多地依赖浅阅读（听别人复述介绍或者只读评介文章），读书要“直接”还有一个要求，就是忌讳以任何先入为主的观点、看法来主导自己的阅读。

例如，1999年，我向语文出版社自由投稿出版的专著《辩论学》，就是一部通过“不断质疑”，最终在传统学科领域打出一片新领地的作品。

最初，我并没有撰写《辩论学》的意愿，心理上觉得那是一门过于概念化的学问，又因为近些年来，一本书的名字大凡挂上一个“学”字，就会让人以为那是一本学术专著，这就可能导致自己殚精竭虑不说，最后难免只落得个“赔钱赚吆喝”。

而最后写成《辩论学》的内在原因，竟然就是因为对一个问题的质疑而引发一连串的质疑，由质疑点连接成一道质疑裂缝，直至最后被开辟成一块“辩论学”的新天地。

关于撰写《辩论学》的根源，可以一直追溯到我在20世纪80年代刚刚开始研究口才训练的初期。当时，因为我接连在演讲比赛中得奖，又是大学老师身份，于是被推选为“芜湖市演讲协会”理事长，此后，顺应会员同仁要求，开展辩论比赛活动。又因为经费问题，请不起知名人士担任比赛主持，于是自己勉为其难坐居当中。

介入辩论训练之后，自然而然地绕不开一个问题：在训练活动开展过程中，究竟应当从方法论角度允许使用诡辩，还是应当从道德论角度禁止使用诡辩？

显然，要想成功应对诡辩，首先必须完成对诡辩的理性认知。一开始，我通过查阅资料发现，理论界对诡辩的认知几乎全部取自黑格尔关于诡辩的界定：“诡辩这个词通常意味着以任意的方式，凭借虚假的根据，或者将一个真的道理否定了，弄得动摇了，或者将一个虚假的道理弄得非常动听，好像真的一样。”顺应着这个观点，我在口才训练中对于诡辩也持贬斥的立场。

然而，随着训练的逐步深入和研究认知的拓展，我发现诡辩并不是时时处处都与错误乃至罪恶相伴的，此时心中开始产生困惑，于是尝试着写了一篇短文《对诡辩也应该讲一点辩证法》。文章以实际案例为据，提出：“诡辩作为一种辩论方法，在实际应用中其实也存在着积极的一面。例如：（1）双方地位不平等，其中一方地位或权势较高，诡辩可以有效地保护地位较低或权势较弱的一方；（2）诡辩有时不失为战胜胡搅蛮缠和居心叵测的一种有效手段；（3）日常生活中，并非每次谈话都必须一本正经地‘恪守’逻辑原则，在某些场合，诡辩可以使说话人充分显示自己智慧的光芒；（4）值得注意的是，甚至在诸多重大的政治场合，诡辩也不失为一种有效的对话手段。譬如，在那些著名的外交家们的传记材料中，就常可以找到诡辩的例证。”

该篇文章投给《演讲与口才》后，很快就发表在该刊1989年第4期上。

我看到自己的观点得到认同，于是情绪高涨，索性买来黑格尔的《哲学史演讲录（第二卷）》（就是收录了黑格尔论诡辩的一段文字的那一卷），我当时有点想和黑格尔辩论一把的意思了。

然而，我一翻开《哲学史演讲录（第二卷）》，顿时大吃一惊，长期以来，众口一词认为黑格尔关于诡辩的界定原来是被“腰斩曲解”了的！

在《哲学史演讲录（第二卷）》中，黑格尔原来是这样说的：“诡辩这个字是一个坏字眼。特别是由于反对苏格拉底和柏拉图的缘故，智者们弄得声名狼藉。诡辩这个词通常意味着以任意的方式，凭借虚假的根据，或者将一个真的道理否定了，弄得动摇了，或者将一个虚假的道理弄得非常动听，好像真的一样。我们要把这个坏的意义抛在一边，把它忘掉。相反地，我们现在要进一步从它的积极的方面，严格地说，即是从科学的方面，来考察智者们在希腊究竟占据什么地位。”

这样一来，我立即从准备论战的不以为然转向恍然大悟的由衷敬佩，于是认认真真地阅读了黑格尔著作的全文并认真做了摘抄笔记，经过反复推敲，后来又写成一篇《学习黑格尔“论诡辩”札记》，发表在某校学报上，随即被中国人民大学复印报刊资料《哲学研究》1992年第10期全文收录。

由此开始，我感到眼前豁然开朗，我开始从方法论研究的角度，从“论诡辩”转向研究“论雄辩”“论悖论”“论辩论”……1997年，我向语文出版社投递了《辩论学》的书稿，该社收到书稿后非常认真，聘请专人审稿将近一年，撰写了近万字的审稿意见，结论是认定该著作系“填补空白之作”，随即签订出版合同，该书于1998年12月正式出版。

从1989年在《演讲与口才》上发表《对诡辩也应当讲一点辩证法》开始至《辩论学》出版，前后整整10年时间。

拓展阅读6

敢于质疑创新《辩论学》

如上所述，关于《辩论学》学科体系的建立，是从为诡辩翻案开始的，我坚持从方法论的角度对诡辩进行全新的界定：“诡辩——利用辩题的前提、论证等环节中不够明确之处，运用偷换概念等手段，违背形式逻辑的有关规则，以追求背离不利于自己一方的原辩题的目的的辩争过程。”

在这个结论完成以后，很自然地，就涌现了是不是同样需要给“雄辩”重新界定呢？于是，我再次开始理论搜索。一打开《现代汉语词典》，质疑的习惯很快就让我发现“雄辩”的立论有失严谨。因为词典做出的解释是：“强有力的辩论，有说服力。”其实，表面读来，这种解释即使用来界定“诡辩”似乎也完全可以。然而，深度阅读后，理论突破口就出现了，突破口就在《现代汉语词典》中该词条的两个补充例句上：①事实胜于雄辩；②最雄辩的莫过于事实。

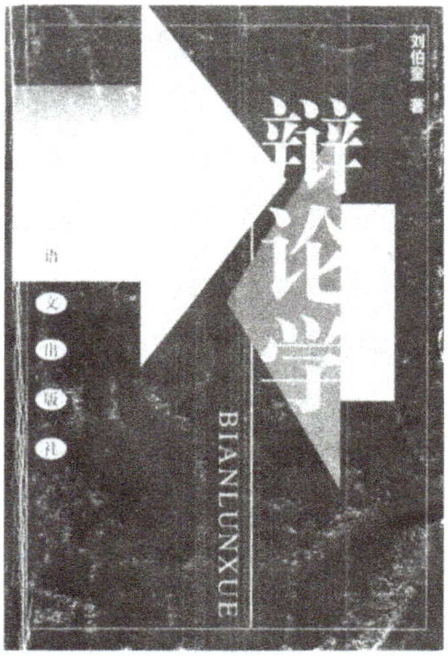

图3　辩论学

不难看出，这两个例句实际上是一个“车轱辘话”，等于没有给出界定。

这段释义一方面声称，雄辩是强有力的辩论，但随后就以例句进行了否定：事实胜于雄辩（也就是说，雄辩并不是真正强有力的辩论）；与此同时释义又声称：所谓雄辩，即“有说服力”之意，但是随即又进行了否定：最有说服力（也即“最雄辩”）的莫过于事实。这样一来，按照这种解释作全文理解，对“雄辩”的完整解释似乎应当是：强有力的、有说服力的同时又弱于事实的辩论。

问题就在这里：如果“事实”在任何时候、任何地方都像一件衣服、一支钢笔或一座楼房那么具体，那么一目了然，可想而知，辩论也就无从发生，也不会发生了。因为无论是哪一方，只要一出示“事实”即胜负自明，岂不干净利落，何须再费口舌？然而，“事实”在生活中，在绝大多数情况下，都是很复杂的，一目了然的情况也是很罕见的。比如同为“杀人”，就会因起因、动机、场合、对象等不同而做出不同的处理，这就需要“分析”，需要“辩论”；再如对某一事物、某一观点的认识，都需要“透过现象看本质”，了解过去，把握现在，预测未来，这就又需要“分析”，需要“辩论”。由此可见，强有力的、有说服力的“雄辩”在生活中不仅需要，而且，它并不是弱于“事实”，恰恰相反，“事实”反倒是赖于“雄辩”，往往才能得到全面的、真实的展现呢！

最终，《辩论学》以对“诡辩”同样的态度，从方法论的角度对“雄辩”做出了如下的创新界定：遵循形式逻辑的有关规则，在对辩题进行起因与结果、动机与效果、历史根源、现实状况和未来情景等全部有关方面的分析基础上，得出紧扣命题实质的精确结论，这一强有力的、有说服力的论证过程称为雄辩。

这一界定的创新意义在于：从方法论的角度，突出强调了“雄辩”与“诡辩”一样，分属于两种不同的辩论方法，二者之间并没有什么正确与谬误之分，就好像数学里的四则运算，我们不能说“加法”就是革命的、正确的，“减法”就是反动的、错误的——是一个道理。

顺延着关于雄辩的概念界定，又一个质疑浮现了：既然事实与雄辩之间，从本质上看是一种密切而不可分的，互相交融映证，互相支持补充的关系，“事实”在任何时候都是真正的“雄辩”的论据和立论的基础，而“雄辩”在任何时候也都不能背离“事实”而独立存在。换句话说，“雄辩”正因为立足于事实而具有强大的辩服力量，而事实则借助雄辩展现其全部面貌，那么，事实是不是有可能胜于雄辩呢？或者说：“事实胜于雄辩”是不是一种客观存在？

要想探究事实究竟能否胜于雄辩，其前提是先要对二者进行“分割”，并且要使二者处于“相对立”的立场上，而这种“分割”和“对立”是不能成立的。因为“雄辩”一旦“背离”了事实，站在了与“事实”对立的方面，它也就不再是“雄辩”，而成了“诡辩”或者别的什么“辩”了。从这一点而言，既然事实与雄辩之间相分离的前提都不存在，显然，“事实胜于雄辩”一说也就是不能成立的了。

当然，还有一种情况，即辩论双方都运用雄辩法就同一命题展开辩论，由于双方辩论水平的差异，对“事实”全面占有的程度差异，以至一方被另一方击败，有时，它也类似于“事实胜于雄辩”的情况。但是，从方法论的严格意义上说，它应当属于“雄辩战胜雄辩”的情况，而不应属于“事实胜于雄辩”的情况。

在从方法论的角度对诡辩、雄辩做出个性化的界定以后，很自然地，质疑与思考就会向纵深发展，例如：辩论必然是真理获胜吗?

这一问题同样是从《现代汉语词典》中引出来的。例如，关于辩论，现代汉语词典的界定是：“彼此用一定的理由来说明自己对事物或问题的见解，揭露对方的矛盾，以便最后得到正确的认识或共同的意见。”这一界定有失严密。

从辩论的功能和结局的角度考察，辩论有时确实达到了“最后得到正确的认识或共同的意见”的目的，但同样需要指出的是，有些时候、有些场合，辩论的目的却并不是为了得到“共同的意见”，而只是为了驳倒对方的观点，确立本方观点。例如，关于某刑事案件的判决，总是要先进行法庭辩论，当犯罪嫌疑人最后被无罪释放或是执行死刑时，我们就很难断言，这一最终裁决同时也是公诉人和辩护人双方通过法庭辩论达到的“共同的意见”。

再例如，法庭辩论无疑属于“辩论”的范畴。但是，假定有夫妻二人诉诸法庭要求离婚，双方各请律师经历法庭辩论等程序，最后法庭不仅判定了离婚，并且在双方签字同意的前提下，完成了家庭财产分割以及子女赡养等一些事务。至此，我们是否可以将这一“共同的意见”称为“真理性的认识”呢？恐怕还是不妥。因为如果将法庭的这一“判决”认定为“真理性的认识”，那么过了一段时间，夫妻二人破镜重圆又复婚了，是不是他们和同意他们复婚的部门都在“背离真理性的认识”呢？如果说“批准复婚”不能视为是“背离真理性的认识”。那么，我们是不是可以由此推论出，法庭的原判以及判决前的法庭辩论其实只是在寻求解决纠纷的途径，而并不是在寻求“真理性的认识”呢?

我们看到，辩论目的的多样性首先导致了辩论具有发生的广泛性。《墨子·经上》对这一点说得很精辟：“夫辩者，将以明是非之分，审治乱之纪，明同异之处，察名实之理，处利害，决嫌疑。”这就告诉我们，辩论有时确实具有“批驳错误，探求真理”的功能（如它能“明是非之分，审治乱之纪”），但这并不是它的唯一功能（如它还能“明同异之处，察名实之理，处利害，决嫌疑”）。因此，我们不应该再坚持原先那种“以偏概全”的认识。

由于辩论参加人的身份、教养、文化水平的差异。导致辩论具有发生的多层次性。关于这一点，荀子说得很明白，他曾将“辩”字一分为三，认为辩论的发生可以分为三个层次：“小人之辩”“士君子之辩”“圣人之辩”（《荀子·非相》）。这一点也不难理解，不同水平的人参加辩论，是会导致辩论出现不同的情况，也即导致辩论出现多层次性现象。

关于“诡辩”“雄辩”“辩论”等概念，人类自开始研究至今，有的已达数千年之久，各类辞书上都无不有着明确的界定。为什么略作分析，就可以发现其理论界定仍然有着过于粗疏乃至谬误的地方？

这里有一个问题需要加以说明，那就是人类对某一事物的认识，总是从低级阶段向高级阶段不断延伸，并且是以“否定之否定”的方式推进的。这一规律性表现决定了无论此前已经有多少人做了多么长时间的研究，都不意味着后来者已经没有进一步研究的空间了。只要有志者能沉下心来，周密思考，就能够发现新的理论进取方向，并且，在新的发展方向上，通过读书学习（并敢于质疑）取得新的成果。

关于“敢于质疑”的读书学习原则，应当落实在三个环节：其一，能够发现问题并提出质疑；其二，提出的质疑应当是供自己研究用的，而不能只是提出来，却不去努力回答自己的质疑（在这里，质疑有一点“设问”的特点）；其三，学会质疑最有价值之处还在于能够持续质疑。一个质疑之后自己找到了答案，随即提出第二个质疑；第二个质疑解决了，随即提出第三个质疑……以此步步深入，持之以恒，跨学科读书学习自然会取得令人满意的结果。

四、必须保持童心才能取得“真经”

丹麦著名童话作家安徒生有一篇童话《皇帝的新装》，说的是一个皇帝为了能穿得漂亮，每天每隔一个小时就要换一套衣服。慢慢地，为他设计新式服装成了这个国家的裁缝们一件头痛的事。

有一天，他的城里来了两个骗子，自称是织工，能给皇帝织出人间最美丽的布，做出人间最美丽的衣服。皇帝信了，结果在耗费大量时间，花费大量金钱之后，两个骗子给皇帝穿上了据说是世界上最漂亮的，其实什么也没有。只是，仅仅因为骗子说了一句“傻子将看不见这件衣服”，于是，皇帝赤身裸体、洋洋得意地走上了大街，竟然没有一个人敢说出真相。最后，一个小孩子脱口说了一句大实话戳穿了真相：“皇帝什么也没有穿啊！”

《皇帝的新装》虽为童话，却蕴含了深刻的哲理。如果我们把“皇帝什么也没有穿”比喻成科学研究中的重大发现，就不难明白一个道理：在读书学习的过程中，每个人都可能与重大发现、重大成果碰面，但是由于种种原因，例如，有人胆小怕事、有人心理自卑……认为自己没有能力也不应该对高高在上的权威提出什么质疑。结果，当机遇真的到来时，视而未见、见而未抓、抓而不紧，最终失去了成功的机会。

多年来，世界各国的人们在读到这篇童话时，无不感慨万端，然而，人们越是感叹孩子的“童言无忌”，就越是自叹“童心已失”。

在我们这个民族，童心从来都被视为一种最为宝贵的精神财富。明朝时有个叫李贽的人，写过一篇《童心说》，文章开篇第一段写道：“……夫童心者，绝假纯真，最初一念之本心也。若夫失却童心，便失却真心；失却真心，便失却真人。人而非真，全不复有初矣。”翻译成白话文就是：所谓童心，其实是人在最初未受外界任何干扰时一颗毫无造作、绝对真诚的本心。如果失掉童心，便是失掉真心；失掉真心，也就失去了做一个真人的资格。而人一旦不以真诚为本，就永远丧失了本来应该具备的完整的人格。

单一提出“保持童心读书”的问题，看起来似乎没有多大价值，因为没有人会提出反对意见。其实，“童心”一说并非如此简单，因为保持童心往往是很难做到的。有些时候，人们自以为保持了纯洁的童心，其实在内心的某一处，还是深藏着别的东西，只不过自己没有察觉罢了，而只要有“别的东西”（例如，可能存有急于求成的心态）存在，就有可能干扰“保持童心读书”的效果。

这里不妨以我对《圣经》的解读过程为例。

1982年，我大学毕业以后被分配到安徽芜湖师范专科学校任教，教欧美文学。欧美文学中有一节是“圣经文学”。由于《圣经》在西方文化中占据着极为重要的地位，所以尽管“圣经文学”所占课时很少，但是自己天性顶真，坚持要读《圣经》原文（当然，是中文版的），不料尽管是中文版，但还是显得艰深枯燥。结果从1982年到1992年，我连读10年始终没有读通，而且每次阅读过不了3页就开始犯困。

这样的状况一直持续到1992年年底，我很意外地生了一场“来无影去无踪”的伤寒（所以将这场病称之为“来无影去无踪”，是因为伤寒属于严重的传染病，一旦发现，是要上报当地卫生防疫主管部门的。可是直至痊愈，竟然始终没有查到传染源，而且全市只出现了我一个病人），伤寒治愈后身体的复原非常缓慢，前后20多天躺在医院病床上不能动，什么也不能做，睁着眼睛看天花板，于是就让家人拿来《圣经》，在病床上开始阅读，最初阅读的目的也是为了消磨时间，或者说又想用它来催眠了。

没有想到，这一读竟然读出了一连串的意外发现！第一个发现就是：耶和华上帝脾气不小！我们都知道，由于人类的能力有限，不能料事如神，主观动机与客观效果之间常常难免发生冲突，行事常常不如意，于是也就常常难免“发怒”、难免“后悔”，也就是说，“发怒”也好、“后悔”也好，都是只有人类独有的行为。至于神灵，则由于能力超凡，很少会出现主观动机和客观效果之间的冲突，所以他们是不会“发怒”、不会“后悔”的。然而，《圣经》中白纸黑字地记录下了，耶和华上帝动辄就是“后悔”，就是“发怒”！这难道不是一个非常值得关注的问题吗？

读书一旦出现“突破口”，书就会越读越有味道了。这一次阅读周期长达一年，直至总结出来55个角度的对比阅读文字才停下手来。这55个不同角度的对比阅读，就好像55级攀登“圣经”的“台阶”，一级一级地推动着攀岩者向上攀登，直至登上理论峰顶。登上了这一峰顶以后，回首一看才发现：一部《圣经》，其实是一部系统完整的人类精神文明进化史！

然而，不久我就发现眼前无路了，55个不同角度的对比，究竟想说明什么问题？能说明什么问题？如果只以“《圣经》是一部人类精神文明进化史”为题交付出版，显然又难免立论过于单薄。一时间，就好像一个攀岩运动员在到达一定高度以后，失去了可以继续攀登的方向与抓手，于是，只好把辛苦形成的这堆文稿暂时放下。

没有想到这一放就是15年，直到2007—2008年间才迈出了下一步。当时，自己已经转入社区教育研究，开始进行中西方文化交融研究，于是以这55个点的对比为基础，撰写出了中西方国民的六点言行规则方面的精神文化对比和六点理念控制方面的精神文化对比，进而揭示出中西方文化在“地球村”的大环境里，必将开始一种逐步浸润的双向交融，最终写成了《中华文化与圣经文化——面对中西方文化交融的哲学思考》。

拓展阅读7

保持童心创新
《中华文化与圣经文化——面对中西方文化交融的哲学思考》

2013年9月，在上海举办的第二届公共外交对话会暨解放日报报业集团第64届文化讲坛上，曾任国务院新闻办公室主任，浦东新区管委会的首任负责人，现任南开大学滨海开发研究院院长、中国人民大学新闻学院院长、博士生导师赵启正先生在他就“跨文化交流”的发言中说了这样一番意味深长的话：

“比如，当被问到宗教信仰时，我们的学生经常回答，我没有信仰。人家就很惊讶，中国人没有信仰？那还了得！你只能说我没有宗教信仰，不能说我没有信仰。

“基督徒的黄金定律是，要想别人如何对待你，你就如何对待别人。美国的传教士问我，你们中国人信什么呀？我说，我们讲‘己所不欲，勿施于人'。他说，哎呀，跟我们的信条一样，太伟大了！他问，这话是什么人说的？我说，孔夫子。他说，孔夫子这个人听说过，但不知道他具体说过什么。可见我们的传播力不太行。

"我举这个例子是想说明，我们要谨慎些，不要给外国人留下'中国人没有信仰'的错误印象。我们有信仰，只是不叫宗教信仰，可以叫中国人的信仰或者文化信仰。这一条大家要坚持，我们有信仰，要珍惜它，爱护它，发展它，否则，一个没有信仰的民族何以立于世界民族之林?"

赵启正先生的这一番话固然篇幅不长，但却言简意赅，触及大概自2010年以来，中国在一步一步走向世界的过程中不断地受到的一种奇特的指责，那就是"中国人竟然没有信仰"。通读赵启正先生的这篇发言，他认为中国人是有信仰的，但中国人的信仰与西方不同，应当将其称之为"文化信仰"。

图4　中华文化与圣经文化——面对中西方文化交融的哲学思考(修订版)

没有想到的是，我在读到这篇报道后，突然感到一只聚光灯照亮了我的那部《中华文化与圣经文化——面对中西方文化交融的哲学思考》的暗影部分。所谓暗影部分也就是：尽管该书触及了当代社会中西方文化交融的重大问题，但是，书中只列举了中西方文化的不同点（即将发生交融现象的不同点），但是，交融将怎样进行，最终结果究竟是水乳交融还是"油是油，水是水"的互不相融，究竟是一方压倒另一方的"征服式交融”，还是双方互相取长补短的人格平等的交融，自己并没有阐述清楚。

而跨学科读书中的“保持童心”主要凸显在两点上：一是“童心童言”，也即在学术创新与探索的过程中，要坚持“童言无忌”式地“吾爱吾师，吾更爱真理”；二是“童心无度”，也就是说，在学术创新与探索的过程中，应当没有“够了，可以停止了”的时候。

2013年，我反思《中华文化与圣经文化——面对中西方文化交融的哲学思考》，这本书出版已经6年，而自己已经65岁，要想把这本书进行大修改，研究投入与工作量之大可想而知，而结果能否成功却未知，因此，是“算了吧”还是“不知老之已至，从头再来”？

俗话说：“本性难移。”最终还是从头再来。

通过网上搜索可知，说中国人没有宗教信仰的这种“无厘头”指责，据说还是从美国著名智库“美国兰德公司”给政府的秘密报告中传出来的，对这种指责反驳难度其实不大，因为中国人群中，不仅有基督教徒、天主教徒，还有佛教徒、伊斯兰教徒、道教徒，这是一种全国各地都有的普遍存在，不值得去费力反驳“中国人有没有信仰”的问题。

但是，在更大一部分人（包括所有的宗教信徒，另外还有无宗教信仰的人）的心理认知中，客观上存在着以“信神”为高层次信仰而其他信仰难免层次较低的现象，甚至存在不认为“无神”的信仰是信仰的似是而非的模糊认识。那么，一个是“有神”（耶和华上帝）的信仰，一个是“无神”（例如文化信仰）的信仰，两类信仰之间客观上就出现了一道鸿沟式的分界线，而且这一分界线同时还将双方分别置于高低层次差异明显的位置上，这就使得互相之间难以平等对视，当然也就难以展开平等对比，更遑论什么“扬己之长、弃己之短，取人之长、补己之短”了，甚至可能仅仅一句“信不信神”就已经导致结果分明，一方只有向另一方叩拜臣服了。而这显然是不利于地球村里不同民族之间的信仰交融的。

于是我首先以“信仰究竟是什么”为题，将信仰与理想从三个不同角度展开对比，提出了鉴定是不是已经进入“信仰层面”的三个标准：①理想即使确立也可以表现为“阶段多元共存”，信仰一经确立则必然表现为

“终生唯一抉择”；②理想确立难免是一个利弊权衡取舍的过程，信仰确立则往往排斥利弊权衡取舍的计较；③理想确立后还可能出现动摇改变，信仰确立则必然表现为至死不渝。

按照此标准，提出“无论信仰标志物是不是神，只要达到了作为信仰的这三个标准，那就是有信仰”，由此开始论证“文化信仰”的内涵与外延，提出我们这个民族的文化信仰由两大板块组成：人格信仰与警示信仰。

其中人格信仰由：“君子爱财取之以道、滴水之恩当涌泉相报、言而有信、一言九鼎”等信条组成，警示信仰由“害怕半夜鬼敲门、害怕遭老天报应、害怕死不瞑目”等信条组成。同时以现实生活中来自普通国民的实例表现证明，中国人对文化信仰的忠贞程度绝对不逊于其他有宗教信仰的民族与人群，中华民族是一个有着明确而坚定的信仰的民族。又由于中国人习惯于将文化信仰归于以孔老夫子为信仰目标的“儒教”，故而，中华民族的文化信仰又可以称之为“圣人信仰”。

研究至此，实际上已经停不下来了。通过东西方不同民族不同信仰的确立过程又发现：不同民族的信仰确立其实都遵从着一个相同的浸润性养成规律，概括地说，这一规律具有以下三大特点。

（1）人们之所以接受某一信仰理念或者不接受某一信仰理念，其实取决于个人的内心标准，那就是“是不是更有利于个人物质以及精神的现实生活，是不是能够满足物质与精神两个层面的可持续发展的提升需求”。如果不能满足这两点，那么无论理念是先进还是落后，都难免会遭到排斥，最终难免不被接受（只不过有的人不那么明显外露罢了）。

（2）信仰的确立固然受制于个人的内心标准，但个人的内心标准又主要受制于当时的生产生活方式以及地域精神文化特点。例如，中国国民的“圣人信仰”其实是扎根于一个以小自耕农为经济基础的社会，一个以血缘亲情为连接线因而更注重伦理道德主控的熟人社会，而来自西方世界的“圣经信仰”，则更适合于较早地通过商品流通来互通有无的国家，也就逐步形成了一套更为关注外部陌生人，关注如何平等交往因而更注重以法律制度来规范言行的陌生人社会（一个注重怎样在熟人社会相处，一个注重怎样和陌生人打交道）。

（3）通过对人们的信仰发展进行溯源考察不难看到，人们的信仰理念其实并不是一经确立就僵化固定、永不改变的。即使是同一个信仰体系，其自身也是在不断地扬弃更新之中的，而其扬弃更新的依据就来自现实生活与生存环境的发展变化。由此则应当不难理解，当全世界都在从原先各不相同的小环境向着“地球村”这个大环境迈进之际，各民族原先差异较大的个性化信仰必将开始“扬己之长，补己之短”的完善与更新，很自然地，中国人的“圣人信仰”尽管积淀厚重，同样也应当顺应着社会生产生活方式的改变、顺应着生活环境的改变，与时俱进，积极推进自我完善与自我更新。

当今世界，持不同信仰的不同国家民族的国民对待异类文化信仰，不仅可以做到“相容相敬”，而且也确实能够行之有效地“取长补短”。

当然，所谓不同信仰的“相容相敬”，绝不是鼓动大家都涌向教堂跪拜上帝，也不是鼓动教徒背离信仰不再去教堂，而是“各取所需，各行其是”：作为地球村村民，你当然可以自主确立自己的信仰，或者是选择某一宗教作为自己的信仰，也可以无神论式地以某类精神文化理念作为自己的人格信仰或警示信仰。例如，教会当然可以公开将《圣经》奉为至高无上的宗教圣典，而世俗社会也可以将其视为人类精神文化的源头。

我们看到，以中国改革开放几十年来的发展为证，多元信仰“相容相敬”早已成为寻常可见的事实。例如，一方面，去教堂参加西式宗教活动的信众多年来持续不断地增加，而东方的佛教同样是僧门广开，无论是世俗节日还是神灵节日，遍布各地的灵寺宝刹，更是众多信众心之所向的地方，以致在有的传统节日里，人们为了“抢得头一炷香”以示虔诚，甚至连夜去排队静候寺庙开门。另一方面，每逢西方社会的圣诞节、万圣节、感恩节以及佛家的菩萨生日等，热情加入节庆活动的非教徒民众更是在成倍数增长。这不就是一个非常值得研究的“相容相敬”现象吗？

其实，历史的发展已经证实，国家和民族的信仰之所以这样形成，其实是由这个国家和民族的政治、经济、文化等多方面要素综合形成的影响力来决定的，是人们的社会存在决定人们的思想意识（当然也包括“存在决定信仰”），而不是“意识决定存在”（当然也包括不是“信仰决定存在”）。因而，只要我们力求早日成为地球村村民的理想目标不变，我们就可以坚守多元信仰“共存—共容—共荣—共融”的原则，既不自卑，也不自傲，自尊、自信、自立、自强地成为合格的、优秀的地球村村民。

五、本章小结

按照中国人的传统理念，读书是一件很崇高的行为，“万般皆下品，唯有读书高”，只是，读书尽管是一种很有品位的崇高行为，要是真正实施起来，只怕还是很辛苦的，要不然怎么还会有人以“头悬梁、锥刺股”来激励自己读书呢?

其实，读书的真正痛苦还真不在于当时的“头悬梁、锥刺股”，而在于终于发现这种读书对自己人生发展的无用。尤其是当一个人读书一二十年，最后走出校门发现“世界虽大，却无自己的立足之地”，此时的痛苦才是真正的深度痛苦。

本章以兴趣主导、困惑引导、敢于质疑、保持童心四项原则来彰显“无影灯式裂变创新读书”（跨学科读书中的一种类型）的个性化特点，正因为这四项原则恰恰是很多人在“学科学制式读书”时所没有体会到或者从未予以关注的。以致在“学科学制式读书”的人生岁月里，人们往往“味同嚼蜡”地读书、“有口无心”地读书、“生吞活剥”地读书、“心猿意马”地读书……诸如此类的读书行为，除了应付那些专为过关设立的考试之外，究竟能对人生产生多么深远的影响，恐怕还是要打一个问号的。

而本章以我自己的读书实践与现实收效为证，意在说明，如果一个人能在读书过程中坚持以上四点，那么，读书就将变成：虽然付出很苦但却时时被新的收获快乐着，虽然只是在学习但却处处能感觉自己有创新发现的一件人生幸事。

第五章　跨学科读书的三大理论装备

刘伯奎更新鲁迅语录：

鲁迅："其实地上本来没有路，走的人多了，也就成了路。"

刘伯奎："其实地上本来有路，走的人多了，也就没了路。"

2016年1月18日，世界经济论坛（达沃斯论坛）发表了面向全球教育的改革报告。报告指明教育未来的发展方向："必须告别过去，教育重点需要从学习已知知识转到探索未知事物上。"

而我之所以将跨学科读书的意义认定为与达沃斯论坛的报告的内容殊途同归、不谋而合，是因为跨学科读书的基本特点之一，就是这种阅读方式将推动阅读者不断闯入一个又一个未知领域进行思考探索，并持续追求新的发现与成功。就像在电视节目中我们常常可以看到的那些镜头：每当人们准备进入原始洞穴、荒原森林、奇峰峭壁、雪山陡崖探险时，总是会装备各种各样的探索工具，例如安全绳、抓钩、照明灯等，并且尽可能贴身携带以便随手可取。而跨学科读书需要的装备，就是多样化的阅读指导理论。

我通过30余年跨学科读书的实践，深深体会到，尤其是在社会学科领域内，有追求的读书必须有三种理论装备。有了这三种理论装备，跨学科读书可望进入"文史哲不分家"的开阔境界，并不断明确新的前进方向。

给这三大理论装备增加一点形象描绘，我们不妨将其称之为：

（1）无限长且永不折断的安全绳——流派心理学；

（2）时时保持立足稳定的抓钩——哲学原理；

（3）光照极远且亮度不减的指路明灯——马克思主义社会学。

一、无限长且永不折断的安全绳——流派心理学

在跨学科读书的过程中，尤其是在社会科学领域，不可漠视心理学原理的掌握，因为社会科学从根本上说是研究人的学说，而心理研究又是现当代研究人的重要环节。所以，尤其是社会科学方面的读书学习者，即使无意于研究心理学，也应当对这门学科的基本原理有一定的了解，因为它能给您考察社会、了解人生提供明确引导，进而给跨学科读书提供明确的方向指引。

我建议，尤其是非心理学专业的读书者，在构建自己的心理学认知基础时，务必以国外的流派心理学原理为重点，而对国内诸多院校普遍开设的“普通心理学”，一般了解即可。

因为国内通行的“普通心理学”往往注重从概念阐释开始，从知识介绍开始，逐步引申。例如，关于“心理功能”，关于“需要和动机”，关于“感觉、直觉、观察”，关于“记忆、思维与创造”，关于“情感、意志和性格”等的逐项介绍，从理论到理论地诠释了一大通，却还不能涉及具体的个人案例。显然，“普通心理学”比较适合于学校教育系统化地、静态地推进认知学习，此类学习者入门以后，理论、概念往往随口而出，但是，他们更多地习惯于按图索骥，而很难快速学以致用。对于怎么样有针对性优化个人心理素质，“扬其长而补其短”，则往往相对薄弱，或者换句话说，“普通心理学”是以学科体系为本的，是以一套不变的理论体系去认知成万上亿的形形色色的不同的个人，仅此一点则难免有不尽如人意之处。而以流派心理学为例，它们分别从心理疾病成因、健康人格表现、完美人性追求的不同角度对社会心理、社会人格进行剖析，而且重在动态地

研究具体个人，引导个案如何解决现实问题，或者换句话说，是“以个案（对象）为本”的。对于注重快速实现“学以致用”者来说，显然更具有实用的针对性。

在某种意义上，普通心理学就相当于体操、跳水等体育竞技比赛中的裁判，他们按照事先设定好的翔实周密的统一评分细则，对各具个性的运动员的表现进行评定，得出一个分数值以后任务即告完成，至于运动员在比赛中暴露了什么样的缺陷和问题，以及应当怎样改正和完善，则不属于他们的管辖范围。而流派心理学则相当于这些竞技比赛中的教练，他的任务不但是针对已经暴露的缺陷、问题，而且还要努力去发现尚未暴露的缺陷、问题，并且重在追根求源，进而有针对性地进行“扬其长、补其短”的优化训练，最终帮助运动员达到其理想化的最高水平。

这里不妨先对流派心理学做一番简介。

所谓流派心理学，是我自创的一个词汇，是指以弗洛伊德心理学、荣格心理学、马斯洛心理学等个人创建的心理学流派。这些心理学流派对于社会普通读者的最大价值在于：他们把研究对象精确到了个人，能够有针对性地、个性化地解释、解决人们现实生活中的种种心理问题，因而能够快速有效地实现“学以致用”。

这里，我们不妨对以上列举的三家心理学派略作引导性推介。

（一）流派之一——弗洛伊德心理学

弗洛伊德是精神分析学的创始人，弗洛伊德心理学被称为“维也纳第一精神分析学派”，以别于后来由此演变出的第二及第三学派。他在自己的著作《梦的解析》《精神分析引论》等中提出“潜意识”“自我”“本我”“超我”“俄狄浦斯情结”“性冲动”等概念。

弗洛伊德认为人格或人的精神主要分成三个基本部分，即本我、自我和超我。弗洛伊德把人的动机归纳为饿、渴、睡、性等，其中性欲占主导地位（本我）。但本我往往受到道德、社会法规等现实条件的制约（超我），受到压抑得不到缓解的冲动而透过梦、失语等形式来寻求满足。

他在普通心理学原理的“意识—前意识—潜意识”基础上建立了“本我—自我—超我”的系统，提出了系统的潜意识理论，认为：本我是潜意识的结构部分，是所有本能的大本营，它与生俱来，为最原始的部分，遵循快乐原则；自我是理性的，是意识的结构部分，处于本我与外界之间，根据外部世界的需要来活动，遵循的是现实原则；超我则是道德化了的自我，是内在的道德检察官，为人格发展的最重要部分，它包括良心和自我理想。

这三个系统错综复杂、交互作用，从而产生各种行为和思想。本我要求自我满足其欲望，超我则要求自我将欲望压抑下去，自我则调和两方面，依照现实环境，采取适当措施。弗洛伊德认为自我为解决超我与本我之间产生的冲突，会使用心理防卫机制。使用这个机制需要爱欲——若适当使用，防御机制可减缓超我与本我之间的冲突，但过度使用，则会造成焦虑或产生罪疚，最终将导致如抑郁、沮丧的精神失衡。

弗洛伊德的精神分析理论成功地揭示了：为什么社会文明程度越是持续提高，人们的精神压力却越来越大，以致精神病人的涌现反而成为文明社会的并不罕见的现象，反观之，在那些远离现代文明的“世外桃源”里，人们反而身体健康、精神愉快，幸福感明显。为什么会出现这样的反差?

原因就在于，一个社会的文明程度越高，个人对于物质文明拥有的需求也就越大（本我），与此同时，超我对本我的压抑就越强（也就越是要求人们的言行服从法律的社会管理、道德的自我约束），由此产生二者的对立冲突，如果不能有效调适，就可能出现种种精神疾病。

既然发现了病因，就可以找到解决问题的办法。我们看到，伴随着社会文明程度的提高，人们已经在愈加自觉地运用宣泄、抚慰、调适、转移、升华等种种手段治疗现代文明社会的精神病症，人们的精神生活也就愈加文明、健康。

（二）流派之二——荣格心理学

晚于弗洛伊德的奥地利心理学家荣格，起步之初，师从弗洛伊德，多年以来他一直属于弗洛伊德精神分析学派，后来他又形成和发展了自己的一套心理分析理论。最初，他把自己的理论称为情结心理学，后来又称之为分析心理学。在荣格的理论体系中，精神由若干个不同的然而彼此相互作用的系统和层次组成。我们可以从中区分出三个层次，这就是意识、个人无意识和集体无意识。

比对弗洛伊德心理学和荣格心理学，不难发现：在弗洛伊德的理论中，注重探讨的是心理疾病的社会成因，而荣格心理学扬弃了弗洛伊德心理学的观点，提出人的行为是由未来的目标追求而不是由过去受到的伤害来决定的。因此，弗洛伊德心理学在某种意义上，可以界定为“病态人格心理学”，而荣格心理学在某种意义上，可以界定为“健康人格心理学”。

弗洛伊德坚持认为个体童年精神创伤是导致精神症的主要原因，这种观点正是因果观念的典型范例。荣格并不排斥因果观念，然而他认为除此之外还有另外一种科学方法，这种科学方法被称之为“目的论”，目的论的方法应用到心理学中就意味着：人们当前的行为是由未来而不是由过去所决定的。显然，为了正确理解一个人的行为，除了需要考虑过去的事件之外，也还需要考虑到未来的目标。

而最能够作为“健康人格心理学”标志的，莫过于荣格提出的“人格面具”理论。他把社会看作一个大舞台，把人生看作一个人格角色不断变换的动态过程。于是，由于不同的言语交际环境、不同的社会角色关系等，导致了人们往往会随机选择不同的人格面具。这一理论不仅有助于人们更好地适应环境、场合对人们言行举止的制约性要求，而且有助于人们从被动适应转换为能动适应，利用环境、场合来实现自己的预期目的。

顺应荣格的这一理论，在中国传统道德领域屡遭批判而现实生活中往往又难以禁绝的种种现象就随之可以得到合理的解释。例如，人们对于“见人说人话，见鬼说鬼话”的表现是相当不以为然的，然而，荣格心理学创设的“人格面具”原理却根据交际目的、交际对象以及交际场合的综合思考，认为应当具体表现具体分析，也就是说，人们在某些场合里说一些言不由衷的话，至少是可以理解的。

（三）流派之三——马斯洛心理学

马斯洛心理学的理论核心是人通过“自我实现”，满足多层次的需要系统，达到“高峰体验”，重新找回被技术排斥的人的价值，实现完美人格。他认为人作为一个有机整体，具有多种动机和需要，包括生理需要、安全需要、归属与爱的需要、自尊需要和自我实现需要。追求真、善、美，将最终塑造完美人格，高峰体验代表了人的这种最佳状态。

由此不难发现，马斯洛心理学侧重于从人生发展历程的纵向考察角度来把握个人心理发展规律，其实这是一种持续发展并且逐步提升的目标追求过程，因而人的本性是中性的、向善的，完美人性是可以实现的。而这一理论对于已经进入历史转型期的中国社会，具有很强的现实指导意义。

例如，在以小自耕农经济为基础的中国社会里，数千年来，人们依赖着自己的“一亩三分地”上的收成度日。由于土地生产收益的可预知性，决定了小农家庭必须注意“量入为出”，在这样的经济基础上，我们民族的精神文化理念中很自然地形成了“知足常乐”这个非常具有影响力的理念。

然而，改革开放推进市场经济的快速发展，期货、股票乃至彩票无不刺激着人们。而“知足常乐”等传统精神文化理念对于“不知足常乐”的种种表现，往往习惯于从传统道德角度进行批判教育。其实，在一个快速发展的社会里，单一地从道德角度对某一种精神文化观念或是肯定或是否定，都难免会显得苍白无力，而运用马斯洛心理学的原理进行剖析，人生的发展是以层级需求为标志的，低层次需求得到满足以后，很自然地就会转向高一层次的发展需求，于是，“知足常乐”与“不知足常乐”的矛盾冲突性质也就不难把握了。

深入阅读上述三种流派心理学的相关著述，不难发现，他们分别立足于不同的角度考察人们的心理成因，因而，在分析不同的言行与心理状况的关系时，更具有明确的针对性，因而也更有利于指导人们解决问题。

拓展阅读8

《中小学生情商口才递进式训练——教师、家长指南》的心理教学体系构建创新

我从未在中小学任教，为什么会成为教育部语用司“全国中小学生口语交际能力评价标准”课题组唯一主笔专家？为什么在完成了国内唯一自成体系的《中小学生情商口才递进式训练——教师、家长指南》之后，还能继续“自我提升”，并出版108万字的《中国人的情商口才圣经》？

图5　中小学生情商口才递进式训练——教师、家长指南

其实，正是跨学科读书推动我从多门不同学科中汲取理论支持并努力进行嫁接，进而推动自己在中小学生口才交际能力训练体系创建中进行了两大创新。

第一，在指导教师方面，要求教师走出“传统学科”的制约，从满足于成为一名“坐而论道”的高级“裁判”转向致力于成为能够针对学生个体进行“扬长补短”指导的“教练”；第二，在中小学生方面，从暗含对比竞争的“谁的口语交际能力更为卓越”，转向重点关注自身“情商构成

以及如何自我优化”，进而追求更为适应现实生活的人格、素质。

回顾《中小学生情商口才递进式训练——教师、家长指南》的体系构建，前后时间跨度达20年。从应邀加盟中小学校的“口语交际”课题研究的感性实践积累起步，到开始形成“中小学生的口语交际能力训练应当针对其认知能力水平、心理发展需求”进行有针对性的逐步提升训练，再到应教育部语用司邀请，主笔制定“全国中小学生口语交际能力评价标准”。此后又独立撰写《中小学生卓越口才递进式训练》教材5种，再到目标调整，将“口语交际能力训练与情商养育”合二为一，撰写《中小学生情商口才递进式训练——教师、家长指南》，成为国内唯一个人创建的系统化教学训练品牌。

1. 评价标准分层次设定的跨学科创新

2004年，教育部语用司在特聘我为“全国中小学生口语交际能力评价标准”课题组唯一主笔专家之前，已经在全国多个省区邀请当地中小学教育专家制定过不同版本的评价标准，结果无一通过，为什么？我应邀加盟后通过逐一比对发现，这些专家们在语言文字工作领域里无不是佼佼者，但是他们有两个共同特点：第一，他们都是同行专家，其职业强项相同，职业弱项往往也相同，因而A专家没有发现的问题，B专家往往也同样难以发现，这就导致他们互相之间难以形成互补关系；第二，他们起草标准的理念同样都是裁判式的，而不是指导式的，都是过于注重面面俱到的静态评判，对于如何通过“扬学生个体之长而补学生个体之短”的动态把握以及伴随着学生从小学到高中的生理、心理成长变化以递进式贴近训练来满足学生的个性化需求、动态解决学生个体的现实问题则明显比较漠视。

而我坚持的理念是“教练式”的，首先关注的是如何针对学生个体的“认知能力强弱、心理素质水平高低”来实现“扬长补短”的针对性目标。至于评价标准，则按照中小学生生理、心理的成长阶段将其分解为五个递进式成长等级，这五个等级犹如五台标准各异的检测仪，目的在于帮助一线教师准确了解与评价学生个体的强项与弱项，进而目标明确地、有针对性地“扬长补短”。

正因为如此，评价标准在制定中放弃了在同一班级按照统一标准对不同学生进行评价的理念，进一步细化为通过对照学生个体在阶段训练中的前后表现，对其提高程度进行检测。这样“自我对照”的好处是，原本在某一方面起点较低的学生，只要自我对照进步明显，即使其考核的综合表现水平仍然低于其他学生，也照样可以获得“优等”；反之，那些原先起点较高的学生，如果训练前后自身表现变化不大，其评定等级反而难以获得“优等”。这样一来，学生只要投入训练，就必须将关注点集中到如何进步和提高水平，这就不仅有利于激励学生自我训练，而且也符合素质优化教育不主张对学生作出否定性评价的原则，是有利于激励学生努力向上的。

以此为基础，我设定了中小学生卓越口才递进式训练的分类化目标：

（1）训练不敢说话的人敢于说话；

（2）训练敢于说话的人善于说话；

（3）训练羞于与人交际的人敢于与人交际；

（4）训练敢于与人交际的人善于与人交际；

（5）要让孩子保持童心、童理，而不是让孩子成为小大人；

（6）要借助个性化评价张扬孩子的个性而不是压抑其个性；

（7）要贴近学生个体特点进行素质优化而不是共性地提高其口才水平。

2. 评价标准转向以“情商养育”为核心的跨学科创新

直至2007年，我始终将怎样提高中小学生个体口语交际的能力水平作为研究重心，然而，现实生活中陆续发生的一些恶性事件（例如，9岁孩子因为母亲2年没有回家而上吊自杀等事件）迫使我开始思考，口语交际（俗称口才）绝不仅仅是一个能力强弱、水平高低的问题。一个人在生活中，说什么话、怎样说话实际上与其个人的情商如何构成、人格是否健全密切相关。

于是，自2008年以后，我关于中小学生口才训练研究的重心，开始转向围绕“情商”“人格”两大概念展开，这就使得“口语交际能力评价标准”摆脱了“单一口语交际能力评价”的窠臼，实现了“训练育人”的跨学科创新。

首先，对“情商”进行了概念创新。

我将“情商”界定为一个中性词（不再视为褒义词），因为情商要素构成中不仅有爱，而且有恨，包括妒忌、不服气（还包括由爱转恨）。因此，情商显现应当是多彩的，其基本要求应当是：有爱、敢爱、会爱，有恨、敢恨、会恨。

其次，将情商对于人生发展的重要作用定位为一种“精神脊椎”，并从四个方面推进认识：

（1）缺乏情商支撑，一个无情的人在世界上是活不下去也活不长久的；

（2）所谓情商，并不是只有单一的“爱”，人们在社会上的一切行为，只要与“情”有关，就无不与行为人的情商构成有关；

（3）一个现代社会人的情商，应当是亲情情商（作用于与自己有亲情关系的家人、亲朋之间）与公情情商（作用于与自己没有亲情关系的熟识的人以及陌生人之间）的综合构成；

（4）情商并不是越高越好，情商过高与情商过低，都可能导致其言行举止不当。所以，它需要与理智判断相互作用、均衡控制。

关于“人格”，我将其界定为适度情商和理智判断的有机结合。

所谓“适度情商和理智判断的有机结合”，就是自主权衡利弊，决定取舍。而这种结合能力的逐步强化，再加上基本道德底线的自控，就能有效合成健全人格。

因此，健全人格养成至少应当从以下四个方面展开。

（1）要让孩子认识现实的世界是不完美的，人生是有遗憾的，否则将直接导致人格缺陷。而在我国很多家庭教育中，“再苦不能苦了孩子”，把现实生活刻意变成了一个非真实的世界，不利于健全人格养成。

（2）要让孩子自主鉴别“什么人当交，什么人不当交”，而不只是由家人指导其“什么人当交，什么人不当交”，否则，孩子的人格可能会不健全。而“近朱者赤，近墨者黑”，以及“昔孟母，择邻处”阻拦孩子自主交往的行为，显然不利于健全人格养成。

(3) 要让孩子勇于承认错误，对自己所犯的错误负责，否则可能导致孩子人格不健全。而我们有些家长没有让孩子从小就具有责任感，甚至不给其提供犯错误的机会，只要求其听话、学习好，显然不利于健全人格的养成。

(4) 要让孩子自主确定“喜爱什么、讨厌什么，以及憎恶什么”，否则可能导致其人格不健全。而我们有相当一部分家长和教师，往往从成年人的视角，在生活中过多、过频地教育孩子，应当“喜爱什么，规避什么”。

通过研究逐步明确了这样的理念：当今中国中小学教育的最大问题，就在于过早开始了系统化的知识灌输，这种灌输直接挤压了孩子原本通过日常生活（包括游戏）就可以实现的“情商”“人格”的浸润性养成，这种长期缺失将导致一个人成为“无情无义的竞争机器”，是非常危险的。

3. 训练目标、训练理念与训练原则的创新设定

训练目标、训练理念与训练原则的创新设定，是通过逐个环节落实来实现的。

例如，关于训练总体目标，则明确地提出“适度情商与适度理智的有机统一”，而不是情商或智商的某一方面越高越好。为此，又将总体目标分解为四项具体目标追求：

(1) 独立自主的思考习惯；

(2) 沉稳良好的心理素质；

(3) 平和友善的交际理念；

(4) 兴趣广泛的学习能力。

进而，训练理念又提出：以“大教育”的理念关注孩子成材（成为可塑性强的好材料），而不是急于孩子成才（不要过早进入专项才能的发展）。顺应这一理念，训练原则坚持要求：

(1) 要把孩子看成具有独立思考能力的、未来的社会人——让孩子成

为具有独立个性的社会人；

（2）既要防止“幼儿园”化（违背心理发育的一般规律），也要防止“成人化”（违背认知能力的发展规律）；

（3）让训练跟着孩子的自主话题走，贴近孩子的水平指导，同时反对做出应试教育100分式的评价；

（4）训练核心目标是推进孩子自主意识的养成。

由于该训练体系注意切合不同年龄段的中小学生的认知心理、认知能力，注重优化学生个体的素质，因而有助于实现快乐学习。不教写作文，却能保证提高作文写作能力，不教数学，却能提高数学应试成绩（这就兼顾了家长“盼望孩子成才”的功利需求）；又由于该训练注重情商教育，有助于培养他们的健全人格；又由于该训练注意贴近中小学生生活涉及的话题，因而有助于提升孩子的生活兴趣，同时有助于中小学生观察生活、热爱生活。所以，该训练体系受到一线教师和家长们的欢迎。

2011年，该训练体系作为“教育部社区教育研究培训中心”向全国推展的刘伯奎两大品牌项目之一，被中央广播电视大学音像出版社拍摄成了总时长达400分钟的、指导家长和教师如何训练孩子口才的教学指导光盘向全国公开发行。

2012年，中国教育电视台《东方名家》栏目推出《中小学生口语交际能力教育》专题片（刘伯奎主讲）；同年，教育科学出版社出版《中小学生情商口才递进式训练——家长、教师指南》（刘伯奎著）。

二、时时保持立足稳定的抓钩——哲学原理

何为哲学？一翻开教科书，答案一目了然：哲学是关于世界观的学问，哲学就是世界观，是理论化、系统化的世界观。

在跨学科读书过程中，哲学原理的应用价值并不在于背诵标准答案，而在于把哲学原理视为工具，运用哲学原理来准确解释社会现象、解释现实世界，最终在客观规律的指导下改造世界。我通过长期实践发现，对于

非专业研究的跨学科读书的学习者来说，只要掌握传统哲学的三大基本原理就已经基本够用（当然，掌握得越深透越好），因为更为重要的是，如何学以致用这三大基本原理。

我在基层社区推进读书学习时，每谈到学哲学的重要性，往往会先来上几句开场白。例如，从哲学的角度来看：

物理学是研究物质的量变的学问（在物理实验室里，无论是力学实验，还是光学实验，实验完毕，使用的是什么材料还是什么材料，不会有什么改变）；

化学则是研究物质的质变的学问（无论是无机化学，还是有机化学，实验完毕，使用的材料总会发生改变）；

数学是追求简单化的学问（通俗地说，数学就是研究怎样才能“把3步改作2步走”的学问。例如，陈景润研究“1+2”的任务完成后，全世界关注这个问题的重心就转向研究“1+1”，而“1+2”的研究，除非有别的方法比陈景润先生的更为简便，否则，是绝对不好意思公之于众的了）；

而文学是追求复杂化的学问（通俗地说，文学就是研究怎样“把2步改作3步走”的学问。例如，把三言两语就能说完的袖珍故事扩充成短篇小说，继而扩充成中篇小说，最后扩充成长篇小说，还可以再改编成电视连续剧，等等）。

上述开场白就曾经在社区基层引起过读书学习者的极大兴趣，觉得过去总认为哲学过于深奥，过于枯燥，没想到这么鲜活，而且竟然能够到处渗透。于是再引申下去，介绍怎样运用哲学原理进行社会研究。

这里以实例展示如下。

（一）对立统一原理引导“无影灯式裂变创新书”

用来证明对立统一原理的科学性的例证俯拾皆是，但是在读书中，学习运用对立统一原理的实用价值在于，读书者自己怎样运用原理对某一具体社会现象进行个性化解释，并能对人们的传统定论进行修正更新。

例如，怎样精准把握“资本家与工人”之间的对立统一关系。

在国内的传统理念中沿袭已久的看法是：资本家是靠残酷剥削工人起家的，具体地说，就是尽可能多地占有工人在生产过程中创造的剩余价值（这个问题这里不赘述）。这一理念概括地说，就是对劳资关系往往习惯性地“强调对立性有余，关注统一性不足”。

而只要认真阅读马克思主义创始人的相关著述，就可以发现，他们对于劳资关系的把握，和我们传统的习惯性理解并不一致。

以恩格斯的《英国工人阶级状况》为例，该书写成于1844年（当时恩格斯还只有24岁），书中非常翔实地介绍了伴随着资本主义在英国的发展，英国工业无产阶级的组成来源（个体手工业者、在市场竞争中破产的小作坊主、失去土地的农民等），分门别类地展现了他们的行业特点与工作环境（矿工、纺织工人等）、生存与生活条件（伦敦东头街面背后工人群居的“贫民窟”现状）。不仅如此，书中还详细介绍了劳资矛盾与此起彼伏的冲突的尖锐存在（工人从简单犯罪、破坏工厂开始，到组成秘密工会，再到后来有的地方甚至出现暗杀工厂主的行为）。

但是，更值得关注的，还是50年后，年逾70高龄的恩格斯在该书再版时撰写的“德文本第二版序言”中出现的一些重要的新观点。

（1）由于英国已度过了资本主义剥削的青年时期，工厂主对工人的态度也开始发生变化，大工业从外表上看起来也更符合道德要求，工厂主发现了比在“小算盘”上花费时间更为重要的事情，他们改善了贫民窟般的工人住宅区（以免自己也染上疾病），并在工人工资待遇、8小时工作制以及培训提高等诸多方面开始了实实在在的改进。

（2）资本主义生产愈发展，就愈加不会采用它在低级发展阶段所惯用的那些小的诓骗和欺诈手段。因为，“这些狡诈和诡计在大市场已经吃不开了，在那里时间就是金钱，在那里商业上的诚信已发展到一定的水平，但这并不是出于伦理的狂热，而纯粹是为了不白费时间和劳动”。

（3）劳资关系的冲突缓解是按照历史阶段来缓慢推进的。恩格斯于50年后再次考察英国劳资矛盾的发展，发现当时的工人阶级中已经有两种享有特权的人的状况得到了长期的改善，第一种是工厂工人（大致相当于我们现在的工厂在编职工），法律给他们提供了合理的保护；第二种是巨大的工联（制造机器的工人、粗细木工、建筑工人等组成的行业组织）。恩格斯认为，他们成了“工人阶级中的贵族，得到了比较有保障的地位”，他们与工厂主之间也形成了友好的关系，“不但雇主非常满意他们，而且他们也很满意雇主”。但是，对于那些没有行业技术，只能靠出卖体力来换取生活费，且因为流动性大而难以形成组织的工人群众，他们的状况50年来基本没有什么改变，仍然是处于无尽的贫困、绝望和饥饿之中。

（4）工厂主们也开始学会了避免不必要的冲突，学会了承认工联的存在和力量，他们甚至还发现，罢工只要发生得适时，还是实现他们目的的绝妙方法。于是，罢工开始成为劳资双方协调矛盾冲突的一种常用手段，甚至还成为工厂主减少其自身利益损失的一种常用手段。

（5）工会也逐渐从最初的秘密组成以维护自身利益的工人阶级，逐步成长壮大成为劳资双方之外的第三方——劳资矛盾的调停人，尤其值得关注的是，他们还常常成为罢工（特别是有节制的罢工）的发起人。

通过上述文字，我们不难理解劳资双方对立统一关系的准确内涵。

（1）劳资双方共生共存，任何一方都无法消灭对方（没有工厂主，也就没有工人；没有工人，工厂主也就不复存在）。

（2）企业发展成为双方共生共存的依据，只有双方齐心协力，才能共存共荣。

（3）由于市场的发展变化，双方在利益分配等一系列问题上永远存在着分歧对立，因而也就永远难免会发生此伏彼起的矛盾冲突。但是矛盾冲突的解决不再是一方消灭另外一方，而应当是既对立又统一的协商、协调（包括节制有度的罢工）。在企业与市场发展的过程中，劳资矛盾冲突将规律性地表现为：出现矛盾纠纷—解决矛盾纠纷—再出现矛盾纠纷—再解决矛盾纠纷的此起彼伏过程，这一过程总体上呈现一种“螺旋式上升”的特点，同时推动整个社会从低级阶段向高级阶段发展。

（4）企业是劳资双方合作经营的共同体，在企业中，劳资双方是一种既互相依赖又对立冲突的矛盾统一体。双方其实永远都不能打倒或消灭对方，因为消灭了对方自己也就不存在了，因而，双方之间的矛盾关系实际上表现为一种“矛盾冲突—协商调适—妥协求同—共同发展”的周而复始的过程。同时提出：一个企业的企业文化并不是在企业成型以后由外部灌输而成，而是从企业诞生的第一天开始，就通过具体事务的应对与矛盾冲突的解决手段等多种角度逐步融注而成。

我并没有系统研究政治经济学的理论功底，但是，在对立统一原理以及上述理念引导下，出版了《中华文化与中小企业文化》。

拓展阅读9

对立统一原理与“师者转向侍者”

严格地说，“从师者转向侍者”并不是一部著作的名称，而是我在转向社区教育研究之后，写成的《社区教育实验与实务的多头推展——社区教育工作指南》一书的“前言”。

如果不是2003年突然发生的一场意外变故，我对教师职业也就不会从“传道授业解惑”的职业体验中分离出“师者”与“侍者”的辩证认知了。

那一年，一次领导约见谈话后，我非常不情愿地中止了正在进行中的教育部“十五”国家级规划教材——《口才与演讲——技能训练》的撰写，走出了上海科技学院，进入了一个完全陌生的领域，协助嘉定区进行社区教育实验项目研究。也正是这个全新领域让我意外感受到，社会对“师者”角色的新的需求——为满足社区居民的学习需求提供服务。说到提供服务，也就是一种“侍者”的职业要求了。

“侍者”的体验几乎是立即扑面而来的。在社区教育服务中，上至六七十岁的农村妇女、闲居老人，下至寒暑假欢蹦乱跳的中小学生，教师的备课无论多么认真、翔实，只要不能满足听课人的学习需求，他们很快就以各种理由陆续离去或者开始说话聊天，甚至打闹嬉戏。

图6　社区教育实验与实务的多头推展——社区教育工作指南

可是，一旦授课的话题对了他们的胃口，不仅座无虚席，还会有人站在那里听课，讲课结束了，他们还会围上来，咨询求解。然后再索求联系方式，不久就打来电话，咨询形形色色的问题。

弹指一挥间，从出任全国第一个设立在区县级基层的社区教育研究机构——上海嘉定区社区教育研究所所长至今，也有10个年头了。10年来，我扎根社会基层，研究社区居民的读书学习需求特点，并为满足社区居民的学习需求提供服务，帮助基层工作者进行社区教育项目研究，探索民族精神文化的完善与更新之路，而自己也从被动到主动，再到全身心地投入社区教育研究并持续著书立说。反思这段历程，不仅对自身而言，完成了一个具有重大意义的转型，而且使得自己对教师应当伴随社会转型完成角色转换产生了一种全新的认识。

从历史传统来反思我们这个民族的文明传承，一个重要的特点就是“尊师重教”。当然，这个“尊师重教”是有功利目的的：在科举应试时代，人们从接受教育之初，就生活在“竞争淘汰”的理念控制下，为获取“童生”“秀才”“举人”“状元”等不同名称而逐级拼搏。至于“状元”是不是比“童生”的生存能力更强、为社会做出的贡献更大，通常是不会过多关注的。谁在知识头衔的阶层上爬得更高，谁就是更大的成功者。

很自然地，在“两耳不闻窗外事，一心只读圣贤书”的学习环境里，“应试必考”的知识才是读书学习之“本”，而能够帮助学生读懂“圣贤书”的师者，也就被提升到与“天”“地”“君”“亲”平起平坐的地位，享受着“一日为师，终身为父”的精神殊荣。至于“师者”本人，为了向社会证明理当如此厚待自己，除了殚精竭虑、呕心沥血地强化学生应试能力、提升学生应试水平之外，莫过于在著书立说时，时时不离“圣贤书之本”，宁可写出来的文字深奥难懂，也不愿意自露浅白，唯恐被批评为思想不够深邃、阐释不够缜密，“吟安一个字，捻断数根须”者，历朝历代大有其人。就以当代著名学者钱锺书先生而言，他的名著《管锥篇》就是用古文句式写作的，该书范围由先秦迄于唐前，内容涉及音韵、训诂、经义、比较文化等多门学科。在该书中，钱先生对《周易》《毛诗》《左传》《史记》《太平广记》《老子》《列子》《焦氏易林》《楚辞》以及《全上古三代秦汉三国六朝文》等古代典籍进行了详尽的考疏，同时还引用了拉丁文、德文、法文、意大利文、西班牙文，体现了他学贯中西的丰厚学养。显然，钱锺书先生是以“师者”的角色定位来写作《管锥篇》的，展示的是先生本人对圣贤书的认知和理解，他并不在意读者中到底有多少人能读懂这本书，如果读者中有人读不懂，那也只能因为自己水平太低而自惭形秽，只能鞭策自己发奋努力争取早日读通，却是不能指责钱先生为什么要写得这么深奥的。

然而，这一沿袭数千年的“精英教学”理念却在改革开放逐步深入的当今中国面临挑战。“学习型”时代的到来，不仅推动着“引车卖浆者流”也开始时时学习、处处学习，更把一种多样化的、多层次的学习观引进了读书学习者的群体中。在这个群体中，学习需求的多样化，导致了人们学习内容、学习方式的多样化表现，其中既有原先对所学知识全然无知而求知的，也有略有所知而求深入一步的，不仅学业水平差异明显，学习态度更几乎是一人一个样子。其中，浅尝辄止者有之，见异思迁者有之，临时抱佛脚者有之，叶公好龙者有之，当然，矢志不渝者也有之，从浅尝辄止、见异思迁者转变为矢志不渝者更有之。而“师者”的角色责任，就是“侍者”式地为满足不同层次的社会学习者群体的个性化的学习需求，努力提供有针对性的服务，而不是一如既往地按照标准答案、淘汰式地单一选拔符合标准的“精英”。

面对这些生活在社区、水平不一因而需求不一的基数庞大的学习者群体，“以不变应万变”的教学大纲失去用武之地，“考，考，考，教师的法宝”更是永远失却了传统的威慑力，教师则无论愿意也罢、不愿意也罢，都必须开始思考怎样从“师者”转为“侍者”，思考怎样满足社会学习者的个性化需求，否则，不是你去淘汰社区学习者，而是社区学习者淘汰你。

有一个例子可以形象地对比出“师者”与“侍者”的特点差异。

鲁迅先生的小说《孔乙己》中，孔乙己一腔热情地要教小伙计“茴香豆的茴字有4种写法”，可是小伙计毫无兴趣，“懒懒地回答，‘谁要你教……’”，随后就“愈不耐烦了，努着嘴走远”。

假如我们把小说中的这一场景搬到学校的课堂上，显然，“师者”只要一番“朽木不可雕”式的训斥，再加上“看你怎么通过考试”的提示，这个小伙计只能是老老实实地去熟背“茴”字的4种写法。但是，如果再将此场景转移到社区教育的过程中，受到质询的反而会是“师者”：对于一个酒店小伙计而言，以“茴”字各种写法塞满脑袋对他的职业发展有什么帮助吗？如果没有任何用处，你这样讲，显然就不是小伙计不愿意听有什么不对，而是你根本就不看对象，明明白白地错在自己了。当然，如果小伙计今后转行对“文字学”之类的学科产生了兴趣，对“茴”字的多种写法有了关注需求，那时再教给他“茴”字的4种写法也不迟。

有一件事也许是值得关注的：2011年，日本发生了大地震并发核泄漏的重大灾难，灾后不久，我国东北边境某城市通过社区教育机构向北京求助，要求提供能够指导市民针对核泄漏元素污染的防范措施，北京市有关部门则委托科研机构作出了回复。

如果科研机构的防核专家们持有的也是孔乙己式的“师者心态”，那么他就难免会借机夹着大本的系统教材，去到那座边境城市，召集学习者群体，从核泄漏的类型、成因，以及系统化防范的种种举措开始由浅入深地教大家读书学习。当然，读书学习结束最好还要通过某种考核，以检验学习者的学习态度以及学习效果，或者再颁发一纸证书以证明学习的完成。而现在却是，北京的专家命题作文式地简明回答了需要解决的具体问题，快速满足了社会的即时学习需求，坐在办公室电脑前轻轻点击鼠标把邮件发送出去，任务也就完成了，当然，与此同时，他们自身也完成了从“师者”向“侍者”的角色转换。

对比传统学科学制式教育中的“师者”和现代社会教育中的“侍者”的角色特点：前者好像某些高级餐馆，进入该餐馆者必须满足最低消费标准，不达最低消费标准者免入；而后者则好像那些多样化经营的餐馆，预订包房宴席者，欢迎，亲朋小聚，高档低档皆有，快餐面条，买个大饼边走边啃，悉听尊便。

如果说《社区教育实验与实务的多头推展——社区教育工作指南》一书，是我扎根上海嘉定基层10年，潜心从事基层社区教育实务推展与理论研究的一项成果，那么，撰写该书的过程，则推动我经历了一次“精神炼狱”——一种从被动感知到理性自觉的，从偏好居高临下的“师者”向努力平等交流的“侍者”的转型。

通过本书的撰写，我对教师与学生的角色关系又增加了一层哲学意义上的感受。

（二）质量互变原理引导“无影灯式裂变创新读书”

所谓量变质变规律，揭示的是事物发展变化形式上具有的特点，无不是从量变开始，以质变宣告一个发展变化环节的结束，质变是量变的终结（同时，新的质量互变过程开始）。关于这个原理（或称为规律），其难点同样不在于如何理解，而在于如何运用这一原理解释社会现象，并进一步推导出带有创新性质的研究成果。

例如，《突发事件社区化解》的出版，就是我以质量互变原理解释重大社会问题并借以推导出社会问题解决方案的一项成果。

图7　突发事件社区化解

2007年8月30日，第十届全国人民代表大会常务委员会第二十九次会议通过《中华人民共和国突发事件应对法》，标志着国家已经将突发事件应对从行政层面提高到法律层面。这当然是一件关系国计民生的大好事。但是，时至今日，当我们反思这部法律颁布几年来的社会效应时，却不能不看到一个有点令人遗憾的现实，那就是我们身边的突发事件似乎并没有因为这部法律的实施而有所减少。

2010年5月27日的《社会科学报》公布的数据尤其令人深思：“2009年度全国维稳经费达到5 140亿元，中央政府公共安全支出增长幅度达47.5%。”随后有学者公开评价：该数字已逼近全年军费开支，完全可以用“天价维稳”来形容，水涨船高的安全成本也越来越令社会难以承受。

而上海交通大学舆情研究实验室与舆情网联合发布的《2010中国危机管理年度报告》，选取了2010年72起影响较大的危机舆情事件，通过与2009年60起影响较大的危机舆情事件比较，发现2010年司法执法类危机舆情高发，同时，社会民生、反腐倡廉、官员（家属）不当言行是2010年影响较大的危机舆情事件关注的焦点。

我们有着强大的政府机构，又有了最新颁布的法律为依据，为什么不能有效地化解这个问题而只能被动地事后应对呢？

这正是由于过于偏重政府机构解决问题的模式特点所导致的，而过于偏重政府机构解决问题的模式的思想根源，其实正在于对质量互变原理的认识不足。

经过深入分析与研究不难发现，相对于地震、洪水等自然现象突发事件而言，由社会矛盾导致的突发事件，尽管不是动辄导致人类物质财富的极大损失，甚至对社会人群的生命安全威胁也范围不大，但是，它伤害的却是人类社会的和谐关系，并且直接破坏人类世代传承、精心构筑的精神文化体系，重创人类的心灵世界。在某种意义上甚至可以认为，此类突发事件频发对于社会的伤害远甚于地震、洪水等自然灾害突发事件。

而诸如此类的突发事件的应对难点在于：具体的直接诱因各不相同（很多诱因的作用对象是个人），事发之前常常没有任何征兆，爆发形式没有规律可循，而且难以进行有效的社会管理。

翻开西方社会的发展史，也不难发现：在历史转型过程中，社会突发事件频发是西方社会的常见现象，而且此类现象甚至已经有了好几百年的绵延史了！突发事件频发几乎是伴随着国家从原始社会向现代社会转型过程中出现的一种规律性现象。

我国过于注重由国家出面应对突发事件的模式，在应对此类突发事件时显得应对乏力，其根本原因如下。

（1）国家出面应对突发事件，必须执法有据，当然首先是事实依据，这就导致国家出面应对的，只能是已经发生并且是要能由政府职能部门具体分管的突发事件，这就难免导致“头痛医头，脚痛医脚”的局面，难以从国家层面思考如何防患于未然，更不可能要求由国家承担预防突发事件的重任。

（2）国家应对突发事件，往往会随机动用警察（例如社会治安事件）、军队（例如抗洪抢险事件），这就难免性质严重、代价高昂，且往往只能在事件严重到一定程度时国家才能介入，这就难免只能应大丢小、应急放缓。结果导致：一方面，政府对于各类突发事件的爆发必须全力应对，快速处理；另一方面，对事件突发当时规模还不够大、情况还不太严重的问题，政府则难以及时处理。

由于社会问题的总体解决只能是宏观的、共性的，而个人精神危机的解决却只能是微观的、个性的。然而个人精神危机尽管是个人的，但是一旦爆发，却又是社会的。二者之间存在的不同步性直接导致社会矛盾频频爆发。此外，社会问题的总体解决只能是“缓进”的（例如：户口制度、人事制度、分配制度、税收制度等方面的改革，只能是一步一步地推进），而个人精神危机的解决却必须是“快进”的（例如，户口问题不能解决，孩子就不能进学校读书；拖欠的工资如果还不能返还，家里就要揭不开锅了；等等），社会问题解决的“缓进”特点与个人精神危机解决的“快进”需求之间的矛盾，同样导致起始规模不大、表面情况不太严重的矛盾纠纷，在缺乏及时的足够重视的环境中“从量变向质变转化”，直至爆发社会突发事件。

而《突发事件社区化解》一书的理念在于：如果要求政府及其职能部门对于社会某一个人因为工作难找、户口难报、房子买不起、生病治不起等原因引发的突发事件都能够在事发的前期准确掌握信息并及时予以解决，无疑是苛求政府了。全世界没有哪一个国家的政府能够准确预知突发事件行为人是否采取行动以及将如何采取行动的。

但是，如果由社区基层来获取“管内人群”的相关信息，则显然工作量并不繁重。因为对于社区基层来说，“管内人群”不过是一个小区内的住户，工厂宿舍区内几幢楼上居住的职工群体而已。

何况，所谓预测掌握，也并不是要求对全体居民住户一律全面了解，而是有重点、有目标地了解。突发事件社区化解需要重点关注的对象，间接地说，也就是16个字：

问题家庭、问题个人；离群家庭、离群个人。

社会管理创新的直接目标应当是：立足于社区基层，尽可能地把一些矛盾及时化解在初期、前期阶段，进而使得相当一部分“用暴力极端手段来报复社会”的突发事件不再发生。而如果我们能够把化解突发事件的场所移到社区，那么，熟人、朋友，乃至亲戚、家人之间的某一次和风细雨的话语交流，很可能就化解了一场“用暴力极端手段报复社会”的惊天大案！其中的利弊权衡则不难对比。

《突发事件社区化解》的理念并不是说，所有的突发事件均可以通过社区化解予以消弭，而是呼吁尽快建立从上层的“政府应对”到基层的“社区化解”的立体化的、多层面的动态防范体系（好比防范火灾，从大规模的政府灭火到中规模的专业救火，到小规模的基层自救，再到普及防火知识、杜绝火灾苗头的“社区化解”），以能有效应对社会转型期突发事件的高密度爆发。这不仅是推进社会转型的有效适应手段，更是和谐社会建设的重要环节。

我常年扎根基层，结合社区基层开展社区教育实验研究工作。多年来，在与街道、乡镇、企业等单位密切合作过程中，为满足基层学习需求服务，终于独立研发出这一具有鲜明的前瞻价值的社会非学历培训项目。该项目历时数年一直在社会基层滚动，并根据基层需求反复锤炼，理论构建上渐趋周密，操作程序上渐趋完备。

2011年12月，《突发事件社区化解》（中共中央党校出版社2011年版）在出版前后，我意外发现，国家各部委领导人已经多次发表重要讲话，明确提出“社会矛盾社区化解”（社会矛盾如果不能及时化解，最终就有可能转化成社会突发事件）的理念，并将其列为未来10年“社会管理创新”的重要工作之一。作为一名扎根基层多年的社会实务工作研究者，能够以“位卑未敢忘忧国”之心取得如此成果，深感欣慰。

拓展阅读10

量变质变原理与《大国小民——中国市民精神解剖报告》

以客观的“平等”视角阅读权威著作，是我跨学科读书30余年，并且能够不断地从跨学科读书中迸发新的观点，有的最终还形成了新创著作的行之有效的阅读原则。

例如，怎样阅读鲁迅先生的著作？

不可否认，鲁迅先生的《阿Q正传》等著作在国民教育进程中曾经产生过巨大的影响力，但是，由于时间的推移、时代的变迁，他的作品由于越来越失却时代的针对性而理解难度增大，正因为如此，原本收录在中小学语文教材中的鲁迅作品，近些年来已经开始陆续撤出，鲁迅先生及其作品似乎已经开始“退出社会的舞台”。

鲁迅先生的作品真的已经对当今时代失去教育价值了吗？未必。我正是通过“理智冷静的辩证思考”有了新的发现，并将其应用于新时代下“国民性研究”的著述撰写。

我最早关注国民性问题源自20世纪八九十年代，在读到柏杨先生的《丑陋的中国人》之后，产生了一系列想法，例如，从关于“中国人究竟丑陋还是英俊”的思考，到发现任何一个民族的国民性都有两面性，很难也不可能一言以蔽之，继而又转向“小市民研究”并发现，小市民充其量只能是对一个人所处的社会阶层的总体描述，与其个人道德水平并无内在必然联系。这一段时间拉得很长，虽有断断续续的思考但未深入研究。

20年时间弹指一挥间，直到转入社区教育研究，我开始对种种社会现象予以关注，一个重大的社会现象一点一点地清晰起来，那就是：自改革开放以来，随着国人以因公、因私的各种名义前往国外的人数的增多，国人形象遭到不佳评价的次数也日渐增多甚至在急速上升，并且较多指责都集中在公开场合个体言行举止的表现上，其中一个非常突出的表现就是，中国国民在越来越多地进入国际环境的同时，正在越来越多地受到“丑陋”的指斥，目标所指，既包括暴发户式的粗俗、张扬，也包括小市民的猥琐、卑下。以至于到了2007年，中央文明办、国家旅游局不得不开始实施提升中国公民旅游文明素质行动计划，颁布《中国公民出境旅游文明行为指南》和《中国公民国内旅游文明行为公约》，以此引导人们自觉践行，同时还准备建立公民旅游文明教育培训考核制度。

一个拥有5 000年文明发展史的民族，在进入21世纪以后，反而要由国家出面来指导其人民出国在外应当怎样乘坐车船、怎样参观游览、怎样向陌生人问路……这确实是一个令人自惭形秽的问题。

问题的根源究竟在什么地方?

带着这个问题，我开始重读鲁迅先生的《阿Q正传》，重作读书笔记，整理出当今国民言行举止与阿Q的言行举止有着7个方面的相似处：(1) 攀附投靠；(2) 拒担责任；(3) 面子至上；(4) 无聊争胜；(5) 唯求胜利；(6) 见好就收；(7) 自我中心。

由此进一步总结出我们这个有着数千年历史法制社会构成特点的民族传统精神文化体系的两大特点。

一是"亲情文明"，通俗地说，就是以直系血亲为核心，以旁系亲缘关系为半径，逐步向外扩展，文明礼遇的程度逐渐降低。如果将其道德构成一分为二，则可清晰看出：国民亲情私德积淀有余而社会公德养成不足。

二是"等级文明"，通俗地说，就是以"君臣父子"为上下层级关系，整个社会形成一个金字塔形结构，越是进入上一层级，享受权益愈多而承担义务愈少，越是处于下一层级，享受权益愈少而承担义务愈多。等级文明在一个封闭的静态社会里，具有有助于维系社会稳定的特点，但是从一个开放的、动态发展的社会需求考察，则不利于全体国民现代公民意识的养成。

正是由于我们对民族传统精神文化体系赞美歌颂有余而批判扬弃不足，以至于"小民"做派弥漫社会而不自知。所以，时至今日，伴随着国势越来越强盛，而普通国民的精神形象却显得衰微，已经到了必须加紧完善与更新的时候了！

然而，在转向如何完成对民族精神文化体系的完善与更新的思考时，另一个突出的问题立即凸显在眼前：我们这个民族怀着"以自我为中心"的心态，数千年来，始终难以忘怀"桃花源"式的生存环境与生存方式，因此，要把这样一个"不知秦汉，无论魏晋"，甚至可以"鸡犬之声相闻，老死不相往来"的民族，引进全方位开放的"地球村"，同时还要推动其完成精神文化的扬弃，使得这个社会从上层社会精英到底层社会市民都接受面向世界的地球村精神文化理念——这将是一个浩大的为期久远的精神文化工程！

因为历史已经证明，一个民族的精神文化水平，并不是以其精英人群的高水平表现为标志，而是遵循“木桶短板原理”，以其最矮的那一块木板的高度为标志的。也就是说，无论你花了多大的精力往水桶里面加水，只要这个水桶的木板上有一个小洞，高出这个小洞的水量最终必将全部流出，这个小洞也就成了木桶的实际盛水量的标志。

图8　大国小民——中国市民精神解剖报告

遵循上述理念，我撰写了《大国小民——中国市民精神文化解剖报告》（东方出版社2011年版），在该书封底，标有一句审稿编辑的评语：“本书对中国人目前的精神文化状态拉响了红色警报！”

（三）否定之否定原理引导“无影灯式裂变创新读书”

所谓否定之否定原理，是唯物辩证法的基本规律之一。它表明事物自身发展的整个过程是由肯定、否定和否定之否定诸环节构成的。其中否定之否定是过程的核心，是事物自身矛盾运动的结果，是矛盾的解决形式。

正是这个原理推动着我，不仅自1993年，当时的国家教育部师范教育司颁布《教师口语课程标准》之初，就能率先写出国内第一本《教师口语：表述与训练》，而且能稳稳领衔这一学科20余年，直至2016年，出版个人撰写部分高达80%以上的，近乎个人专著的《教师口语训练教程》（第三版）。

图9　教师口语训练教程（第三版）

自1993年5月，国家教育部师范教育司颁布《教师口语课程标准》至今，已经20多年过去了（那时还是计划经济的师范毕业生“包分配”年代）。在这20多年里，国家、社会向市场经济的重大转型，始终都在强劲有力地推动着教育界发生重大变化，不仅学科学制在发生改变，课程体系也在发生着改变，与之相应的，教师口语的实际应用展现也在发生着潜移默化的变化，未来教师如何强化口语交际能力的训练课程也就应当进行相应的修订了。

从市场经济推动教育事业面临“宏观机制”与“微观言行”都发生着重大改变的角度考察，教师口语应当从三个层面进行动态把握。

这三个层面分别为：学科精益求精层面；兴趣引导创新层面；人生拓展提升层面。

严格地说，国家教育主管部门推动开设“教师口语训练课程”的目的，意在推进这三个层面要求的辩证统一。当然，位居第一位的，还是学科精益求精层面。

日常生活中，常常有教师，尤其是多年从事教师职业的人，在介绍自己的职业时，往往自称“教书匠”。

其实，“教书匠”这个词，在生活中可能会含有一定的贬义，或者是说话人自贬的谦词。但是，就“匠”而言，其中还是有着不同层次的差异的。首先，从低层次论起，教书匠可能意味着（或者只会）“照葫芦画瓢”，别人怎么上课我就怎么上课，别人怎么讲我就怎么讲，教学水平、教学能力不求过得硬，只求过得去，“当一天和尚撞一天钟”。

而再往上一个层次，原本隐含的贬义成分渐渐淡去，而逐步演变为一种“有匠心”。所谓“有匠心”，也就是对于自己从事的教师职业，具有一种精益求精的工匠精神。无论是在校内还是校外，也无论是课堂教学还是课外交流，都能够自觉以教师职业标准自律，认真负责，兢兢业业。人的能力原本就有强弱之差，能力强且有匠心者，最终可能成为“业内翘楚”，直至在同一学科的教学教育领域成为领军人物、领衔人物。能力弱且有匠心者，同样也能够在业内受到夸赞。

尤其是在中国转入市场经济体制之后，精益求精的工匠精神，更是因为适应业内发展的个性化领先需求而迅速延伸为社会的广泛需求。其中，莫过于2016年在十二届全国人大四次会议上，“工匠精神”首次被写入政府工作报告，不仅国家、企业层面需要工匠精神，就个人而言，对自己从事的职业是否具有“工匠精神”，也同样显得日益重要起来，教师口语当然也不能例外。

教师具有的“匠心”精神，也就是立足本职持续进取的精益求精精神。好比一个人，一辈子就是教小学低年级学生语文、数学等启蒙知识，在他的职业生涯里，既不大可能有研究创新的突破，也不大可能有重大成果获奖，但是他热爱学生，时时关心学生的生活学习，处处关注学生的变化成长，他就是一个有“匠心”的教师。套用毛主席在《纪念白求恩》中的一段名言：“一个人的能力有大小，但只要有这点精神，就是一个高尚的人，一个纯粹的人，一个有道德的人，一个脱离了低级趣味的人，一个有益于人民的人。”

所以，从教师口语的职业需求把握，只要这一职业学科领域存在，那么，尤其是学科的主干领域，精益求精的“匠心”精神将永远是应当发扬光大的。

与此同时还应当看到，在职业学科领域精益求精层次，从当今中国社会已经进入历史转型期的“日新月异”的特点来看，还是存在着某种不足之处的。具体而言，那就是有可能会导致“精益求精有余，而持续创新不足”，或者套用一句曾经时髦的话语，叫“埋头拉车有余，抬头看路不足”。

自改革开放以来，这种转型期“日新月异”的巨变尤为显著，而人们首先感受到的，则是伴随着知识技能的快速更新，行业更新也在加快。以传授棋技（中国象棋、国际象棋等）为例，传统模式都是师父带徒弟的“师徒传承”，可是现在已经出现智能机器人下象棋、打扑克的本领超过了人类的现象。如果有一天，小学语文、数学等启蒙知识教育也开始出现“机器人比真人教得更好”的情况，小学生从学习新知识到复习、巩固旧知识等获取知识的全部过程，都可以在机器人的指导下完成（机器人的指导不仅更规范、而且将比真人更有耐心），而学校则成为让小孩子聚在一起交友游戏、学习人际交往的乐园。如果那一天真的到来，那些兢兢业业、潜心于研究如何更好地将知识授予孩子的教师们，岂不是会面临重新择业的尴尬了吗?

“教师口语训练课程”当初创设的初衷，意在提高广大教师职业口语能力的显现水平，而迫在眉睫的是，“教师口语”所面临着的，正是怎样面对传统教育模式出现的重大危机，指导中国的教师们将“读书—教书”，从传统意义的“学习、继承前人总结的知识、经验”及时转向“同时迈开向未来世界探索、思考、发现”的步伐。从表现形式上看，是“语从口出”，但是追根究底，话语是一个人思考和思维的结晶，是观点和理念的显现。

这就使得教师口语的职业显现，在一个快速发展转型的时代，不得不面临着在“学科精益求精层面”与“兴趣引导创新层面”“人生拓展提升层面”怎样实现辩证统一的问题。而这个问题，不仅对于教师所教的学生

（未来的教师），而且对于教师本人也具有人生指导意义。

这既是历史下达给中国教育的一项重大任务，同时也是每一位一线教师所面临的新的挑战，既无法回避，也无法推卸。你将怎样运用你的口语交际能力，在传授给学生知识的同时，激起他们对发现、创新的兴趣，进而更加热爱读书、热爱学习。就像电子乐器无论怎样优化，最终依然无法达到人所独有的，将细腻的情感通过个人演奏表达出来的美妙高度一样。即使将来有一天，可以由机器人按照预先设定的程序，将知识分门别类地、按部就班地向学生灌输，但是，如何针对学生的个性、特点养成其“发现、创新”的兴趣与能力，将是机器人无法解决的。

拓展阅读11

《圣经》中的“否定之否定”原理

我为什么说，是否定之否定原理指导我终于读通了《圣经》，进而理解了《圣经》中耶和华上帝与凡间民众之间长期存在的矛盾冲突的根源，又进而发现了《新约》与《旧约》之间的“否定之否定”的内在联系，并最终出版了《中华文化与圣经文化——面对中西方文化交融的哲学思考》？

图10　中华文化与圣经文化——面对中西方文化交融的哲学思考（初版）

在能够通读《圣经》（新旧约全书）之前，我不仅曾经经历过一个尝试通读《圣经》却始终读不进去的10年困惑期，而且从终于能够通读的第11个年头开始，一个重大的困惑就始终横亘在脑海里：《旧约》中的大量文字表明，耶和华上帝在教育人类脱离兽界并向文明人类提升的过程中，堪称呕心沥血、苦口婆心，但是，人类却似乎并不领情，不仅频生埋怨甚至屡屡引发冲突，而耶和华上帝也频频以专制暴力压制民众的反抗。例如，《旧约》中，不仅能够读到摩西对于被钦定为一人之下、万人之上的耶和华上帝的“代言人”，其实并无受宠若惊的感觉，反而竭力推辞不就，至于紧随其后的使者（先知）亚伦、耶利米、以西结、约拿，再到士师约书亚、撒母耳等先后共20名士师，再到扫罗、大卫等40余名“王”，不是不愿意任职，就是阳奉阴违、自行其是。至于在民间人群中，《旧约·玛拉基书》第一章中，就以记录耶和华上帝对百姓怨言进行怒斥的方式，借耶和华之口记下了这些怨言，这就实际上从反面证实了百姓怨言的真实性与严重性。例如，百姓直呼其名地喊道：

“你（耶和华）在何事上爱我们呢?”

“我们在何事上藐视你（耶和华）的名呢?”

耶和华怒斥道：“你们将污秽的食物献在我的坛上，且说，我们在何事上污秽你呢?”

耶和华怒斥道：“你们将瞎眼的献为祭物，这不为恶么？将瘸腿的有病的献上，这不为恶么?”

而百姓的怨言中则包含了对耶和华的指责：“公义的上帝在哪里呢?”

“侍奉上帝是徒然的，遵守上帝所吩咐的，在万军之耶和华面前苦苦斋戒，有什么益处呢?”

“凡行恶的，耶和华眼看为善，并且他喜悦他们。”

“狂傲的人为有福，并且行恶的人得建立，他们虽然试探上帝，却得脱离灾难。”

面对着《旧约》中记录的文字，一个问题显然已经凸显而出：全知全能的耶和华上帝在人类中为什么竟然如此“不得拥戴”呢?《圣经》究竟是在颂扬耶和华上帝还是在指斥他呢？由此，这又引出了更加值得思考的问题：为什么《圣经》中以文字实录了耶和华上帝对人类的文明教化过程，微观考察，在每一个具体的事件或冲突中，几乎鲜见成功，但是历史地宏观考察，却又是“终于把人类引上了向文明高峰登攀”的巨大成功，原因究竟在哪里呢？

这其中存在着两个重大的矛盾现象，一个是耶和华上帝要管理好以色列人的主观愿望与其日趋恶化的“人神”关系之间的矛盾。另一个则是：《旧约》为什么以耶和华上帝威信扫地结束，但是最终，在人类文明生活中，耶和华上帝的地位却实现质的飞跃而更为崇高了？

究竟应当怎样解读这些文字？

单纯从字面进行微观分析，这些理解困惑是很难圆满解释的。只要我们转而运用“否定之否定”的原理来解释，纷繁复杂的矛盾现象就清晰明朗而不难把握了。

首先，从耶和华上帝对人类的家庭伦理规范、社会交往标准以及社会律例法规等诸多方面实施的文明教化中不难看出，这些教育内容不仅是周密翔实的，而且也是循序渐进的，尤其是律例法规方面，耶和华上帝一步一步地引导人类从“遮掩下体”“禁止与兽淫合”等最低要求起步，逐步推向文明社会的“遵纪守法意识”的培养，进而使人明显感觉到一股文明教化必须逐步推进的理念。

然而，紧随其后的《新约》一开篇，耶稣基督就以一种全新的形象面对世人，这一全新形象的意义就在于，他对耶和华上帝原先一直坚持的人类文明教化工程，实际上进行了一个“否定之否定，即二重否定，也即扬弃”的大改造！

首先，耶稣基督对世人犯罪行为开始推行“重教育轻惩罚”的教化模式，这就不仅表现出一种与世俗人类平等交流的“启发自觉”特点，客观上还同时表现为对耶和华上帝早期面对野蛮人类动辄过多杀人的否定。

其次，耶稣基督直接面对普通百姓救弱扶贫，当场显现奇迹，解救百姓于病痛危难之中。这一做法，显然对耶和华上帝几乎从不亲自当众显现奇迹，而且还动辄将自己隐身在烟、云、火、雷声的背后是一种有效的更新。

至于耶稣基督“我不下地狱谁下地狱”的勇于为理想献身的崇高精神境界、“四海之内皆兄弟”的博大胸怀、“谁愿为大，就必作你们的佣人；谁愿为首，就必作你们的仆人”的明确的公仆意识，当然更会受到平民百姓的欢迎。

而且，耶稣基督几乎无一遗漏地全面继承了耶和华上帝长期坚持的对人类的文明教诲。对这一点，转而运用现代科学理论审查，可以看得更清楚。例如，以马斯洛心理学为指导深入思考便不难发现，在某种意义上，耶和华上帝主要侧重于人类五个需要层次的前三个层次，即生理需要（例如，性行为文明教化、饮食文明教化、环境卫生教化），安全需要（例如，以摩西十诫为源头的法制—法治教化）、社会需要（例如，以关心弱势群体为核心的社会文明教化）；而耶稣基督主要侧重于后两个层次的提升，即尊严需要（尊重、关爱贫民、宽大、饶恕罪人）、自我实现需要（为实现理想而不辞辛劳、勇于献身）。简略理解，耶和华上帝注重对人类言行文明的教化启蒙，而耶稣基督则注重对人类的精神思想的升华引导。

由此不难看出，《圣经》中所展现的，不仅是一个非常完整的，人类怎样在耶和华上帝的引导下一步一步地走出野蛮、走向文明，进而又在耶稣基督的引导下，从关注行为文明向追求精神文明提升的过程，而且，耶和华上帝与耶稣基督之间，还表现为一种对人类持之以恒的文明教化的传承接力关系。因而，《旧约》与《新约》之间不仅没有什么拼凑组合关系，而且还有着内在的、缜密的有机联系，或者换句话说，《新约》中，耶稣基督尽管在诸多做法上表面上表现为对耶和华上帝传统做法的修正或否定，实际上更应当解读为一种扬弃——“否定之否定”，或者直接解读为一部由耶和华上帝与耶稣基督先后进行的、对人类推行文明教化的传承接力史。

一部《圣经》，从“创世记”中，耶和华上帝从天上下来，创造了人类，并怀着“养育儿女”之情，对人类亲自严加管束开始，到“出埃及记”中，通过摩西等使者传达“晓谕”，对人类开始实行“遥控”式管理，再到“列王”时代，改为由人类自己管理自己。再进而到《新约》中，由耶稣基督从地上升天为神，随后持续指导人类的文明升华。人类就这样一步一步地从“半人半兽”进化为人类，并通过接受“外部灌输”得以在文明的阶梯上级级登攀，最终登上了地球文明的峰巅。

最后，耶和华上帝在《旧约》中被“否定之否定”的“悲喜剧”，其实还揭示了人类文明进程的总体规律，那就是，文明教化者与被教化者之间确实存在着一个“否定之否定”即二重否定的哲学关系。也就是说，野蛮人接受文明教化，往往在其早期都会有一个“被迫接受”的过程，而一旦自身达到一定的文明高度以后，就会逐步向“主动追求”过渡或转移。由于《旧约》中完整展现的正是这样一个人类从野蛮转入文明，并且从文明的低层次开始向文明的高层次登攀的历史进程，因而，一旦转向历史的宏观角度考察，地球人类接受文明教化“从被动转向主动”并且总体上表现为一种“否定之否定的螺旋式上升”的本质特点，就开始显现出来了。

从这一点而言，人类自从自己管理自己以来，耶和华上帝就已逐步淡化了自己的形象与作用，也就是说，不必再依靠耶和华上帝指引，当今人类也已能够最终登上文明的巅峰。但与此同时，耶和华上帝却又无时不在，无时不有。他当年所传授的知识技术、文明意识、律例法规，至今仍被人类所奉行。唯一有所不同的是，当人类自己通过各种方式、各种渠道进行这种“教育灌输”时，耶和华上帝就借助宗教，在一种新的文明层次（例如，人类的信仰层次）上被“否定之否定”即二重否定“复活”了。

就这样，借助否定之否定原理指导，我发现了《圣经》中《新约》和《旧约》之间的内在联系，并最终写出了《中华文化与圣经文化——面对中西方文化交融的哲学思考》（河南电子音像出版社2008年版）。

三、光照极远且亮度不减的指路明灯——马克思主义社会学

毫不夸张地说，当中国终于走上持续向纵深发展的改革开放之路，并

且迈开从“大政府小社会”向“小政府大社会”转型的步伐时，长期受到冷遇的社会学的现实指导意义也就日渐凸显作用。而在流派纷呈的社会学研究中，马克思主义社会学应当置于第一重要的位置。

这不仅因为马克思主义在中国共产党的执政理念中处于第一重要的位置，而且马克思主义社会批评学说的诸多观点恰好形成于西方社会的历史转型初期，这一点与当今中国社会进入历史转型期未久恰好吻合。因此，以马克思主义理论指导解读当今中国的社会转型，不仅绝不过时，而且堪称一盏名副其实的指路明灯。

要把马克思主义社会学置于第一重要的学习内容，还有一个尤为重要的原因。长期以来，我们在马克思主义理论的学习中，由于缺乏相对应的社会转型的现实材料作为印证，因而长期存在着“生搬硬套、生吞活剥”的——以在“自然经济”基础上形成的精神文化理念为指导，硬性解读在“市场经济”基础上形成的精神文化理念现象，以至于我们对马克思主义原理的理解客观上存在着种种误区或错误，而这种种误区或错误又阻碍着人们正确、准确、精确把握其他流派的社会学理论。

这里囿于篇幅，列举两个观点加以对比，应当就不难看出，即使在一般理解的意义上，马克思主义的理论对于我们把握社会历史的发展具有何等重要的认知价值。

（一）马克思主义为什么认为“恶”是历史发展的杠杆

在我国，历史前进的动力来自何处，其实一直都存在着争论和对立。例如，究竟是英雄造时势，还是时势造英雄?

而马克思主义的创始人不仅排斥了英雄史观、排斥了帝王史观，甚至还排斥了人民创造历史的观念。他们明确宣称：历史前进是由生产力水平的提高来推动的，而这一理念的形象化阐释甚至可以具体表现为：推动人类社会发展的原动力是“恶”。

在恩格斯的《路德维希·费尔巴哈和德国古典哲学的终结》中，有这样一段文字：“黑格尔指出：‘人们以为，当他们说人本性是善这句话时，他们就说出了一种很伟大的思想；但是他们忘记了，当人们说人本性是恶的这句话时，是说出了一种更伟大得多的思想。’”

“在黑格尔那里，恶是历史发展的动力借以表现出来的形式。这里有双重的意思，一方面，每一种新的进步都必然表现为对某一神圣事物的亵渎，表现为对陈旧的、日渐衰亡的、但为习惯所崇奉的秩序的叛逆；另一方面，自从阶级对立产生以来，正是人的恶劣的情欲——贪欲和权势欲成了历史发展的杠杆……”（《马克思恩格斯选集》第四卷，人民出版社1972年第1版）

我第一次读到这段文字时，确实有如醍醐灌顶！因为，几乎从接受启蒙教育开始就被告知，历史是人民创造的，只有伟大人物才能推动历史的前进。而恩格斯却告诉我们，既不是人民，也不是伟人，而是“恶”——是贪欲和权势欲在撬动历史向前发展！

需要承认的是，我当年（20世纪70年代）第一次读到这个观点时，其实根本不理解，也不知道应当怎样理解，直到自己转入社区教育研究之后，结合中国社会发展现状来阅读马克思主义创始人的著述，才获得了打开解读转型期中国种种社会现象的钥匙。

中国进入市场经济以后，开始进入了真正的历史转型期。显然，社会形态的根本性转变以及伴随着转变而出现的种种问题，也就日渐引起了全社会的关注。与此同时，社会学也就成为人们研究社会问题的一盏指路明灯。

由于西方社会的历史转型，整整早了中国两三百年，很自然地，中国的社会研究者会从西方的社会学著作中直接借鉴理论、汲取养分。而我认为有必要提出一点建议，在流派纷呈的社会研究中，务必将马克思主义的社会学研究置于第一重要的位置。

因为，到底是“善”还是“恶”在推动历史前进，马克思主义创始人的见解和我们的一般认识显然不同。尽管这个问题的理论色彩较为强烈，但是其现实指导意义也同样非常鲜明。因为，如果认定“善”是历史前进的动力，那么就很难清晰阐释：在改革开放以前，整个社会人人思

“善”，个个行“善”（举国上下曾经一个接着一个地掀起向模范先进人物学习的高潮，其中以“学习雷锋”运动最为持久），但是，为什么国家经济发展的水平却难以快速提高？而改革开放以来，国家生产力水平快速提高，经济实力持续增强，为什么几乎随之而起的却是社会犯罪率上升、“黄、赌、毒”回潮？

针对种种矛盾现象，以马克思主义创始人的理念为依据，进行综合考察，应当就不难明白：当今中国之所以能够获得持续的飞速发展，正是因为“人的恶劣的情欲——贪欲和权势欲成了历史发展的杠杆”。而正如《共产党宣言》中翔实剖析的，这根“杠杆”是具有两面性的：一方面，它能创造出过去几百年的历史积累创造不出来的巨大财富；另一方面，它同时破坏了数千年社会发展所融注的传统道德与精神文化体系，把这一切置于了“金钱的冰水”之中。

从这一点来进行辩证思考，我们不难理解，改革开放在推进中国向市场经济转型的同时，也打开了人们潜藏心底多年的“恶劣的情欲——贪欲和权势欲”的“潘多拉的盒子”，由此产生了中国对“法制—法治”社会的前所未有的强烈需求。为什么会这样？因为“恶劣的情欲——贪欲和权势欲”是一匹野性十足的烈马，仅凭“道德自律”的笼头根本无法束缚他。对其放任，它就将不断触及维系社会的道德底线，因此，必须给它套上“法制—法治”的笼头，强迫它在“法律”设定的轨道上快速奔跑。由此，我们便不难理解，直至改革开放前，新中国欠缺各种法律，也能平稳渡过，只因为那时社会主导意识是贪欲被压抑得非常彻底的道德至上的“善”，然而，“善”有润滑、和谐社会关系的功能。

所以，我们则不难明确中国社会发展必须大力强化法治的历史任务，那就是，对传统道德与民族精神文化体系进行扬弃，“扬”其有利于社会发展的成分，以进一步推动社会生产力水平的提高，“弃”其不利于社会发展，甚至阻碍社会生产力水平提高的成分。与此同时，大力加强法制建设，以给“恶劣的情欲——人的贪欲和权势欲”这匹烈马套上法律的笼头，以强迫其只能在法律许可的轨道上飞速奔跑，同时在社会教育中大力推进法治意识的养成，从道德层面强化人人自觉遵纪守法，进而维护社会的和谐与稳定。

（二）马克思主义也认为人类的情感道德在“滑坡”吗

人类几乎从刚刚迈进文明社会门槛的那一刻开始，就在关注自己生存的客观环境的同时，开始关注自己的主观世界构成，开始关注自己的情感道德养成了。

然而，长达数千年的关注评价，关于人类情感道德的养成发展似乎都在不约而同地重复着同一个结论，简单地说，那就是：今不如昔，今人的情感道德远远不如古人的情感道德。批评者似乎总是在不无遗憾地告知社会：我们生活在一个远远不如过去的时代，我们的情感道德始终处于一代不如一代的衰没之中！

这其中，最典型的例证，莫过于在公元前8世纪上半叶，继荷马之后古希腊又一位诗人赫西俄德，就曾写下了一部传世之作《工作与时日》。作品中说奥林波斯山上的神首先创造的人类叫“黄金种族”，其后的人类则依次为“白银种族”“青铜种族”“英雄种族”和“黑铁种族”，与此相对应的五个时代则是黄金时代、白银时代、青铜时代、英雄时代和黑铁时代。

赫西俄德把人类发展划分为五个时代，其核心思想其实就可以理解为，他是在向社会发出对道德情商衰落问题的警示。例如，在赫西俄德的理念中，黄金时代是人类的情感道德（大致等同于现代学科意义上的情商体系，至少可以等同于情绪智商）最为崇高美好的时代。当时的人，不仅有着神一样的体魄，而且举止高雅、情感丰富、道德崇高。此后，人类的情感道德的构成逐步下降，至“青铜时代”，已经开始变得酷爱战争，而且竟然自相残杀。再到了“黑铁时代”，尽管人世间仍然存有善良，但更多的是邪恶。他们贪婪狂妄，崇尚暴力，上不敬天，下欺众生，子不孝，父不慈，兄弟相残，朋友无义，人与人之间缺乏信任，甚至婚姻中的人也不再相爱，而善良与公正也不再是行为的准则。

作为人类情感道德"今不如昔"的又一典型标志则是西方基督教的兴起。在《圣经·创世纪》中，我们就读到，"当上帝造人的时候，是照着自己的样子造的，并且造男造女。在他们被造的时候，上帝赐福给他们，称他们为人"，然而，很快地，"当人在世上多起来，又生女儿的时候，上帝的儿子们看见人的女子美貌，就随意挑选，娶来为妻"。"上帝观看世界，见是败坏了；凡有血气的人，在地上都败坏了行为"，于是就发起了大洪水，要毁灭人类。至于后来，伴随着基督教的兴盛，教会对人类的情商更是持以一种"全盘否定"的理念，具体表现就是"七大原罪说"。

即使后来到了文艺复兴时期，人们开始"以人性反对神性，以人权反对神权"，最后却发现"人性"竟然是"本恶"，无法解脱的悖论束缚着文艺复兴运动最终陷入沉寂，此后又经过"启蒙运动"重新审视"人性之恶"的表述，西方世界对于人类情感道德发展的评价同样陷在今不如昔的"泥沼"之中，直至当今时代。

再看我们这个民族，似乎也是同样的认定：我们民族第一次抨击"世风日下，人心不古"的高峰出现在奴隶社会向封建社会转型的年代，最有代表性的莫过于孔老夫子的一系列经典言论。

孔子推崇已经逝去的时代，认为当时的社会"世风日下、礼崩乐坏"，明确表示自己的立场："郁郁乎文哉，吾从周"（从理念表现上说，孔子有点近似于古希腊的赫西俄德），但同时他又深感让历史退回古代已经绝无可能，因此他将自己的全部努力浓缩评价为一种"挽狂澜于既倒"的"知其不可为而为之"。

我们民族第二次大面积抨击"道德滑坡、情感不再"，大概也就在当下——在从以小自耕农为主导的自然经济向市场经济转型的年代。当今社会的诸多乱象，屡屡受到"道德滑坡"的指责。

然而，正是在一片"道德滑坡"的伤心感叹声中，我们民族却犹如一只"醒狮"，越来越威猛地昂首屹立在东方。

那么，我们究竟应当怎样看待这种不无矛盾的状况呢？

其实，自相矛盾的结果已经在昭示考察方法有问题。

首先，考察方法存在的问题之一，考察角度过于单一，孤立地以道德表现为评价依据。其次，人们习惯于把“从老祖宗起就确认的”情感道德标准绝对化，只要有违反，就认为是今不如昔的“滑坡”。

而实际上，情感道德的标准是动态发展的、与时俱进的。不同的时代需要不同的情感道德标准。

这话是从哪里来的？来自马克思主义。

只要你研究马克思、恩格斯的一系列著述提供的考察认知角度，就不难发现，在不同时代，人类的情感道德标准不仅不存在什么“道德情感滑坡”的“礼崩乐坏”问题，而且一直非常活跃地处于应变调适、进步优化之中。

有一则实例非常形象地阐释了马克思、恩格斯是怎样考察人类的情感道德的发展变化的。

在古希腊戏剧史上，曾经出现过埃斯库罗斯、索福克勒斯、欧里庇得斯三大悲剧家。其中第一代悲剧家埃斯库罗斯留下数十部戏剧作品，而他的最后一部作品《奥列斯特》三部曲是他现存的唯一的三部曲。

三部曲之第一部《亚加米农》，是古希腊最出色的悲剧之一。其中写道，亚加米农在率领希腊联军出征托洛亚时，曾经杀死女儿伊菲革涅亚祭神。他的妻子克丽达尼斯特拉为了复仇，串通情人亚格斯都士在亚加米农得胜回国时把他杀了。三部曲之第二部《奠酒人》，写亚加米农的儿子奥列斯特回国为父报仇，杀死他的母亲和其情人亚格斯都士，奥列斯特报仇以后，看见复仇女神追来，要他偿还母亲的血债。三部曲之第三部《复仇神》，写奥列斯特被复仇女神们追赶，阿波罗给奥列斯特举行了净罪礼之后，叫他到雅典去。雅典的守护神雅典娜成立了一个法庭来审判这一案件。原告复仇女神们认为奥列斯特杀母有罪，替奥列斯特辩护的阿波罗等神则认为杀母无罪，双方票数相等。最后，雅典娜以审判长的身份投了一张赦罪票，把奥列斯特赦免了。

究竟怎样解读这场悲剧？

恩格斯在《家庭、私有制和国家的起源》序言中写道：“为此，他

（奥列斯特）受到母权制的凶恶维护者依理逆司神的追究，因为依照母权制，杀母是不可赎的大罪，但是，曾通过自己的传谕者鼓励奥列斯特去做这件事的阿波罗神和被请来当裁判官的雅典娜这两位在这里代表父权制新秩序的神，则庇护奥列斯特；雅典娜听取了双方的申诉。整个争论点集中地表现在奥列斯特与依理逆司神的辩论中。奥列斯特的理由是：克丽达尼斯特拉既杀了自己的丈夫，同时又杀了他的父亲，犯了两重罪。为什么依理逆司神要追究他，而不追究罪行严重得多的她呢？回答是令人吃惊的：‘她跟她所杀死的男人没有血缘亲属关系。’”

“……于是雅典娜就把问题提交阿雷奥帕格的法官们——雅典娜的陪审员们——投票表决；主张宣告无罪和主张有罪的票数相等；这时，雅典娜以审判长的资格给奥列斯特投了一票，宣告他无罪。父权制战胜了母权制；‘幼辈的神’（依理逆司神自己这样称呼他们）战胜了依理逆司神，后者终于也同意担任新的职务，转而为新的秩序服务了。”

以恩格斯解读《奥列斯特》三部曲的理念来和古希腊的赫西俄德，以及中国的孔子等人的理念对比，不仅能够看到，对于某种社会现象，转化认知与考察角度（或者说优化认知与考察角度）有助于我们的观念更新，而且还不难发现，赫西俄德、孔子等人的历史认知方法，可以理解为两个不同历史阶段的社会现实横切面的静态对比，而恩格斯的历史认知方法是社会发展纵剖面的动态解读。

这种纵剖面的动态解读（也就是历史唯物主义理论的具体显现）当然不是古希腊悲剧家所能理解的，他们只能把奥列斯特的获胜归结为神的力量。至于复仇女神后来经雅典娜的一番慰藉，同意放弃复仇，双方达成和解，共同成为雅典的守护者，于是从此开始，法律审判代替了血腥仇杀，人类社会开始由野蛮时代进入文明时代，就更难以把握了。

所以，以这部悲剧为例，只要我们坚持以马克思主义理论为指导来考察人类情商的养成，便不难发现，人类情感道德的养成并不存在“礼崩乐坏”，也不存在什么“滑坡”“衰落”，而是一直处在随着时代生活变化而“应变调适”之中。

例如，马克思在《〈政治经济学批判〉导言》中提出，把人们对古代希腊的种种赞美认定为人类对自身成长的童年时代的评价，因而不能简单复古，就显得非常重要了。

马克思写道：“困难不在于理解希腊艺术和史诗同一定社会发展形式结合在一起。困难的是，它们何以仍然能够给我们以艺术享受，而且就某方面说还是一种规范和高不可及的范本。

“一个成人不能再变成儿童，否则就变得稚气了。但是，儿童的天真不使成人感到愉快吗？他自己不该努力在一个更高的阶梯上把儿童的真实再现出来吗？在每一个时代，它固有的性格不是以其纯真性又活跃在儿童的天性中吗？为什么历史上的人类童年时代，在它发展得最完美的地方，不该作为永不复返的阶段而显示出永久的魅力呢？有粗野的儿童和早熟的儿童。古代民族中有许多是属于这一类的。希腊人是正常的儿童。他们的艺术对我们所产生的魅力，同这种艺术在其中生长的那个不发达的社会阶段并不矛盾。这种艺术倒是这个社会阶段的结果，并且是同这种艺术在其中产生而且只能在其中产生的那些未成熟的社会条件永远不能复返这一点分不开的。”（《马克思恩格斯全集》第30卷，人民出版社1995年版）

显然，这里又一次凸显出动态发展的纵向考察。按照马克思主义的理念，人类的道德情感始终紧随着时代的发展前进，从早期养成时起，其内涵与形式就是在持续地丰富化、细密化与系统化之中的。

但是，为什么当人们回顾已经逝去的历史时代时，常常难免会有“今不如昔”的感觉，而当人们回顾离自己并不久远的“昨日社会”时，又常常难免会有“道德情感滑坡”的感觉呢？

这就必须坚持社会动态发展的纵向考察了。

不必去回溯遥远的古代社会，就以改革开放前为例，在传统的原发社区里（例如，在地域偏僻的农村），不仅“四世同堂”的家庭不少见，有的甚至连“五世同堂”也存在。但是，眼下的现代社区里（例如，经济相对发达的大中型城市），就连“三代同堂”的家庭结构也越来越少，同时，“空巢老人”的比例却在逐步上升。这种现实的存在，实际上正标志着传统情感道德的养成基础在现代文明的挤压下正在逐步衰微。与此同时我们看到，在日常生活中已经出现一种习以为常的现象：尤其是那些远在异地他乡拼搏的子女，不仅平时难以在父母身边嘘寒问暖，即使逢年过节，也难免因为返乡不易而被迫只能打个电话、发条短信拜年，人们整天生活在陌生人组合成的社会环境里，传统的情感道德即使想表现也不是时时都能自然流露出来的。

应当强调指出的是，马克思、恩格斯早在一百多年前就已经对这种传统情感道德的演变做出了历史的、社会的、经济的根源思考。在《家庭、私有制和国家的起源》中，恩格斯深刻地总结出，这种传统的亲情情商要素的衰微绝不仅仅是什么“个人讲不讲道德”的问题。恩格斯这样写道：“这些问题，在社会的一切旧有的联系已经松弛，而一切因袭观念已经动摇的时候，是不能不提出来的。世界一下子大了差不多十倍；现在展开在西欧人眼前的，已不是一个半球的四分之一，而是整个地球了，他们赶紧去占据其余的七个四分之一。传统的中世纪思想方式的千年藩篱，同旧日的狭隘故乡藩篱一起崩溃了。在人的外界视线和内心视线面前，都展开了无限广大的视野。在为印度的财富、墨西哥和波托西的金矿银矿所引诱的青年人看来，循规蹈矩以及好几世代流传下来的荣耀的行会特权能有什么意义呢?”

显然，恩格斯当年描写“西欧人”的情感道德演变原因的思考文字，恰好精准地预示了当今时代的中国人正在面临的情商转型。我们可以看到，短短几十年的改革开放，快速地把西方世界曾经发生的传统亲情情商调适演变过程引进了中国普通国民的现实生活。我们还看到，正是在人们追求生活的步伐越跨越大的社会经济生活背景下，一场具有重大意义的人口大迁徙正在我们民族内部一步一步地进行着。为了个人更好地生存，为了家庭可持续发展，从离乡背井的短期外出谋生，到远离家乡渐渐不再回归，再到移民国外扎根异国他乡。在某种意义上，传统的亲情道德情商确实表现为某种“儿大不由娘”到“儿忙难顾娘”的衰微，但与此同时，人们的“事业目标、社会关注”越来越大，心胸、眼界越来越开阔，这究竟是人类情感道德的衰退还是理想、人格的优化呢？

拓展阅读12

马克思主义给了我写出《从大国小民到富国强民——国民精神文化转型指南》的底气

坦率地说，如果不是歪打误撞地触及“国民性问题”，我也不会去“自找麻烦”，搞什么国民性研究的。偏偏那时候，柏杨先生的演讲集《丑陋的中国人》传到了这里。于是一石激起千层浪，国内发行的报纸杂志上，“中国人丑陋吗?”“英俊的中国人”等类似的文章铺天盖地，一番热闹之后，这场只有批判者的争论趋于平息，而柏杨先生批评中国人的“丑陋点”却依然照旧鲜活地存在着。

不觉又过了好几年，伴随着对生活认知理解能力的增强，20世纪90年代初，我写了以“我是小市民”为开场白的系列文章，大意是小市民只应当是一种社会阶层的标志。人们置身于某一社会阶层，是由多种原因导致的，这就不应当牵强附会地将某一社会阶层定格式地硬扣上道德批评的帽子，何况底层社会也不乏道德君子，上流社会也有衣冠禽兽。

至21世纪初，我开始社区教育研究时，又重新接触“国民性”问题，并且一发不可收拾，直至认定当代中国社区教育的根本任务就是承担“国民性转型”的任务。其间，出版《中华文化与中国社区》《中华文化与中国社区教育》《中华文化与中小企业文化》《中华文化与圣经文化——面对中西方文化交融的哲学思考》以及《大国小民——中国市民精神解剖报告》等专著。

在《大国小民——中国市民精神解剖报告》一书出版前后，出现了国家经济实力明明在增强，精神文明水平明明在提升，而国外关于“中国国民丑陋”的种种言行指斥却反而日渐增强的怪现象。这个问题一度久久地横亘在我的脑海里，百思而不得其解。但终于在基层社区教育实验的浸润中豁然开朗：“一个人，长期生活在一种困窘逼仄的环境中，他的心胸不够开阔，气质不够坦荡，言行不够高雅，社会一般来说都会持以一种理解乃至宽容的态度。但是，一旦这个人进入另外一种生存状态，例如社会角色发生改变：政治上有了地位、经济上有了实力时，却时时处处不时地暴露出旧时的陋习，或者不时地暴露出旧时的处事原则，社会就难免要做出另外的评价了。因为外部社会是直接依据你当下的社会角色与经济水平而不是过去的社会角色与经济水平来对你的言行举止作出评价的。同理，一个民族的成员如果其言行举止过多地表现出与现时自身社会角色、经济水平不相符合的反差对比，当然也就难免时时处处让人对这个民族感到刺眼了。

由此就豁然开朗，为什么我们的国家形象越来越强势，而国民形象反而越来越“被丑陋”的根本原因，其实在于两点：一是，改革开放以前，中国普通国民几乎不可能有走出国门的机会，外国人也很少接触到中国市民，由于缺乏具体感知，当然也就无法做出评价；二是，无论是一个国家、一个民族，还是某一地域的人群抑或是个人，当他们在政治上没有强大起来，经济上没有富足起来的时候（例如：国家、民族还没有取得政治独立，经济上自己尚不能有效解决温饱，还需要接受外界援助），他们在精神文化方面的表现也是不太会受到外部世界过多地关注的，即使有一些不佳举止、不良言行，人们也会视若无睹，不予关注。例如，街角处蹲着一个乞丐，当众脱下上衣在那里抓虱子，人们即使看见了，较多的反应也会是视若未见，扭头离开；但是，如果这个乞丐意外接受一笔遗产，于是从此西装革履出入于上流社会，但不幸未能及时与旧时的言行举止习惯彻底剥离，依然是当众随地吐痰、抠鼻孔，甚至随地大小便……这时，人们就难免会对他感到厌恶、反感，期望他能够保持和他的身份相符的礼仪形象了。

由此我们不难明白：为什么中国越是强大，在世界上“被丑陋”的现象越来越严重。对于这个问题，我们恐怕不能再以“因为有国际反华势力的存在”继续一言以蔽之，而是更应当去思考之所以“被丑陋”的另一层原因，而且这个原因恐怕也与我们自身强大起来有关。

这同时就告诉我们，“被丑陋”其实不能简单地视为“被贬低”，它实际上也是“被重视”的标志。这就好像魔术师刘谦目前的遭遇一样，全世界有多少魔术师？他们的表演人人皆知是假，但是几乎没有人盯住他们随影随行地嚷嚷魔术师造假，更少见有人跟在他们后面处心积虑要戳穿他们的假把戏。刘谦的“被贬斥”其实正说明了他的个人风格的“被重视”。随着我们这个民族在世界上的政治地位、经济实力的逐步提升，外部世界对我们的文明素质与精神文化水平也在同时提升着要求，“被丑陋”就是一个外在标志。

《大国小民——中国市民精神解剖报告》一书经标注：“本书对中国人目前的精神文化状态拉响了红色警报！”又经东方出版社出版后，在社会上引起了一定的反响，于是开始思考“大国小民将怎样成为富国强民”的问题。我在思考同时，也阅读了一些书籍，发现欧洲国家的社会转型实际上也表现为一种“从被指斥丑陋而后才转向文明”的。例如，尽管19世纪欧洲列强进入中国以后，就从来没有停止过嘲笑中国人随地吐痰等陋习，但是，历史记载表明，直到17、18世纪时，欧洲人还没有用上厕所，欧洲城市的大街上也是屎尿横流的。至于那场名垂史册的、轰轰烈烈的文艺复兴运动，列数其思想文化精英人物，竟然几乎没有一个得到“善终”。至于早期工人阶级在工厂主敲骨饮髓压榨下的水深火热的生活，更是丑陋无比，备受当时社会的抨击。反思欧洲社会为什么能够那么快地跃至世界文明的领先地位，不断地“被丑陋”恐怕也是一个重要的原因。

以欧洲文明发展历程来比照当前中国人在迈向地球村的进程中不断面临的“被丑陋”的问题，有意无意之间，暗影就被照亮了。这一个个的“被丑陋点”，实际上就是中国向“地球村文明”迈进的起点，随着这些“被丑陋点”的改变，中华民族的现代文明层次也就将渐次上升，“大国小民”也就将逐步转化为“富国强民”。

需要强调指出的是，“从大国小民到富国强民”并不是一个“全盘否定传统文化”的过程，也不是一个亦步亦趋地“全盘西化”的过程，而应当是一个不断地“扬己所长，弃己所短，取人之长，补己所短”的“从量变到质变”的转型优化过程。从微观角度考察，我们每一次的“被丑陋”

也就相当于一次起床梳洗照镜子，每一次照镜子都找出了自己应当改变的“丑陋点”，而对每一个“丑陋点”的清晰认识，也就是我们民族的精神境界又提升了一小步，而无数个一小步的累积，也就意味着最终将“积跬步以至千里”，中华民族在地球村里终将完成“从量变到质变”而成为“富国强民”。

图11　从大国小民到富国强民——国民精神文化转型指南

《从大国小民到富国强民——国民精神文化转型指南》一书交给出版社以后，我突然发现自己有幸生活在一个历史转型时代——比鲁迅先生更幸运。鲁迅先生置身于他的时代思考国民性问题，尽管他的批判堪称深刻而力透纸背，但是，他没能认识到，一定的经济基础制约着一定的上层建筑，在一定的经济基础发生根本变革之前，作为一定的上层建筑的国民性是不会超前发生根本改变的。也就是说，国民性是受到社会经济基础的强力制约的，而不是什么带有遗传或天生如此的“特性”的。因此，在社会经济基础发生变革之前，无论什么样的教育想改变这个“特性”都难免会觉得软弱无力。这也就是鲁迅先生和他那个时代的先知先觉者以及新中国成立以后在相当长的时间里从事国民教育的人往往最感到“悲观无望”的地方：病症诊断精确入微而力透纸背，治疗无方呕心沥血却不见效果，他们面对“阿Q”“小D”“王胡”“祥林嫂”之类的人教化无效而被迫立论

“民族劣根性”，这也是他个人难以突破历史局限而导致的定论失误。而我有幸生在这个伟大的历史转型期，能亲眼看到阿Q、小D、王胡、祥林嫂终于开始在市场经济的推动下，开始尝试着把命运掌握在自己手中，开始努力成为自己的生命主人。这才是彻底破除“民族劣根性”宿命论的关键。

四、本章小结

在一个时时处处充满竞争的时代，人们往往有意无意地就开始追求把“事业的蛋糕做大”。然而，传统的“单一学科读书”却使得你在竞争中把“事业的蛋糕越做越小”。关于这一点，看看那些在各类学校里，正在传统的学科学制式读书的牢笼里苦苦挣扎的青年学子便一目了然。当初，有多少人非重点院校不去，然而毕业后求职时，又变得那么务实，只要能捧上体制的“铁饭碗”，扫大街也行，这其中的前后变化，恐怕也暗含了不无心酸的考量吧。

在人生道路上，怎样把自己“事业的蛋糕做大”，那就要依靠“跨学科读书”。也就是说，只要你和“跨学科读书”结伴而行，那么，在人生发展的某个岔路口，它就可能会在你最需要帮助的时候为你指明道路，于是你的事业追求就进入了另一个新层次、另一个高境界。

跨学科读书需要装备的工具，就是多样化的学科理论武器。需要强调指出的是，三大阅读装备之中，我尤感重要的，还是马克思主义社会学。当今中国社会，大概除了专职研究马克思主义的学者，业余读者群中恐怕已经很少有人再钻进马克思主义的故纸堆去寻找指路明灯了。只是，越是在这种人迹罕至的地方，越是可能有宝藏深藏。因为大家都知道，历史总是螺旋上升的，而我们今天所面临的种种问题，恰恰是一百多年前西方世界倍感困惑的难题，他们的答案正好可以成为我们今日“可以攻玉”的“他山之石”。

大概也只有在中国也进入从原发社会（原发社区）向现代社会（现代社区）转型的历史阶段，我们才能真正读懂马克思主义。

第三部分
跨学科读书怎样实现“白日梦”

何谓“白日梦”，白日梦在中国通常用来比喻异想天开式的不切实际的幻想。白日梦尽管在中国社会的评价不佳，但是，只要是思维正常的人，又怎么会在一生中不做几次白日梦呢?

现代心理学的研究结果已经证明，一个人只要脚踏实地地持之以恒地付出努力，白日梦是可能实现的。然而，白日梦好做，转变为现实却不容易，即使你愿意为追求白日梦而付出艰苦的努力，一旦方式方法不正确，或者努力过程中急功近利、投机取巧，它就有可能永远只是一个白日梦。

大量的社会实践已经证明，跨学科读书是一个能够有效地推动“白日梦”转变为现实的好方法。那么，需要注意的是，跨学科读书也自有其“避误区”和“防心魔的安全通道”。

第六章　怎样构建跨学科读书的“安全通道”

刘伯奎更新祖先训示：

古人云：

学而时习之，不亦说乎？

有朋自远方来，不亦乐乎？

人不知而不愠，不亦君子乎？

刘伯奎：

学而时新之，不亦说乎？

有信息自远方来，不亦乐乎？

人不知而不躁，不亦君子乎？

有过野外探险经历的人都知道，即使拥有同样的探险兴趣和同样的探险装备，最终却很可能是完全不同的结果：有的人顺利凯旋，有的人错误不断以致失败而返，还有的人可能严重失误甚至长眠在探险路上。种种不同结果，都在证明着方向明确的重要、路线确定的重要。

跨学科读书即使不成功，一般也不会付出重大代价，但是，一旦大量阅读而无所收获，阅读者损失的是时间，而人生一世，最不应当损失的就是时间。所以，个性化的跨学科读书应当尽快构建“安全通道”。

由于人生阅历有限，作为一名中文专业的教授，我能够提供给读者诸君的，只能是以文学社会科学作品为主的范例。这原本是本书的不足之处，但是，转换一个角度，“不足”就可望变成特点，它不仅使得读者诸君无需另外掌握专业知识（例如理、工、医、农等学科知识）就能通读，同时也给社会各界留下了一个极大的发展空间——读者诸君怎样结合自己的专业、行业领域进行跨学科读书，并对成功案例进行总结。这样，各行各业的人不但可以自主推进跨学科读书，而且可能结出多种类型的丰硕成果。

一、跨学科读书为什么应当坚持“一把钥匙开一把锁”

长期以来，我国在文学作品的阅读方面，实际上早已存在着种种问题而不自知。其中，最为严重的一个问题就是，从专业研究的层面开始，从高等院校专业文学教学层面开始，就普遍存在“一把钥匙开千把锁”的现象。这一现象历经多年，已经在社会上产生了不良后果。

所谓“一把钥匙开千把锁”，就是对文学作品先政治定位再艺术总结（有时也结合社会、历史、文化等多角度综合思考，但是政治标准是第一位的），这一模式首先在专业研究院所以“无产阶级文艺路线”为指导原则自上而下地展开，继而延伸到大专院校，再延伸到社会各阶层，再渗透到文学作品的“前言”等导读性文字中，对全社会怎样阅读文学作品产生了深远的导向性影响。

不妨先看外国对文学作品的研究与阅读。例如，古希腊文学、古罗马文学、中世纪文学分别以民族、时代为分界，进行不同作家、不同作品的具体研究。应当承认，这一中性的、客观的立场基本上还是符合科学原则的。然而，从文艺复兴时期开始，文学研究就变成了以文艺思潮的总体特点为要求，不符合要求的就难免遭冷遇，甚至被排除出文学史之外，这就有失准确，有失科学严谨了。

再进一步思考，到所谓批判现实主义（以批判不批判资本主义社会制度、批判得严厉不严厉为标准）就近似主观设定了。

至于我国的文学研究，尽管始终以朝代、年代命名，看似客观、公允，但是，越是接近现当代社会，则越是将政治评价作为第一标准，所出现的问题和外国文学领域一样。于是，在我国的文学作品研究中，就曾经有人因为大谈《红楼梦》中的阶级斗争而名噪一时。

现在，进入一个新的时代，终于可以卸下“政治标准第一”的有色眼镜，自主思考如何阅读文学作品了。简明地说，过去的“政治标准第一”，导致的直接后果是“一把钥匙开千把锁”，打不开的就拔开，再不然就砸开，如果还砸不开就干脆扔进废纸篓里。现在需要提倡的，则是“一把钥匙开一把锁”，也就是说，每一位作家不仅有其个性化的创作理念、创作特点（要知道，即使关系亲密如马克思和恩格斯，他们之间也存在着文字风格的不同、认知理念的差异），而且即使是同一作家创作的多部作品里，也有着很大的差异，前后期的不同作品之间又有着认知理念的变化。因此，只有坚持“一把钥匙开一把锁”的解读原则，才能准确探知文学作品的精神内核，才能曲径通幽，饱览文学作品的境界风光。

也只有这样，才能真正提升广大读者阅读作品的兴趣，才能真正形成读书学习的良好风气，才能真正让文学作品的阅读为一个学习型时代的到来增添五彩缤纷的色彩。

由此则不难理解，不同的文学作品就好比是由不同的厨师烹制的菜肴一样，只有分别品尝，才能回味无穷，如果这里伸一筷子，那里舀一勺子，搅在一起，吃到最后，只怕吃客自己也不知道自己吃的是什么了。

二、为什么书要分“三六九等”区别阅读

哲学意义上的“真、善、美”三位一体，在文学作品中，是一种最高等级，数量很少。这里暂借用这一说法，不拟对其概念进行哲学探讨，只从感性认知角度对各种文学作品予以通俗化理解，同时将“真、善、美”分解。

美，在本书中通俗理解，即好看，情节生动，形象感人，可读性强，这是从读者个人情趣角度设定的标准；

善，同样通俗理解，即与人为善，引人向善，引人弃恶（“善”在这

里是一个内涵丰富的大概念，至少包括：心态向善、行为向善、追求向善），这是从社会效果角度设定的标准；

真，即真实，例如古典名著，经得起时间检验、历史检验，达到本质的真实，这是从历史、哲学的角度设定的标准。

但是，“真”在文学作品中，其实也具有不同层次的认知含义，至少可以分解为两大层面：一层是哲学的、历史的真，也就是本质的“真”，其在某一具体的现实环境中不一定存在，但是它应当能够存在，或者终将变为真实。还有一层是现实的、生活的真，或者称之为现象的“真”，它取决于大多数人的感官认知，例如一部文学作品，如果100名读者中有50名以上认定其为真，那它就容易为社会所接受了，反之，只要大部分人否认其真，那么，这部作品就难以被社会接受。

而本质的“真”与现象的“真”之间也有两层关系：一层是同一性关系，即现象的“真”与本质的“真”一致，这类文学作品的层次最高，往往传之后世愈久，价值愈高。另一层则是对立关系，即现象的“真”与本质的“真”相对立，最终证明现象的“真”其实为假，这样的“以假充真”在阅读上也有认知价值，不过就是另外一层含义了。

完成了关于“真、善、美”的内涵界定，再以三者的不同组合方式把文学作品分为三层六类，同时提出不同方式的阅读建议，以进一步推动跨学科读书，进而推动“活读书、读活书、读书活”，做到“学以致用”，优化生活、提升读书学习的质量。

（一）第一层次：美而不善与善而不美

按照“三层六类”的分类，应当归入第一层次的有“美而不善”与“善而不美”两个等级，此类作品多适合浅阅读，不值得反复研读。

需要说明的是，所谓“美而不善”，其实并不是著书者自我设定的标准，因为没有哪一个作者立志要写作一本书贻害社会的。而之所以会出现这一等级，是因为社会评价自有其鉴定标准，一旦得出某一本书“诲淫诲盗”，那么这本书写得再好，只怕也难逃“不善”的评价。

然而，理论上看似说得一清二楚的问题，在现实生活中却常常难免纠缠不清。例如，即使在国外也曾经备受争议的小说《查泰来夫人的情人》，在我国更有长期遭到鞭挞的《金瓶梅》，究竟可不可以阅读？应当怎样阅读？

如果认为不宜阅读，那么，这道“不宜”的分界线划在哪里？是不是只要可能引起情色刺激的都不宜阅读？如果真以此为标准，那么，《金瓶梅》之后，还有《西厢记》《牡丹亭》《红楼梦》……是不是也都不宜阅读？鲁迅先生说过：一部《红楼梦》，经学家看见《易》，道学家看见淫，才子看见缠绵……

应当看到，古今中外，任何源自民间的艺术形式：舞蹈、戏曲、说唱等，“情色”都是难以摆脱的内容。仅以我国而言，东北的“二人转”，安徽的“花鼓灯”，甚至包括起源于浙江而兴盛于上海的越剧，都无不曾经与“情色”相连。尽管各种艺术形式在其发展过程中，都不断有人坚持进行着摆脱“情色”的努力，但是，完全摒弃，既不可能，效果也未必佳。再以欧洲某些民间舞蹈为例，即使转为宫廷舞蹈之后，高雅动作大大增加，“情色”还是难以完全消失。至于时至今日仍然在非洲大地上欢歌劲舞的民族舞蹈中，“情色”更是毫不掩饰。

当今时代已经进入阅读手段多元化的时代，不像过去，只要列为禁书并且查抄干净，读者就无法再阅读。而现在，电脑、手机等的出现，导致任何查禁都已经难以奏效。

所以，在今天这个时代，面对此类读物，恐怕宜“疏”不宜“禁”，“禁”的不良后果这里不再赘述，而“疏”者，则是应当由教师、家长致力于提高阅读者的阅读层次，使他们不要简单地沉溺于感官刺激。这其实是一个非常艰巨的引导任务：怎样在一个刺激多元的时代，引导社会养成逐步提升的良好的读书风气，而不只是满足于“好看不好看”的感官刺激。

第二类则是“善而不美”，此类作品的基本特点是说教内容过于直白，表现形式过于理性。例如，欧洲启蒙运动时期的诸多作品，几乎都是不加修饰的说教。尽管如此，这些作品还是有效地满足了当时的社会需求。例如，法国大思想家伏尔泰的作品、孟德斯鸠的作品都曾经风行一时。据说，孟德斯鸠的《波斯人信札》一书出版后，获得了巨大的成功，其销售面之广闻所未闻。这就引得别的出版商眼红，以至于这些书商站在巴黎街头，看见过路行人有像文人的，就上前一把拉住说："先生，请你替我写一部《波斯人信札》吧！"

但一旦这个特殊时期过去了，这些作品就会少有人再过问了。以中国为例，除了专业研究的需要，恐怕很难看到中国的大学生像阅读《红与黑》那样，兴趣盎然地阅读《波斯人信札》或者伏尔泰的《老实人》，他们的政治书籍就更不要说了。

就这一层次的两类文学作品而言，我提出一点建议，阅读时能否使用表层阅读、浏览阅读的方法即浅阅读的方法，了解即可，别往心里去。例如，一目十行，快速浏览。尤其是在网络时代，"情色"随处可见，具有自主阅读条件的读者，对于含有"情色"描写的作品，仍然坚持"非礼勿视"的要求，难度未免太大。但是应当牢记，看过即可，不必沉溺其中。对于未成年的中小学生来说，即使看了，也不必过于紧张，家长、教师更不必训斥恐吓（那样反而容易出问题），而是应该努力引导他们向思想内涵的深层次方面转移（注意不要是道德说教的硬性转移）即可。至于对因为说教内容过于直白而读之乏味的作品，则不妨以一种"品尝"的心态阅读，尤其是对于需要系统化阅读的某类作品，还是应当直接阅读为好。有时候，哪怕是不堪卒读也不妨强迫自己读一遍。因为，直接阅读的感受与间接传承他人的阅读感受，是不一样的。自己有了直接阅读的体验，至少可以提升自己的评鉴能力，当再次与同类作品相遇时，也便于快速得出更为深刻的心得体会。

（二）第二层次：美善而不求真与美善而以假充真

第二层次的文学作品也可以分为两类："美善而不求真"与"美善而以假充真"。需要指出的是，这里的"真"，主要是指现象的"真"——现实的可能性。

“美善而不求真”的典型作品，以法国19世纪作家大仲马的小说《基督山恩仇记》（又名《基督山伯爵》）为例。小说写的是：1815年2月底，埃及王号远洋货船年轻的代理船长爱德蒙·邓蒂斯回到马赛港。可是他随身带了一封病死在途中的老船长受已被关押的拿破仑之托，要其转交给在巴黎的朋友的信。

没想到一上岸，埃德蒙就受到想谋取船长职位的邓格拉斯和情敌弗男的合谋告密陷害，他在婚礼上被捕。而负责审理此案的代理检察官维尔弗，因为密信的收信人就是自己的父亲，为了保住自己的政治前途，他把埃德蒙投入孤岛上的死牢。

在死牢中被关押了14年的埃德蒙·邓蒂斯意外获知一个秘密，在一个基督山的小岛上埋藏着一笔巨大的财富，此后他钻进装着死囚尸体的麻袋，被当做死人扔进了大海，几经曲折，保住了性命，并且到了基督山，成了那笔财富的拥有者。

埃德蒙·邓蒂斯首先去报恩，得知当年的老板、埃及王号的船主生活陷入绝境，已经准备自杀，他替船主偿还了债务，并送给他女儿一笔丰厚的嫁妆，还送给船主一艘新的埃及王号。此后，他一一摸清了当年仇人的现状，随后隐身八年以改变形象。

八年后，他重回巴黎，化名为基督山伯爵，身份是银行家。在获得自己当年受到陷害的真凭实据之后，他把复仇对象首先选定为当年的情敌弗男，让已经位尊权贵的他身败名裂、妻离子散（妻子就是当年埃德蒙的未婚妻）。随后，他又百般折磨因为没有当上代理船长而陷害他的邓格拉斯，让他饱受恐吓，从此一蹶不振。最后他把复仇之剑指向了当年把他投入死牢的维尔弗，让他家破人亡之后又疯掉。报恩复仇完毕，基督山伯爵离开巴黎，远走高飞。

《基督山恩仇记》的美与善的审美道德指向是显而易见的，整部作品凸显的一个理念就是“善有善报、恶有恶报，不是不报，时候未到；时候一到，一切全报”。而且，小说情节曲折动人，闲暇阅读，难免不忍释手。但问题在于，埃德蒙·邓蒂斯在遭受一连串的打击之后，竟然还能成为基督山伯爵的现实可能性究竟有多大？现实结论只怕是没有可能（从死囚牢里脱身、意外得到巨额财富、八年时间变身基督山伯爵……）。

但是，这部小说历经百年而魅力不减，根本原因则在于，它能够满足读者在现实生活中的愿望难以实现而又渴望实现的精神需求，使读者备受压抑的心理能够得到宣泄与抚慰。

“美善而不求真”的文学作品在生活中是大量存在的，例如，中国的武侠小说就属于此类：某人在现实生活中备受欺凌，走投无路之际，投奔深山古刹，拜师学艺，多年以后，以技压天下的神奇武功回归尘世，有恩报恩、有仇报仇。成为现实生活中受压抑群体的宣泄渠道。

该层次的第二类作品可称之为“美善而以假充真”，此类作品不妨以琼瑶的言情小说为代表。成长于台湾的女作家琼瑶，在1963—2008年间，以乱世中的男女情爱为主题，出版长篇小说《几度夕阳红》《在水一方》等共计42部作品。而其基本特点则表现为“美、善而以假充真”。

在琼瑶的爱情王国里，爱情是滋润女性自我并赋予其活力的源头。没有爱情，女性的自我就会枯萎凋零。在这种情况下，琼瑶的女性形象无可避免地显得被动和消极。事实上，在“五四”时代，“爱情”这个概念是一种公众性的意识形态，主要是对中国父权制度的反叛和挑战，但在琼瑶的言情小说里则完全属于私人领域，对爱情的描述也由纯女性的立场出发，这亦是被李敖等人批评为女主角面目苍白的理由。然而，这样一个梦幻世界推到了极致也有其意识形态上的助力，逆转了父权家庭中尊卑阶层的权利和义务关系，使拥有资源及力量的父母或男性，在感情的道德召唤下，对一无所有的子女，特别是女性全心全意地奉献。这亦是言情小说的精神所在。

我们不妨通过《几度夕阳红》来简洁领略琼瑶小说的风格。这部作品时空交错、人物众多、情节复杂，最能代表言情小说的特征。两条故事主线，分别发生于抗战时期的重庆和20世纪60年代的台北。小说的第一部是女主角梦竹和来自昆明的大学生何慕天相恋，因母亲反对而发生许多扣人心弦的故事，最后，梦竹嫁给了何慕天的好友杨明远，并定居台北。小说的第二部则是梦竹女儿晓彤的恋情，晓彤的相恋对象魏如峰是何慕天的外甥，并在何慕天开设的公司任职，此后即是一连串的旧恨新愁的交织。最后，晓彤与魏如峰有情人终成眷属，梦竹仍留在明远身边，何慕天隐居山上不问世事。

我在教学中引导学生课外阅读时，曾经打过一个比方：琼瑶小说系列好比是在读者面前放置了若干个玻璃杯，每一个杯子里都分别盛了红、黄、蓝、白等不同颜色的饮料，可谓五彩缤纷，可是你要是举起杯子品尝一口，很快就会发现，味道基本一致，都是甜蜜蜜的，都是蜜糖水。

就以《几度夕阳红》为例，作品中固然情节复杂、高潮迭起，情感表达方式强烈而夸张，人物关系则因家庭夙怨而纠缠不清，但是有一点几乎是琼瑶小说中所有人物的共同点，那就是所有的人都永远不缺钱，不会为生活的开销发愁，不必每天上班，也不愁手头拮据。主人公就是为情爱而生。

这就构成了此类文学作品的“美善而以假充真”的共同特点，严格地说，这一特点是有历史传承的，远的不说，林黛玉的爱情、崔莺莺的爱情、杜丽娘的爱情都具有同一特点。如果说古代的年轻女子不问世事尚在情理之中，那么，进入现代社会，青年男女同样还是不问世事，唯“情”至上，这样的作品就难免会产生副作用了。故而，我在此以“美善而以假充真”为其定性。

需要指出的是，当前，在社会阅读中（包括中小学校学生的课外阅读），阅读的主体较多地集中在“美善而不求真”与“美善而以假充真”这一层次。究其原因，一是能满足精神需求，二是于人于己都有益无害。但是其可持续阅读的瓶颈在于：如果只是满足感性需求，那么，个人阅读能力的可持续提升也就难以实现。因此，此类作品的阅读方式不妨以浅阅读起步，逐步向深阅读过渡，进而逐步提高阅读理解能力。

文学作品与历史、哲学类读物的解读方式应当有所不同。然而，审视当前应试教育下的中小学校语文教学，按照统一的教学程序、统一的解读步骤以及应试要求，从主题思想、段落大意、写作特点等方面逐一“肢解”文学作品，其直接后果就是将原本情趣盎然、回味无穷的文学作品，硬性“肢解”为一堆一堆僵化生硬的文字。这就导致了中小学校语文教学中长期存在见怪不怪的现象：学生普遍喜欢语文，但不喜欢语文课，因为在某种意义上，语文老师把语文课变成了“外科手术室”。

打一个比方，体态标致、容貌靓丽的姑娘、小伙，谁都爱多看两眼，但是如果告诉你，你刚才心仪的那个姑娘（小伙）实际上是由多少块骨头、多少种肌肉（包括神经脉络）组成的，经过化学分析，他们实际上不过是多少斤水、多少斤脂肪以及多少种元素组成的，你还能对这个姑娘（小伙）动情赞叹吗？

而正是这样的貌似科学的语文课堂教学，年复一年地销蚀着文学爱好者的阅读兴趣，最终将他们推向不读书，或者能不读原著就不读原著的人群中去了。这一现象的持续发展，对我们这个民族的可持续发展能力的伤害是深远的、持久的。

因此，在指导读者怎样阅读文学作品的过程中，不仅要注意培养阅读者的欣赏、解析能力，同时还要注意强化自身的认知批判能力，只有两项能力齐头并进，阅读能力才能均衡发展。

（三）第三层次：真善而不美与真善而美

位居第三层次的文学作品也可以分为两类：“真善而不美”与“真善而美”。

“真善而不美”的作品，是指其思想境界具有一定的甚至相当的深度和广度，但是因为作品情节不够形象生动，因而难以激起广大读者尤其是一般读者的阅读兴趣。例如，歌德的《浮士德》就是一个非常典型的例子。从作品体裁上看，《浮士德》以悲剧开始，以歌剧结束，在艺术上是有创新的，但是，由于作品的每一个章节都是在演绎一种人生理念，缺乏以情节推进的效果，故难以在舞台上演出。所以，读者很难一遍就通读这部作品。再例如，但丁的《神曲》，由于其时代语言、人物形象、理论演绎皆与当今时代相距久远，如果要一个中国读者不看书中的注解就能通读《神曲》，几乎就是不可能的事。显然，只有深阅读才能真正理解此类作品。

能达到“真善而美”档次的文学作品，在中外文学史上，为数不是很多。例如，中国的《西游记》、法国的《红与黑》、西班牙的《堂吉诃德》等。这些作品所展现的，往往是主人公在人生道路上如何追求理想、实现抱负，以及如何做出正确抉择的演绎。这样的作品不但可读性强，而且能够揭示人生与社会的哲理，给读者提供形象而具体的启示。

也许有读者会说，以这三部作品作为“真、善、美”三位一体的文学作品代表，恐怕未必精准吧！这里，我试对《堂吉诃德》解析如下：

在欧洲文学史的人物形象画廊中，堂吉诃德形象的复杂性大概可以算最为突出的了。自他“诞生”至今的几百年里，几乎每过一个历史阶段，伴随着一个新的思潮的出现，他的形象便会被涂上一层全新的色彩，而这种全新的色彩，又吸引着人们对他的形象意义持续进行新的探索。

回顾堂吉诃德形象意义的更新，大概经历了以下几个阶段：它诞生于17世纪初的西班牙，小说一出版就风靡全国，但在当时，堂吉诃德这个形象却只被认为是一个疯癫可笑的人，他的经历也只是被人们当做一个逗人发笑的故事。然而，到了18世纪，人们的认识开始变了。人们发现，他的性格中其实有着可贵的品质，这种品质能使人们看到他的善良、正直，宁折不弯，碰了钉子、出了洋相也一如既往的可敬、可爱。这种认识后来影响了欧洲文学作品的风格，后代作家中如狄更斯、萨克雷等人笔下，也出现了一些因为正直、善良且不善变通而闹出笑话来的人物形象。到了19世纪，人们又发现，堂吉诃德其实是一个为了实现理想追求不惜牺牲自己的悲剧人物，哪怕这个理想在现实世界不可能实现。

请看，一部文学作品中的人物形象，竟然需要花费几百年的时间才能看到他的精神内核，这个人物形象的塑造不是一个巨大的成功吗？

初读小说，堂吉诃德的形象确实难以把握。一般读者恐怕也只能将他看成是一个疯疯癫癫的书痴。他读骑士小说入了迷，以致现实世界在他的眼里都变成了骑士小说中的环境。他把风车认作巨人，向其挑战，结果被风车卷到空中再摔到地上。他路遇一个流动动物园，竟然硬要人家把狮笼的门打开，他要向狮子宣战。他把牧童的羊群看成交战的军队，纵马冲进羊群左刺右杀，结果被牧童用石子把他的满嘴牙齿砸得精光。他把一群罪犯当做受迫害的绅士，杀散了看守救了他们，要他们去找到他心目中崇拜的美女杜尔西内娅并汇报他的新的功绩，结果反被这伙罪犯打成重伤。……从字面文字读下去，堂吉诃德确实是一个读骑士小说入了迷的疯子。

然而，读者如果透过荒唐与滑稽的情节表象进行深度阅读，就又不难发现，堂吉诃德其实是一个有着强烈的理想追求的人。他的性格中的种种成分并不是杂乱地堆在身上的，而是有着一条内在的线将这些成分串接起来，找到了这条串接线，也就找到了打开《堂吉诃德》这把锁的钥匙，小说的迷宫才能打开。

我们不妨用莎士比亚笔下的哈姆雷特与堂吉诃德做一番对比阅读。

从表象上看，这两个人物是根本无法进行对比的。例如，哈姆雷特对父王鬼魂交给的复仇任务是无法推辞而被迫接受的；而堂吉诃德要复兴骑士精神，扫尽天下不平事的任务，却是主动承担的。哈姆雷特对于自己的任务是“知其不可为而为之”（明知对手过于强大）；而堂吉诃德对于复兴骑士精神却是“不知其不可为而为之”（自认为自己能够战胜对方）。哈姆雷特为了完成任务周密思考，先查明打击目标，再寻找打击的机会，时机未到则宁可拖延；而堂吉诃德则是只要认定目标就不做查证，先进攻再说，宁可屡败也要屡战。

但是，只要读者透过情节表象，就能看到两个人物形象本质上的一致性：两人都是经人文主义思想熏陶的模范人物，他们都承担了把丑恶的现实社会拉回到美好的历史回味中去的任务。而且，他们一承担起任务，就勇往直前、至死无悔。

继续深入思考，又不难发现，《堂吉诃德》第一部出版于1605年，而莎士比亚1601年将《哈姆雷特》改编成剧本上演，二者的“诞生”年代基本相同。彼时，轰轰烈烈的文艺复兴运动已经进入尾声，到了需要有人做出总结的阶段。这一场历时数百年的与封建专制文化的第一次交锋，实际上是以暂时失败宣告结束的：《神曲》作者但丁漂泊异乡，至死难回；《十日谈》作者薄伽丘死无葬身之地；《乌托邦》作者托马斯·莫尔被关在伦敦塔内直至被斩首；《巨人传》作者拉伯雷尽管最终免死，但他的朋友、书商却死于火刑。……历史已经证明：发生在思想文化领域的文艺复兴运动，固然轰轰烈烈，但是，面对封建专制的反击、镇压，理想主义的盲目乐观情绪最终被碾得粉碎。而哈姆雷特与堂吉诃德内在本质的一致性在于：哈姆雷特以为人文主义的复兴可以换来一个美好的理想社会，堂吉诃德坚持以复兴骑士精神换来天下太平，二者之间的主观的理想主义追求何其相似！

尤其需要指出的是，《堂吉诃德》第一部出版以后，在市场上被人们解读为滑稽故事，以至有人另行出版了《堂吉诃德》续集，进一步夸大堂吉诃德的种种荒唐无稽，这部续集被塞万提斯本人发现后，非常愤怒，抱病重新赶写了第二部，并于死前一年（1615年）出版。在第二部中，塞万提斯加重了对堂吉诃德形象的正面塑造，即只要不和他谈论骑士精神，他的政治理想、社会评价以及历史观、文化观、道德观、爱情观等，都完全符合一个人文主义理想主义者的形象标准。

由此可知，塞万提斯在堂吉诃德的性格系统里奏响的是一曲人文主义者的悲歌，一曲用喜剧旋律谱就的人文主义悲歌。哈姆雷特在悲壮的氛围中用悲壮的语言所倾诉的人类理想未能实现的悲哀，被堂吉诃德在滑稽的氛围中用滑稽的语言同样倾诉得淋漓尽致。从对文艺复兴运动的总结与反思角度看，套用中国传统戏剧中脸谱形象，堂吉诃德就是哈姆雷特，一个鼻子上被扑了白粉成了“三花脸”的哈姆雷特。

显然，对于达到“真善而美”和“真善而不美”这一层次的文学作品，阅读难度相对较大，不仅要眼（准确认读）、脑（思考周密）、心（解析透彻）并用，而且还需要边阅读边记录下即时的心得体会与感受。这也就告诉我们，越是经典的作品，就越是难以一遍读透，越是需要深层次阅读、体味式阅读，通过反复思考，才能有顿悟的收获。

第七章　为什么跨学科读书还需时时防止陷入误区

> **刘伯奎更新祖先训示：**
>
> **古人云：书山有路勤为径，学海无涯苦作舟。**
>
> **刘伯奎：书山有路思为径，学海无涯智作舟。**

一谈到读书的品位，人们往往会不约而同地提及王国维的“三境界说”，也就是他在已经成为经典作品的《人间词话》中所说的：“古今成大事业、大学问者，必经过三种之境界：‘昨夜西风凋碧树，独上高楼，望尽天涯路。’此第一境也。‘衣带渐宽终不悔，为伊消得人憔悴。’此第二境也。‘众里寻他千百度，蓦然回首，那人却在，灯火阑珊处。’此第三境也。”

这段名言尽管产生的年代并不久远，但是其传统精神文化的积淀却极为厚重。尤其是经过一代一代学人反复咀嚼，从表层含义到深层含义无不阐释透明，翔实完备。似乎只要谈到读书（或者做学问）的三种境界，其他人已经无须再言，只要直接搬用就可以了。

只是，王国维先生的读书“三境界说”，时至今日还适用吗？

一、为什么今人之读书“三境界说”必须对传统进行扬弃

和过去相比，人们读书学习的目标追求和精神需求已经发生了很大的变化，因此，直接引用王国维先生的“三境界说”来指导大家读书学习，

不能说完全不适用，但也是白璧微瑕了。

应当指出的是，这里所谓“白璧微瑕”中的“瑕”，并不是“三境界说”自身固有的，而是时代不同了，内在需求不同了，评价标准不同了，于是在转换考察角度之后出现了些许不足。因而，下面这段文字所谈及的“微瑕”，不宜视作对“三境界说”的整体评价，而只能是一个一线教师在运用“三境界说”指导学生读书过程中略感不便的一种反思。

例如，微瑕之一：三个境界之分，典雅吟诵有余，通俗认知不足。“三境界说”取自古典诗词，要想向学生作介绍，必须引经据典，说明出处，告知用处。这种介绍方法对于缺乏古文功底而且无意投身古典文学研究的读书者来说，难免吃力。简明地说，“三境界说”更适于已经具有一定古典文学积累且达到某种学识高度的文人雅士品味把玩，却难以作为普通学习者的行动指南。

当然，王国维先生当初提出“三境界说”，原本可能就是一种品味把玩的心得，他并无意于要留下一段箴言来要指导全社会各个阶层的人如何读书，何况，他也不可能想到我们这个民族在今天居然也会进入全民读书学习的时代，当然也就不会去关注“引车卖浆者流”怎样才能一点一点地提高自己的读书境界。因此，称此为“微瑕”似乎有点苛求。

微瑕之二：三种境界之分，感性评价有余，理性把握不足。严格地说，这一点似乎可以算得上是其自身客观存在的“微瑕”。例如：第一境界的关键句：“独上高楼，望尽天涯路”，第三境界的关键句：“蓦然回首，那人却在，灯火阑珊处”，都是读书者的视角，如果硬要将二者划分为不同境界，恐怕未免有点勉为其难。因为严格地说，前者是登高远眺，一览无余的“面”的视角（“望尽天涯路”）；后者是聚焦搜索，个性化追寻的“点”的视角（“蓦然回首，那人却在，灯火阑珊处”），二者之间，不同点只在于：由于目的需求不同而导致的视角不同而已。至于第二境界“衣带渐宽终不悔，为伊消得人憔悴”，似乎只是一种追求过程中的行为状态，甚至谈不上是一种独立的“境界”，这就直接导致三种境界的感性评价有余，而理性把握不足。

微瑕之三：三种境界之分，静态体味有余，动态指导不足。王国维先生在提出三种境界说之前，就已经表明："古今成大事业、大学问者，必经过三种之境界。"显然，这三种境界原本就是针对"成大事业、大学问者"提出的，而且只能是已经达到某种高度、具备一定的考察能力且目标追求明确的读书者才能产生的感受。他似乎并无意于指导"成小事业、小学问者"。只是，无论是说给什么样的人听，既然是"分处于不同境界层次"，那就应当是层次高低各不相同且界限分明，而且还应当是从初级阶段向高级阶段递进式逐步提升的。然而，如果按照这一要求来衡量，恐怕就会发现：三种境界的起点其实都很高，除第二种只对读书者的主观方面提出了要求，而且无论是不是"成大事业、大学问者"，只要努力就可以做到外，对于"古今成大事业者、大学问者"怎样登临第一、第三两种境界，缺乏具体指导。

显然，如果用王国维先生的"三境界说"来作为当今时代的学习指导的话，似乎可以一言以蔽之："宝剑锋从磨砺出，梅花香自苦寒来。"似乎只要发奋努力就可以了。但是，"读什么书，怎样读书"以及怎样逐步实现自己从低层次向高层次的目标提升，王国维先生没有做出任何回答。

如果我们把读书学习看成读书者（主观方面）通过读书（客观世界的现实反映标志）来追求主客观世界的能动认知，进而追求人生成功的逐步提升的过程，那么，如何实现这一主客观的成功认知，"三境界说"更是显得有些苍白。

几年前，我曾经在一次下基层检查工作时，在一所老年大学办学点的门口看到一副非常熟悉的对联："书山有路勤为径，学海无涯苦作舟"，突然之间，觉得这副对联贴在这个地方不仅有点尴尬，而且有"误导"之嫌。于是我就向这所老年大学办学点负责人提出了意见。

所谓老年人，也就是人生的主要阶段已经走完，已经进入"夕阳红"阶段，按照终身学习的理念，老年人当然也应当坚持学习，但是毕竟不能完全等同于青年时代的拼搏阶段，青年时代人生面临着太多的任务使命、目标追求，不能不"勤、苦"拼搏、发奋读书，可是，进入老年阶段以后，人生的任务使命、目标追求大多已经完成，我们怎么能还要求他们“勤、苦”学习呢？

这位负责人一时语塞，我们双方都陷入了思考。随即我提出一个建议：既然老年阶段的读书学习已经淡化了功利需求，而更增添了情趣成分，就应当调整为“为充实人生而学习，为快乐人生而学习”。如果认同这一理念，那么是不是可以将这副对联改两个字：把“勤”改为“闲”，把“苦”改为“乐”，也就是把对联改成“书山有路闲为径，学海无涯乐作舟”。一番交流之后，这位负责人欣然同意。

其实，岂止是老年人不应当再一味“勤、苦”地读书学习，就是年轻人，以“勤、苦”为标志刻苦学习，真的就能取得人生的成功吗？真的就能进入“读书学习”的高境界、成就大事业的高境界吗？真的就能“独上高楼，望断天涯路”，真的就能“蓦然回首，那人却在，灯火阑珊处”吗？

其实，改革开放几十年来的社会变化发展，早已在向我们发出警示信号。时代变了，社会对人才的要求也变了，要想顺应时代的要求，与时俱进，成为一名合格的人才，恐怕还必须及时地调整自己的读书学习观。而调整的具体方式，就是对沿袭已久的读书学习理念进行扬弃。

有一次，我在某地做完讲座以后，在一位索要签名的听众的笔记本上，再一次修改了那副名垂史册的对联，写下了“书山有路思为径，学海无涯智作舟”。

在当今时代，面对书山书海，尤其是面对自身已有知识结构之外的书山书海，要想成功实现“跨学科读书”的理想追求，光是“勤、苦”是远远不够的，“勤、苦”的读书方式主要适用于奠定基础知识的初期阶段，而且往往是在接受了良师益友的指导、方向目标以及进取路线明确之后的主要读书学习方式。而在进入自主学习阶段之后（离开学校走上社会，开始追求人生与事业的自主发展阶段以后），这就要尽早开始“思、智”读书阶段，也就是说，要尽早做到“书山有路思为径，学海无涯智作舟”，才能走出一条跨学科读书的人生成功之路。

二、怎样把握今人读书之“新三境界说”

本书提出今人读书学习的“新三境界说”，目的是为了给处于不同状态的学习者提供一些阅读提示，使他们尽量避开读书误区。实践证明，无论是谁，都不可能是“先天生而知之”者，尤其是在初次涉足陌生的领域读书学习时。如果某人因为自己原先在某领域已经具有一定的认知水平，因而在涉足陌生领域时也认为自己具有同等认知水平，那么，这个人就随时可能会犯错误。

纵向考察一个人的读书学习过程，无不是从初入门阶段时知之甚少的对读书学习怀有敬畏之情的“仰视书”阶段，到拥有一定的知识积累并开始具有一定的分析批判能力的“平视书”阶段，最后再到具有一定学术理论高度，有的还开始拥有不同见解的“俯视书”阶段。由此，我们可以大致划分出三种视角性境界，分别为：

（1）“仰视式读书”——以书为知识宝库、以书为标准规范；

（2）“平视式读书”——从“全面吸收”向“批判吸取”过渡，以扬弃的态度从书中吸取养分；

（3）“俯视式读书”——以实用态度看待读书，让书为自己所用，为自己的事业发展所用。

应当指出的是，上述三种不同视角的读书方式，只能是一种宏观的静态把握，也就是说，具体到某一个人，因为其学术专攻、兴趣爱好的不同，对不同类的书还会分别持有不同的阅读视角。例如，某学习者可能在A类书领域已经有一定积累而开始进入“平视式读书”阶段，但是，在B类书领域，可能还是因为缺乏积累而只能处于“仰视式读书”阶段。此外，由于个人具体情况的差异，甲可能只读一本书，在该领域就已入门，而且很快就可以实现阅读层次的升级，而乙则可能阅读多本书后，对该领域仍然觉得茫然，也就是始终不得要领，未能入门。

（一）仰视式读书——被动仰视与自主仰视

一个想以读书学习作为自己生活方式之一的人务必注意，从开始跨学科读书之初就要训练自己尽快养成“自主确定是否仰视某一本书”的习惯。

仰视式读书，是人生读书的一个难以回避的起步阶段，它不仅起源于人生启蒙阶段，而且会贯穿基础教育阶段甚至一直延伸到高等教育阶段。在这一过程中，尤其是在当某种学习需要通过统一考试并合格才能被视为学业完成的读书过程中，往往会同时规定读书者必须奉所读之书为规范标准，这是“仰视式读书”对于读书学习者的基本要求。而应当指出的是，即使学习者在成年以后，进入社会并走上人生独立发展的阶段，每当学习者再次面临新的学科领域时，也还是难免会面临初入门的“仰视式读书”。此时，跨学科读书者需要尽快让自己摆脱“被动仰视读书”，掌握“自主仰视读书”。

仰视式读书起初难免不能自主决定，而是被（指导老师、先入门者）规定和引导。但是，学习者在成年以后，一般情况下，“被动仰视”的时间段不宜拉得太久，而应尽快转入“自主仰视”。实现自主仰视需要注意两点。

1. 从“被动仰视”转向“自主仰视”是一个渐进的过程

“自主仰视”是一个逐步渐进的过程，不可能一蹴而就，而学习者应当积极主动地推进这一进程，就是逐步强化自己在读书学习过程中的自主意识，不人云亦云，力避盲从。这就要求先有“自主见解点”的突破，力求能在某一个具体的问题或环节上，形成自己的看法，继而“由点及线”“由线及面”地逐步扩展，最终形成自己对目标的个性化的整体看法。

2. “自主仰视”表现为“理性仰视”的逐步强化

所谓“理性仰视”，就是不要过于感性化确定怎样对待某一本书（例如，要能够理性客观地对待与自己观点、立场、理念、信仰相对立的书籍）。读书者应注意逐步提升读书学习过程中“理性仰视”的比例。

怎样才能达到这两条要求？我们不妨以文学作品为例。

首先我们看到，尽管理论家们常说的“文学即人生，人生即文学”是一句熟语，但是，读书者在阅读文学作品时，必须明确：文学与人生之间并不是一种简单的“同一性”关系。文学与人生之间固然可以互相映照，但是不能简单置换。一旦简单置换，则难免会闹出社会笑话，甚至人生悲剧。

以文学作品而言，怎样理性阅读？首先应当努力做到：保持距离、掌握分寸。这是“仰视读书”过程中需要掌握的一个原则，如果做到了保持距离、掌握分寸，也就有助于实现保持一定距离的审美，进而实现对作品客观公正的评价。

文学作品的阅读，最忌讳的就是自己过于情绪化地入情入境。对于优秀的文学作品而言，阅读过程中被感动而入情入境，原本是一种非常自然的现象，因为学习者自身人性构成与文学作品中人物的人性构成中，原本就有很大一部分是相通的。但是，一旦不能理性控制而过于“入情入境”，则可能导致不良后果。

例如，18世纪德国大文豪歌德，年轻时曾经写过一部小说《少年维特之烦恼》，故事情节并不复杂，这部散文体小说以近百封长短不一的抒情书简集成的形式，写了一位平民出身的维特在一次舞会上认识了聪明俏丽的绿蒂姑娘，尽管绿蒂已经订婚，但两人一见倾心，双双沉入爱情的急流之中。绿蒂的未婚夫阿尔伯特的归来使维特陷入尴尬的境地。在烦恼、失望、哀叹自己的不幸后，他接受了公使秘书的职务离开了绿蒂。但在担任公使秘书期间，同僚们追求地位的欲望、上司的迂腐、固执使他再度陷入烦恼；上流社会的傲慢自大、盛气凌人又使他气愤万分。一年后，处处碰壁的维特再度见到了已经结婚的绿蒂，她已经变得非常平庸。维特在极度失望之际，给绿蒂留下了一封信就开枪自杀了。

歌德自己没有想到，由于这部小说中的感伤情绪以及小说主人公“世纪病患者”的个性感染，在当时的青年中竟然爆发了一场“维特热潮”，维特成了年轻人争相模仿的偶像，市场上出现了“维特装”（黄裤子、黄马甲、蓝外衣)、“维特茶杯”、“维特香水”，甚至出现了身穿“维特装”，口袋里装着《少年维特之烦恼》小说而自杀的“维特模仿者”。由于出现了种种以“自杀”为不良后果的“维特热”，歌德不得不在1778年该书再版时，特地借维特之口补上一句：“请做个堂堂男子汉哟，不要步我后尘。”

翻开中国文学史，也不乏类似的实例。

我国明朝万历年的著名戏剧家汤显祖曾经写了一部著名戏剧《牡丹亭》，这部戏剧写的是南安年轻少女杜丽娘渴望爱情而不得，郁郁寡欢而死。而另有一男子柳梦梅在赴临安考试途中，因病滞留南安，病愈后在埋葬了杜丽娘的梅花庵游玩时，拾到杜丽娘的自画像，惊叹其美丽，遂带回挂在床头，夜夜烧香拜祝。恰逢杜丽娘鬼魂游至，见其真情大受感动，遂现身自称邻家之女，夜夜前来，与其会面。由此开始，引发了一段“掘开坟墓，丽娘复活，柳生中了状元，却因身藏丽娘画像而被疑为掘墓人被抓……”的动人故事。

这部戏剧在当时也曾在社会上引起极大的轰动，尤其在妇女群体中，竟然影响明清两朝。例如，明代扬州才女冯小青，年纪轻轻嫁到杭州给人做小妾，她受尽折磨，只能与杜丽娘对话。一日写下诗篇：“冷雨幽窗不可听，挑灯闲看《牡丹亭》。人间亦有痴于我，岂独伤心是小青。”冯小青18岁夭亡。不久剧作家吴炳以此为题材，写了一部《疗妒羹》。其中《题曲》一折，描绘了冯小青的伤痛心情，和《牡丹亭》一起流传至今。

清朝焦循《剧说》记载了这样一个故事：有一杭州女伶商小玲，最擅长演《寻梦》，唱到“待打并香魂一片，阴雨梅天，守得个梅根相见”时，泣不成声，竟然倒地而死。

尤其令人感叹的，莫过于一位名叫俞三娘的女子。据明代张大复《梅花草堂集》载，苏州昆山娄江一位叫俞三娘（被汤显祖误记为俞二娘）的女子酷爱《牡丹亭》，无数遍地阅读，一边阅读一边还要写下心得，半年下来，竟把健康和生命也陪上了。直到临死前那一刻，手中握着的依然是此剧的初版戏本。当远在家乡江西临川的汤显祖得知此事时，当晚写下

《哭娄江女子两首》，其中有云："如何伤此曲，偏只在娄江。""一时文字业，天下有心人。"

即使在当代中国，也同样发生着过于入情入境地阅读文学作品的现象。例如成年人也往往爱不释手的武侠小说，已经严重影响中小学生身心健康的"网瘾"现象。

眼下的中小学生，不仅成绩差的逃不掉"尽快改变现状"的督促，成绩好的也时时面临"响鼓也要重槌敲"的鞭策，以求"更上一层楼"的杰出表现，因为学校的荣誉、教师的升职等责任全落在他们的肩头。在这种情况下，孩子是学习的主人的感觉很容易受到销蚀。孩子回到家中，又要面对父母殷切的目光，这种目光常常会引发孩子"为父母而读书"的被动感以及某次考试、测验成绩不够理想的负罪感。当孩子无论在学校还是在家中（对他们来说，这两个方面往往就是他的生活世界的主体构成），都找不到一种生活主人的感觉时，他就难免开始被迫转向虚拟世界，到另外一个天地里去寻找"人生自主"的精神寄托了。由于在现实世界里种种得不到满足的情感需求在虚拟世界里都可以得到充分满足，于是，"网瘾"就出现了。当我们看到媒体报道说，有的孩子在网吧里连泡几天几夜，以致最后站起来随即倒地身亡时，我们恐怕就不难想象，孩子对于人生自主的渴求，已经到了多么强烈的程度！

2005年12月27日，一个天津初中二年级学生在网吧连续上网36个小时后，站到海河外滩一栋24层的高楼顶上，双臂平伸，双脚交叉成"飞天"姿势，纵身跃起朝着东南方向的大海"飞"去，直至落地身亡。

北京军区总医院经过综合分析开出的一份医学证明中说："张某曾是品学兼优的学生，因长期沉溺网络最终导致自杀。"值得深思的是，在这个初中生留下的遗物中，竟然还有一部长达8万字的网络文学作品《守望者传》！

如果说文学作品因为直接与读者的情感相通，如何理性仰视是一个非常重要的原则。那么，同样应当看到的是，自然学科与社会学科类读书学习，尽管看起来不像文学类读书学习那样可能出现"情迷"现象，但是，也同样面临一个理性把握的原则问题。只不过在这里，可能不需要因为防止“情迷”而“保持距离、掌握分寸”，但是，需要防止“智迷”，尤其是在价值标准形成、理想信仰确立过程中，一旦出现“智迷”，同样会导致人生误入歧途。

河南临颍县的南街村，借改革开放的春风，早在1991年就成为省内第一个“亿元村”，此后连续高速发展，以“南街村（集团）有限公司”荣升为国家一级企业。

本书在此不拟探讨南街村的成功秘诀，而只想谈谈南街村原党委书记、集团董事长王宏斌做过的一件错事。2003年，据媒体广泛报道，王宏斌在会见媒体记者时坦然承认：永动机是我一生中所犯的最大错误。为了这个错误，他付出了南街村集团高达2 000万元的惨痛代价。但是，与其说这个错误是其主观专制的结果，倒不如解释为“仰视式读书陷入智迷”更为准确。

不难想象，当他手中握有巨额资金和集权式的行政权力，却轻信骗子的游说，在领导班子全部反对的情况下，依然犯下这个“书呆子级别”的错误，显然与他曾经读过书，对永动机的发明并不死心有重大关系。从哲学原理解释，“内因是依据，外因是条件”，王宏斌如果自身没有“智迷”，仅仅是集权专制，也根本不会上这个当的。

至于在生活中，“仰视式读书陷入智迷”的人，更是随处都会出现。

就以前几年一度非常“热”的一本书《把吃出来的病再吃回去》的畅销来说吧。张悟本，一个曾经的下岗工人，下岗后卖过钙片，推销过营养品，后来有一天，他宣称：“只要能买起白萝卜、绿豆和长茄子，你就能治疗癌症、糖尿病和心肺肾病，你就可以不生病了。”他提出了一个口号：“最好的医生是自己，最好的药品是蔬菜，最好的医院是厨房”，方法很简单：买他一本书，回去吃点儿绿豆、茄子、白萝卜，就能把自己的大病小病都治好了，而张悟本仅通过“卖书”，半年就成了千万富翁，至于他以“卫生部首批高级营养专家”名义开设的门诊，仅挂号费就居然高达2 000元!

当骗术被揭穿以后，当然大家都会一致谴责骗子，但是，更多地恐怕还是要反思问题的根源，如果不能解决“仰视式读书陷入智迷”的根本问题，那么，张悟本消失了，“王悟本”“李悟本”恐怕还会接踵而至，还会有无数的人会因“陷入智迷”而受骗。

在某种意义上，“智迷”可能会比“情迷”更具有伤害力。一般说来，“情迷”的伤害原因是因为情迷者过于“入情入境”，因而受到伤害的往往只是情迷者个人，而一旦陷入“智迷”，其言行后果则可能危及他人，乃至危及社会。

1953年，一个名叫吉姆·琼斯的人在美国印第安纳州印第安纳波利斯市创立了“人民圣殿教”。起初，它只是一个普通的独立宗教团体，在20世纪60年代中期以后才开始变质，琼斯自称是神的化身，几千年前化身为释迦牟尼，创建了佛教，后来又化身耶稣基督，创建了基督教，后来又化身列宁，将社会主义发扬光大。在1978年11月18日，九百多名信众在南美洲圭亚那琼斯镇发生的集体自杀及谋杀事件中死去。

预防在自主学习中陷入“智迷”的有效手段，莫过于“货比三家”，读书学习者尤其在某一学科的入门之初自己知之甚少之际，轻易不要做出判断。过早决定的最大失误在于，丧失自主判断权，成为被他人牵着鼻子走的被动行为人。

（二）平视式读书——感性平视与理性平视

平视式读书，是指读书学习者对于所读之书的性质以及归属学科具有一定的了解，因而能够从“平视”的角度看待所读之书。通俗地说，能够“平视式读书”的学习者，大部分已经可以称之为所读之书所属学科与行业的“业（行）内人士”，对该行业一般已经具有一定程度的了解与熟知，对于所读之书一般也都具有一定的鉴赏、评价与剖析、批判能力。

“平视式读书”的基本要求是能以挑剔的眼光评价所读之书。挑剔，通俗地说，就是批判吸收，批判在前，吸收在后。这就好像一个人进了超市，对欲购之物，有几个人不是从品牌、质量再到价格，一翻对比之后再自主选择的呢？

批判，几乎是伴随着一个人价值标准确立以后与生俱来的一种能力。一个人一旦确立了自己的是非标准、道德理念、价值取向，当他面对不同的是非标准、道德理念、价值取向时，很自然地会产生不认同、排斥乃至反对、批判。细致剖析，“平视式读书”可以分为感性平视和理性平视两种。

鲁迅先生的《阿Q正传》中，曾经写到阿Q进了一趟城再回未庄，就开始既不满意城里人也不满意未庄的乡下人的情节。小说中写道：“他的回来，似乎也由于不满意城里人，这就在他们将长凳称为条凳，而且煎鱼用葱丝，加以最近观察所得的缺点，是女人的走路也扭得不很好。然而也偶有大可佩服的地方，即如未庄的乡下人不过打三十二张的竹牌，只有假洋鬼子能够叉‘麻酱’，城里却连小乌龟子都叉得精熟的。什么假洋鬼子，只要放在城里的十几岁的小乌龟子的手里，也就立刻是‘小鬼见阎王’。这一节，听的人都赧然了。”

阿Q不识字，当然不存在怎样读书学习的问题，何况，他的知识原本贫乏，也谈不上什么“理性平视”的问题，至多只能算是“感性平视”。但是，其表现形式却和有文化的人的“感性平视”基本相同。具体表现为：一旦先入为主地形成了某种看法，则难免会对后进入的不同看法产生不认同、排斥乃至反对、批判的表现。

而且，我们还同时可以看到，阿Q在作出这种评价时，既不像面对小尼姑、小D时的居高临下，也不像面对赵老太爷、假洋鬼子时的卑躬屈膝，基本上是一种第三者冷眼观察式的点评。转移到读书学习上，这种第三者冷眼观察的视角，也就大致等同于本书提出的第二种“平视”。只不过对阿Q而言，这种平视是一种随机发生的感性评价，缺乏更进一步的理性的辩证思考罢了。

辨析平视角度读书学习，也同样需要借助两条原则。

1. “怀宽容之心”阅读以推进“兼收并蓄”

所谓“怀宽容之心”阅读以推进“兼收并蓄”，也就是面对来自不同精神文化理念的书籍，要“怀宽容之心”去阅读，而不能像阿Q那样盲目排斥，不过是刚刚进了一趟城，于是就既看不起城里人，更看不上乡下人了。

2011年年底，中国人民解放军出版社出版了《辛亥革命》（作者：阿瑟·贾德森·布朗）一书，这本书从一个外国人的视角，剖析了晚清时期中国人对世界的看法。

从这本书中，我们不难看到一种“精神文化的冲突”。早在100多年前，中国国门被洋枪洋炮打开以后，西方世界就从来都没有停止过研究中国人。但是，对于中国人的精神文化理念与行为方式，他们往往百思不得其解。

而这本书的启示价值在于，作者不是简单地用西方人的文化理念来嘲笑中国人的愚昧落后，而是能够主动转换到中国人的立场上，努力去理解为什么在中国人的眼里，西方人会被称之为“来自蛮夷之国的鬼子”，为什么在中国人的眼里，西方世界根本就是一个缺少教化的世界。书中记录了一些中国人评价西方人的文字。例如，德国的《法兰克福报》刊登过一篇有意思的文章——一位中国人在上海看到美国人和欧洲人的“奇怪”行为，作出了如下的评价。

> 大家一直在说，洋鬼子的国家如何有钱，如何宏伟，但在我看来，这肯定不是真的，不然他们为什么来我们这里呢？他们无缘无故地拍球，跳起，好像有人给钱让他们这么做一样。他们有时候在荒郊野地长途跋涉，在空中胡乱地挥舞手杖，真不知道他们为什么这样做，是一种宗教仪式吗？他们不知羞耻，男人经常和女人并肩散步。他们的女人很值得同情，过节的时候，只能在一间屋子里慢吞吞地走，还得听难听得不得了的音乐。

而另一位在欧洲和美国旅行的中国绅士给亲戚写了如下内容的信。

> 这些洋鬼子没法教化，无药可救。他们可以几个星期甚至几个月不吃一口米饭，但是却吃数不清的牛羊尸体。这就是他们为什么气味难闻的原因，他们把自己身上的味道弄得像绵羊一样。他们每天都洗澡，希望可以去掉那令人讨厌的味道，但是去不掉。他们不把肉切成小块做熟了吃，而是很大块地、半生不熟地就端上桌子，又是拿刀切，又是拿刀砍，又是拿手撕着吃。他们吃饭离不开刀叉，这让一个文明人神经紧张，一个拿着武器吃饭的人坐在对面太让人吃惊了。他们甚至与女人同桌吃饭，而且女士优先，这真是颠倒了乾坤。

这里引述的是，不同精神文化的民族在“平视式阅读”中发生的冲突。而诸如此类的冲突在同一民族内部，在具体的立场、观点、理念、倾向交流中，是随时随处都可能发生的。例如，有神论者与无神论者的阅读冲突，男权主义者与女权主义者的阅读冲突，计划经济理论与市场经济理论的阅读冲突，等等。因而在跨学科读书学习的过程中，学习者不应当心胸狭隘，不应当对自认为是另类的观点一概持排斥态度，而要能够“怀宽容之心”阅读，只有“怀宽容之心”才能求同存异，而只有能够求同存异，才能够做到“兼收并蓄”。

2. 理智冷静地辩证思考

原则之二已经不仅是一个读书学习的指导原则，同时也是读书学习者提升自己学习境界的指导原则。

大家都明白这样一个道理：“学而不思则罔，思而不学则殆。”孔老夫子的这句教诲实际上阐述了一个道理：应当在学习中学会思考，同时应当在思考中学会学习。具体地说，只有学会思考，才能学会质疑，才有能力批判，才能学会批判；只有“批判而不排斥”，才能兼收并蓄，才能在批判的过程中汲取对方的思想养分。

例如，就在我们把孔老夫子越抬越高，甚至升至“圣人”的至高无上的地位时，西方世界的黑格尔却在《哲学史演讲录》中对孔老夫子做出了这样的评价：

> 关于中国哲学首先要注意的是在基督降生五百年前的孔子的教训。孔子的教训在莱布尼兹的时代曾轰动一时。它是一种道德哲学。他的著作在中国是最受尊重的。他曾经注释了经籍，特别是历史方面的（他还著了一种历史）。他的其他作品是哲学方面的，也是对传统典籍的注释。他的道德教训给他带来最大的名誉。他的教训是最受中国人尊重的权威。孔子的传记曾经法国传教士们由中文原著翻译过来。从这传记看，他似乎差不多是和泰利士同时代的人。他曾作过一个时期的大臣，以后不受信任，失掉官职，便在他自己的朋友中过讨论哲学的生活，但是仍旧常常接受咨询。我们看到孔子和他的弟子们的谈话，里面所讲的是一种常识道德，这种常识道德我们在哪里都找得到，在哪一个民族里都找得到，可能还要好些，这是毫无出色之点的东西。孔子只是一个实际的世间智者，在他那里思辨的哲学是一点也没有的——只有一些善良的、老练的、道德的教训，从里面我们不能获得什么特殊的东西。

究竟应当怎样看待黑格尔对孔子的这段评价？是视若未见，还是简单地将其称之为“东西方文化的冲突”？是一翻而过，还是对其认真思考，探索这一观点对于我们反思自己的民族文化能够提供一种什么样的新思考呢？

我在撰写《中华文化与圣经文化——面对中西方文化交融的哲学思考》时，曾经冷静思考了黑格尔对孔子的这一评价，继而联系实际进行社会调查，有了新的发现。

例如，2007年9月28日，在中国山东曲阜孔庙举行了盛大的祭孔大典仪式。这次大典与以往的大典相比，增加了一个“国人不可不知的五句论语经典”，其中有一句“己所不欲，勿施于人”。

按照我们民族的思考模式，几千年来，“己所不欲，勿施于人”没有发生过任何理解失当的问题，这是一个民族道德层面的自律要求：你自己都不想要的东西，就不要给别人。

但是，如果我们从辩证思考的角度出发，严格按照形式逻辑（注意：“形式逻辑”学科来自西方）的规则对这一经典名句进行剖析，就不难发现它在立论上远远不是那么严密扎实，其疏漏之处显而易见。

从形式逻辑层面展开剖析，“己所不欲，勿施于人”的思考模式至少可以排列出以下四种情况：

（1）己所欲，施予人；

（2）己所欲，勿施于人；

（3）己所不欲，施于人；

（4）己所不欲，勿施于人。

先看“己所欲，施予人”，这一点可以从正反两个方面理解：“己所欲”的目标是好东西，那么，无论是钱财、物品，还是地位、荣誉，把自己正在追求的目标或者喜欢的东西送给他人或让给他人，当然是一件展现个人境界的好事情（与“己所不欲，勿施于人”正好相辅相成）；可是，如果“己所欲”的目标不是好东西，例如“黄、赌、毒”，以及某种不义之财，甚至迷信邪说呢？“施予人”岂不是祸害他人？这里，看来已经出现“己所不欲，勿施于人”的第一道理论裂缝。

再看“己所欲，勿施于人”，同样从正反两面理解：“己所欲”的目标是好东西，那么，无论是钱财、物品，还是地位、荣誉，因为“己所欲”，因而不愿意送（让）给他人，风格不高、姿态不高，不宜从道德层面上加以推崇。但是，转换一个角度：“君子不夺人之所爱”，人家不愿意给，也实在没有什么好指责的。可是如果“己所欲”的目标不是好东西，那么“勿施于人”。这种“我自己已经饱受‘所欲’之苦，就不要再去害别人了”的态度，岂不是正表现出了一种与人为善的精神境界吗？显然，这里出现了“己所不欲，勿施于人”的第二道理论裂缝。

再看“己所不欲，施予人”，继续从正反两面理解，如果“己所不欲”的目标不是好东西，例如，毒品贩子自己并不吸食毒品，却引诱他人吸食毒品，显然这是理应贬斥的行为（自己不沾却用以祸害他人）；但是如果“己所不欲”的目标是好东西，例如，自己用不完的钱财、自己已经不想再使用的物品，以及某种自己不感兴趣的荣誉、地位，让给或送给他人（慈善行为），难道不同样是一件彰显个人境界的好事情吗？这里，又出现“己所不欲，勿施于人”的第三道理论裂缝。

最后再看“己所不欲，勿施于人”，同样还可以从正反两个方面理解，如果“己所不欲”的目标不是好东西，例如垃圾、秽物，却扔到别人那里去了，这当然是理应贬斥的行为。但是，自己已经不再需要的东西，例如，已经完成学业因而没有保留必要，但是别人还可以使用的教科书，只为了遵循圣人教诲，即使自己不需要了，也不愿意转赠给需要的人（勿施于人），岂不迂腐？自己家中有着多余的旧衣物，自己因为有了足够的新衣物而不太会再去穿用（己所不欲），但是因为圣人“勿施于人”的教诲而不能用于帮助他人，岂不荒唐？这里出现的是“己所不欲，勿施于人”的第四道理论裂缝。

通过以上的简略分析，不难看出，“己所不欲，勿施于人”，充其量只能是多种生活现象中的某一类或某一种现象，并且只是在具体的有针对性的小范围内能够成理，因而不宜将其从个别上升到一般，更不宜成为跨越地域、超越时代、放之四海而皆准的大原则。也就是说，孔子的“己所不欲，勿施于人”的教导，应用于日常生活中，只是有具体的针对性（具体的事物，例如，自己不想要而且对别人也没有用，甚至有害的东西），而并不具有普遍的指导意义。

再进一步思考，又会有新的发现：类似“己所不欲、勿施于人”的诸如此类的观点在现实生活中俯拾皆是，例如“近朱者赤，近墨者黑”（“近朱者未必赤，近墨者未必黑”），“道不同，不相为谋”（“道不同”也可“相为谋”），“不是东风压倒西方，就是西风压倒东风”，等等观点，在有具体针对性的情境中使用可能没有任何问题，但是，一旦将其从个别上升到一般，对其赋予普遍性的含义，不仅难免导致谬误，用以指导工作，还可能会出大问题。由此可知，我们这个民族在理性思维方面，确实存在着某些薄弱环节。

（三）俯视式读书——兼听则明与大胆创新

俯视式读书，从“仰视”起步，继而“平视”，再至“俯视”，无疑已经进入了读书的最高境界。应当看到的是，俯视式读书，尽管是读书学习的最高境界，但是，在传统的学科学制式读书中，却是一个常见的现象。例如，一个医科大学毕业的学生，通过多年的校内仰视式读书学习，再通过多年的以从医实践为基础的学科内平视式读书学习，在本学科内不但可以“俯视”，而且还可以达到“一览众山小”的学术权威层次，其实这并不是什么罕见现象。而跨学科的俯视式读书则不同，它是指在一个原本并非自己专长的新领域，通过跨学科读书学习，最终也入列同样可以“一览众山小”的权威地位，这就不是各行各业中的普遍现象了。

应当指出的是，俯视式读书学习与平视式读书学习相比，同样都是面对并非自己专业特长的学科知识体系，同样都需要兼收并蓄，但是具体做法有着明显的不同。

平视式读书学习要求能对所学知识进行扬弃，进而实现批判吸收，发现哪一部分有用即为我所用。而俯视式读书学习则要求能对所学的学科知识体系以新的理念进行重新分析、重新认识，进而推进学术创新研究。不妨打一个比方，一个小孩子在用积木搭房子，“平视式读书学习”是对已经搭好的房子先进行多种角度的考察，然后针对自己认为不够完美的部位进行完善、调整，使得房子更完美、更好看；而“俯视式读书学习”则是对已经搭好的房子重新研究，或是全部取其材料，或是部分取其材料（同时从另一座已经搭好的房子抽取部分材料），重新排列组合，进而达成一个全新的与原本搭好的房子完全不同的房子。在重新搭房子的过程中，这个小孩子的视角应当是前所未有的，而且主要表现为居高临下的俯视。

例如，我们都知道，马克思主义的理论体系包括三个部分：即马克思主义哲学、马克思主义政治经济学、科学社会主义。其中，马克思主义哲学包括两个部分：辩证唯物主义和历史唯物主义。而仅以辩证唯物主义而言，它是马克思、恩格斯批判地吸取德国古典哲学中的黑格尔的唯心主义辩证法的“合理内核”和费尔巴哈机械唯物论的“基本内核”，在总结自然科学、社会科学和思维科学的基础上创立的系统科学的逻辑理论思维形式。

由此不难明白，俯视式读书学习不是学习者主观上想做到就能做到的，它对于学习者自身的能力具有一定的要求：不仅需要对原专长学科要有一定的知识积累，而且对于涉足未久的新的学科也要有相当的积累。此外，还要有一定的理论指导作为引导，学习者要能够做到有目的地汲取养分，换句话说，要能够“实用主义、自取所需”地对待不同学科的学习内容。这种居高临下地对待学习的态度显然是一种“俯视”。

但同样需要指出的是，俯视式读书学习固然对学习者自身有较高的要求，但也不是“精英”们的专属行为。简而言之：精英可以有精英的俯视式读书学习，而平民和普通研究者也可以有他们自己的俯视式读书学习。只要学习者系统化的知识积累与读书学习理论指导达到一定水平，无论其社会地位高低，都可以进行俯视式读书学习。

对于已经进入高层次的读书学习者，“俯视式跨学科读书”也同样应当遵循两项原则。

1. 兼听则明，避免盲区

一个人的阅读能够进入“俯视式”读书学习的境界，其人生的立足点就已经相当高了，这样的人往往不仅在学术研究方面已经进入了某种权威层面，还可能同时掌握着一定的行政权力。但是，学术地位（包括行政地位）高并不意味着学习者在涉足自己并不熟悉的新的学科领域时，就比其他学习者更具有优势。他也同样会犯由于“知之不多甚至知之甚少”，陷入“盲目吸收、错误汲取”的认知盲区而不自知的错误，严重者甚至还可能导致决策出现重大失误。

这就要求俯视式读书学习者务必坚持“兼听则明”（听，也是一种读书学习），而且还要注意在团队中形成有助于集思广益的“群言堂”，从另类的“一得之见”中汲取新的养分，避免盲区。

据报道，为了证明粮食亩产万斤是一个科学结论，钱学森先生在20世纪50年代中后期曾经发表过一系列文章。其中影响最大的当属1958年6月16日《中国青年报》上的《粮食亩产量会有多少?》的短文，全文不长，这里抄录如下：

“前年卖粮用箩挑，去年卖粮用船摇；今年汽车装不了，明年火车还嫌小！”

这是江西井冈山农民的一首民歌。我们的土地正在农民双手豪迈的劳动中，付给人们更多的粮食。六月十二日中国青年报第一版上发表了一个动人的消息：河南遂平县卫星农业社继小麦亩产二千一百零五斤以后，又有二亩九分地平均每亩打下了三千五百三十斤小麦。

土地所能给人们的粮食产量碰顶了吗?

科学的计算告诉人们：还远得很！今后，通过农民的创造和农业科学工作者的努力，将会大大突破今天的丰产成绩。因为，农业生产的最终极限决定于每年单位面积上的太阳光能，如果把这个光能换算农产品，要比现在的丰产量高出很多。现在我们来算一算：把每年射到一亩地上的太阳光能的30%作为植物可以利用的部分，而植物利用这些太阳光能把空气里的二氧化碳和水分制造成自己的养料，供给自己发育，生长结实，再把其中的五分之一算是可吃的粮食，那么稻麦每年的亩产量就不仅仅是现在的两千多斤或三千多斤，而是两千多斤的20多倍！

这并不是空谈。举一个例：今年河南有些特别丰产试验田要在一亩地里收一百六十万斤蔬菜。虽说蔬菜不是粮食，但到底是亩产一百六十万斤！

所以，只要我们有必需的水利、肥料等等条件，加上人们的不断创造，产量的不断提高是没有问题的。今天条件不具备，明天就会创造出来；今天还没有，明天一定会有！

关于诸如此类的文章给新中国发展带来的伤害，这里不再赘述。主要还是从“俯视式跨学科读书”重新认识这则案例。

人人皆知，钱学森先生是我国导弹研究方面的专家。关于粮食亩产的最高极限的研究，显然不是他的专长。然而，他的权威专家地位实际上弱化了科学工作者必须言必有据、言必慎重的理念，甚至对“跨学科”的言行也过于草率，不能不说是一个严重的错误。

2. 大胆创新，兼收并蓄

能够达到“俯视式”读书学习层次的人，至少在某一学科领域已经具有一定的权威身份。而一个人一旦在某一领域具有某种权威身份之后，又往往会在不知不觉之中产生惰性，在“顺境”的氛围中渐渐弱化自我奋进的动力。因此，一个人要想保持“俯视式”读书学习能力不衰退，就要能不受自己已经具有的某种权威身份的制约，同时保持一种对新的学科领域知识的“兼收并蓄”的心态，以不怕挫折、不怕失败的自信大胆推进学术创新。

首先我们看怎样实现兼收并蓄。

当我们阅读马克思、恩格斯的著作时，不难看到，在他们的政治学著作、社会学著作中，俯拾皆是的是他们随手拈来的文学作品中的实例，这些文学实例不仅大大增加了著作本身的可读性，夯实了理论基础，而且更为重要的是，由于他们对这些文学实例的精辟见解，以至于这些事例甚至被反馈回文学研究领域，进而又推进了文学研究领域的理论发展。

这里，我还想提及20世纪80年代读大学时经历的一段往事。当时，中文系开设了一门“马列文论”课（全称为“马克思列宁主义文艺理论”），那时，正好迎来了“实践是检验真理的唯一标准”，于是就有同学提出：“马列主义是政治理论，我们完全接受，他们在著述与往来信件中有关于文学作品的评论也是事实，但是，把这些零散的只言片语上升到马克思列宁主义文艺理论的高度，是不是有点言过其实？”当时，此起彼伏的争论吸引我很认真地阅读了马克思和恩格斯的一些著作，结果发现，他们确实不是在专门研究文艺理论，但是，他们不仅文艺作品的阅读量惊人，而且能够将这些作品信手拈来，应用于自己的政论阐释中，确实堪称妙笔生辉。例如，据统计，马克思在他的《资本论》中，仅引用文学故事、名言引语就有3 000条之多。他们从政治的、社会的、历史的角度对文学作品的评价，常常自成一家之言，套用本书的见解，恰恰就是对这些文学作品的跨学科解读。

其实，不受单一学科理论藩篱的制约而能随手从其他学科中采摘范例，几乎是学术巨匠的共同特点。例如，德国大哲学家黑格尔在他的哲学著作中也常常引用文学作品中的人物为例证。他认为，人物性格是“具备各种属性的整体”，必须表现出“丰富性”和“多方面性”，只有这样，它才是“完备”的或“完满”的。在《美学》中，他写道：“在荷马的作品里，每一个英雄都是许多性格特征的充满生气的总和。阿喀琉斯是个最年轻的英雄，但是他一方面有年轻人的力量，另一方面也有人的一些其他品质”，他“爱他的母亲特提斯，布里赛斯被人夺去，他为她痛哭，他的荣誉受到损害，他就和阿伽门农争吵”，“他也是帕屈罗克鲁斯和安惕洛库斯的最忠实的朋友。他一方面是个最漂亮最暴躁的少年，既会跑，又勇敢，可是另一方面他也很尊敬老年人，他所信任的仆人，忠实的腓尼克斯，躺在他们脚旁，在帕屈罗克鲁斯的丧礼中，他对老人涅斯托表示最崇高的敬礼。但是对于敌人，他却显得容易发火，脾气暴躁，爱报复，非常凶恶，例如他把赫克托的尸体绑在他的车后，绕着特洛伊城拖了三个圈子，但是老普莱亚姆来到他的营帐，他的心肠就软下来了，他暗地里想到自己的老父亲，就伸出手来给哭泣的老国王去握，尽管这老国王的儿子是他亲手杀了的。”通过富有细节的描写，黑格尔认为：“关于阿喀琉斯，我们可以说：‘这是一个人！高贵的人格的多方面性在这个人身上显出了他的全部丰富性。’”他还指出：“荷马所写的其他人物性格也是如此，例如俄底修斯、第阿默德、阿雅斯、阿伽门农、赫克忒、安竺罗玛克，每个人都是一个整体，本身就是一个世界，每个人都是一个完满的有生气的人。”

伟人们的系统化阅读成就告诉我们：要想在学术研究中达到最高境界，光凭单一学科研究并“豆芽菜”式地提高水平是不可能的，唯一的成功坦途就是尽可能地以多种学科的理论依据夯实基础，并努力形成“下大上小”的金字塔形结构，这种基础夯得越是实在，最终所能达到的境界就越高。

第八章　跨学科读书为什么还须安装“防心魔软件”

刘伯奎更新祖先训示：

古人云：没有规矩，不成方圆；

刘伯奎：固守规矩，难成方圆。

读过《西游记》的人都知道，唐僧师徒四人取经途中历经九九八十一难，其中固然有很多是妖魔鬼怪的破坏阻挠，但是，还有很大一部分是缘自“心魔”：师徒四人因为意志不够坚定而难以抵挡诱惑、眼界不够高远而难以明辨真伪。

跨学科读书作为终身学习的一种个人行为，在某种意义上，也相当于西天取经，也同样要提防“心魔”的干扰。这种“心魔”主要来自传统理念的误导偏差，这种误导偏差又主要表现为：过去视为正统规范的读书学习模式（例如，“一心只读圣贤书”，现在只不过变成“一心只读应试书”而已），早已经暴露出瑕疵但是我们却“一叶障目”不见真相。究其原因，还在于中国人过于偏好“藤”式追求而不太注重“树”式追求。

一、“藤”式追求与“树”式追求的价值差异在哪里

要明晰二者之间的价值差异，首先要明确：何谓“藤”式追求？何谓“树”式追求？（这是本书在撰写中自创的概念，意在尽可能使用形象化的比喻来贴切地阐明一些抽象的理论概念。）

这里，我们不妨以两位世界著名的历史人物——歌德与爱克曼分别作为“树”式追求和“藤”式追求的代表性人物。

约翰·沃尔夫冈·冯·歌德是18世纪中叶到19世纪初德国和欧洲最重要的剧作家、诗人、思想家之一。歌德除了诗歌、戏剧、小说之外，在文艺理论、哲学、历史学、造型设计等方面，都取得了卓越的成就。恩格斯曾经将歌德和黑格尔相提并论并给予高度评价，他在《路德维希·费尔巴哈和德国古典哲学的终结》中说：“歌德和黑格尔各在自己的领域中都是奥林帕斯山上的宙斯。”

对于后世之人来说，歌德无疑是一个非常值得研究的对象。然而，在“歌德研究”中，不能不提到一本书，那就是后世之人研究歌德非读不可的——爱克曼写的《歌德谈话录》。

《歌德谈话录》是怎样形成的？爱克曼是谁？他是怎么成为这部《歌德谈话录》的作者的？

爱克曼1792年出生在汉堡附近的农村，他出生那一年，歌德已经43岁了。这样一个既无名望又无地位，而且来自社会底层的“小人物”，原本与赫赫有名的歌德几乎不会发生任何关系，他又是怎样和歌德连到一起，而且取得了研究歌德必须先读《歌德谈话录》的重要地位的呢？

在某种意义上，帮助爱克曼取得成功的，正是跨学科读书中的“藤”式追求！

爱克曼尽管出身低微但志向高远。他先是求师学画不成，转而对诗歌产生了兴趣，于是当时在诗坛已经声名显赫的歌德便成了他崇拜的偶像。爱克曼按照歌德写诗的风格和习惯创作诗歌，1821年结集出版，并将这部诗集连同他本人的简历一起托人送给歌德，想借此与歌德拉上关系。不料，歌德只是象征性地回信对他的赠书表示了感谢。爱克曼此举受挫，并没有自甘失败，反而刺激他更加努力地研究歌德。他索性中断了在哥廷根大学的学业，来到汉诺威，潜心撰写了一部论文集《论诗·特别以歌德为证》。其中并没有什么学术创见，但所有的观点和论据都是来自歌德的作品，以此来证明自己不仅仔细阅读过歌德的作品，而且理解了其中的含义。1823年5月，爱克曼将这部已经写成但尚未出版的论文集再次寄给了歌德，这一次打动了歌德。他看到了一个诚心诚意喜爱他的崇拜者，觉得自己遇到了一个真心了解其内心世界的知心人。于是，爱克曼1823年来到魏玛，见到了歌德。

初次见面，爱克曼还给自己编了一个理由，说自己是去柏林找工作“顺道来访”。谈话开始当然是尽力表达自己的崇敬之情，而他没有过长逗留，不久就离开了。过了些日子，他再次来到歌德家中，说自己在柏林转了一大圈，也思考了很长时间，觉得做什么工作也没有跟在歌德身边学习有意义，所以想留下来，歌德欣然应允，从此爱克曼就与歌德合作，一直到歌德逝世。

爱克曼在歌德身边留下来后，主要任务是编辑由歌德亲自审定的《歌德文集》，于是他从头到尾开始仔细阅读歌德作品，同时他还积极参与了歌德晚年的全部创作，这样，爱克曼就又有了经常与歌德就各种问题进行交谈的机会。爱克曼将自己定位为歌德的学生，和他谈话是学生向老师求教，他不仅认真听，而且回到房间就凭回忆整理成文字，随即交给歌德审阅。

1826年，由爱克曼编辑的《歌德文集》即将出版，爱克曼借机向歌德提出，将他一直在编纂的《歌德谈话录》一并出版，而且最好放在《歌德文集》的前面，这样有利于书的推销。这一建议被歌德婉拒，1830年爱克曼再次向歌德提出出版《歌德谈话录》，仍被歌德拒绝。

尽管屡遭挫折，但爱克曼并不放弃，仍然踏踏实实地辑录《歌德谈话录》，直至1832年歌德逝世以后，《歌德谈话录》才得以出版。

爱克曼辑录的《歌德谈话录》中的“谈话”，并不是歌德谈话的原始记录，而是经过他的筛选、整理、编排和加工以后的“谈话”。尽管如此，一些学风严谨的歌德研究专家仍然认为这些“谈话”就是歌德的原话。爱克曼的这本书为什么能产生这样的效果呢？

关键点就在于爱克曼辑录此书的目的与辑录态度。他在该书的第一和第二部分的前言中指出：自己记载的那些情景和谈话都带有他自己的主观成分，由他塑造出来的这个歌德只是他所看到的，他所认识到的以及他所理解的歌德。但是，他给这本书立下了一个标准：要以自己的所见、所听实录为歌德立下一座丰碑。

于是，在长达10年的朝夕相伴的日子里，爱克曼以诗人的细腻笔触，生动具体地雕铸着歌德的精神形象，记录了歌德在魏玛的生活，歌德对家人、对朋友、对客人、对下人、对统治者、对同僚、对邻居、对文学艺术界的同人、对伟大作品和杰出人物、对他生活中所发生关系的一切人和事的态度，甚至小至一个眼神、一个脸色，大到一次散步、一场议论，这些文字有助于读者深察两人友情的真挚、交往的真诚、合作的真切。以至于后来，当已经离世的歌德越来越受到社会重视，被尊为“奥林匹斯山上的宙斯”时，以贴身“零距离”描画歌德为主旨的《歌德谈话录》也就很自然地成了“圣书”，学术界将这本书看作研究歌德的必读书目，认为这本书客观、忠实地记载了歌德的谈话，是一份可信的第一手文献。

爱克曼就这样，成为“藤”式追求的形象代表。

我们不妨再讨论一下爱克曼这个人，以他的背景，能在自己的舞台上演出一场什么样的人生戏剧？显然，他很可能一番忙碌以后仍然一事无成。于是，在明白自己将无力独自开拓事业天地（成为一棵参天大树）之后，他做了一个非常精明的决定：像一根“藤”一样，依傍到歌德这棵大树上，一次靠不上，再重新努力，一次次努力，直到攀靠成功为止。而且，“靠”上去以后，保持同心同德，诚信做事，终于取得了人生的成功。

爱克曼的一生不但是读书学习做研究的一生，而且是非常典型的“藤”式追求的一生。他也不是不想像歌德那样，以参天大树的雄姿独立占有一片领地，但是，当他发现自己势弱力微，原定目标很难实现以后，他就“缠”上了歌德这棵“大树”，这种藤式缠绕的最大特点是：借助前人或他人的已有成功，创新式地“站上巨人的肩头”，借助“巨人”“伟人”的观察视角、观察目标和思考原则、思考方式，对社会现象、历史进程进行新的考察，并得出有所创新的观点、理念。这种读书学习的特点是便捷快速，走弯路少，受挫折少，而且是大树常在，藤即长青。

显然，“藤”式追求比较适合那些自身势单力薄的、起步于社会底层的读书学习者，所谓“背靠大树好乘凉”也就是这个意思。但是，正因为“藤”式追求必须有所依的特点，所以其自主发展的能力较弱。仍以爱克曼为例，他曾经两次向歌德提出出版《歌德谈话录》，遭到拒绝以后就没有办法了。这就是“藤”式追求的“利弊两面”：缠上大树固然向上发展相对省力，但是，当藤叶想向上发展却遭到大树自身的树枝阻拦时，它就没有办法了。

当然，爱克曼当时如果等不及了，也可以硬性出版，但是一旦这么做了，尽管当时可能会取得某种成功，但更可能与歌德这棵大树也就分离了，失去了依靠再想发展也就困难了，而且还可能遭到否定（万一歌德拒绝承认，爱克曼的努力也就难免付之东流）。于是，爱克曼耐心辑录《歌德谈话录》，直到歌德离世之后（生命体的歌德倒掉了，但精神体的歌德没倒），《歌德谈话录》的出版不再有阻挠时，才得以成为“歌德研究”上的一个强劲的枝干。

而对于身为“树”式追求形象代表的歌德，我们看到，作为德国和欧洲最重要的剧作家、诗人、思想家之一，歌德除了诗歌、戏剧、小说之外，在文艺理论、哲学、历史学、造型设计等方面，都取得了卓越的成就，称其为“参天大树”也绝不过分。而且，通过“歌德研究”可知，“树”式追求的特点是发展自主，可以任意自由地向多方向发展。

应当看到的是，以歌德作为“树”式追求的代表也有不够贴切之处。因为，当爱克曼缠绕歌德时，他已经是“参天大树”了，而参天大树成长的最困难阶段其实是在小树苗逐渐长大的过程中。

“树”式追求的典型标志是：或者是在荒漠式的“学术处女地”里，第一个建起自己的学术界碑；或者是在人头攒动的成熟学科领域，发现“人迹罕至”的空白点，于是闯进去，最终建立起个性化鲜明、特色明显“学术小楼”。

“树”式追求的基本特点是：自主自立。但是，如果其成功表现出个性张扬，那么其失败也将同样是特色鲜明的。

“树”式追求的过程，没有成功样板可以依靠、依赖、模仿，同时缺乏已知的正确方向引导，所以既有可能长成为参天大树，也有可能因为方向偏差，结果长成一棵“歪脖子树”（以失败告终），以国际上著名的“诺贝尔奖”和同样热闹的“搞笑诺贝尔奖”为例。

而且还要看到，“树”式追求在成长阶段，还有种种难以抗衡的外部力量（风、雨、霜、雪，严寒、酷暑）。中国革命现代京剧《沙家浜》有一段集体唱段“要学那泰山顶上一青松”，其中就写道：“要学那泰山顶上一青松，挺然屹立傲苍穹。八千里风暴吹不倒，九千个雷霆也难轰。烈日喷炎晒不死，严寒冰雪郁郁葱葱。那青松逢灾受难，经磨历劫，伤痕累累，瘢迹重重，更显得枝如铁，干如铜，蓬勃旺盛，倔强峥嵘。”也就是说，一棵参天大树的长成，有时候是以伤痕累累为代价的。

因此，要想成为一个“树”式追求的创建者，首先就要做好历经磨难、饱尝艰辛的准备。就以歌德的《浮士德》而言，一部作品的写作时间竟然长达整整60年，直至1831年出版，第二年歌德就离世了。当然，这一点固然可以理解为歌德治学严谨，但是，呕心沥血、耗费精力过大也是一个不争的事实（在这一点上，“藤”式追求就不那么辛苦，像爱克曼依附歌德，只要忠诚、忠实、踏实、努力即可）。再例如，歌德的小说《少年维特之烦恼》的出版轰动德国，大大提高了他的社会知名度，但是，如果这部小说失败了，根本就没有出版商愿意出版，或者出版了也没有读者愿意阅读，也就难免前功尽弃了。

进一步对比“树”式追求与“藤”式追求，还不难看出，二者的治学方法、治学风格也有所不同：“树”式追求注重特立独行，自主开拓一片领地，追求个性化色彩鲜明，注重“创新力、实践力、引领力”的凸显；而“藤”式追求注重言之有据、言之有理，注重“博览群书、注重实证”，要求“治学严谨、论证周密”。

当然，任何比喻都难免存在拙劣之处，“树”式追求与“藤”式追求也不例外。因为就“树”与“藤”而言，“树”不能同时是“藤”，“藤”也不能同时是“树”，但是就“树”式追求与“藤”式追求而言，二者之间却存在着风格交叉的内在联系，尤其在成长初期，“树”式追求其实也难免“藤”式的依傍，而“藤”式追求的成功发展，也可能会出现“树”式追求的独立风格。

二、我们民族为什么重“藤”式追求而轻“树”式追求

运用“藤”式追求与“树”式追求的划分方式来考察西方世界，尤其是自文艺复兴运动及工业革命开始以后，越是向近现代社会推进，就越是不难看到：无论是自然科学，还是社会科学；无论是文学、音乐、美术、舞蹈，还是数学、物理、化学、生物；无论是观天，还是察地……在各个学科领域里，两类追求都表现为大致均衡的发展状态。这种大致均衡的表现特点为：一方面各个学科领域学术创新不断、“歌德式”的流派纷呈；另一方面，一旦新的学术流派确立，就会立即聚集一批追随者，开始爱克曼式的论证、调整、充实、提高，继而又开始出现新的流派。

然而，转回头来考察我们自己这个民族，却不难看到一个“轻重不均衡”的现象，那就是：重“藤”式追求，轻“树”式追求。

首先应当看到，我们这个民族也曾经有过一个“藤”式追求和“树”式追求并重发展的时期。例如，春秋战国时期的“百家争鸣”，庄子、老子、墨子、韩非子……流派之“树”林立。然而这一阶段为时不久，很快就进入了“废黜百家，独尊儒术”的争鸣萧条阶段。就以在我们这个民族影响最为深远的《论语》而言吧，它最初就是由孔子的弟子（类似爱克曼）记录孔子言行而成，初始也并不辉煌（在那个百家争鸣的时代，孔子也只能是“诸子”之“林”中的一棵树罢了），后来，完全依靠封建专制的千年呵护，《论语》承载的精神文化理念在我们这个以小自耕农为经济基础主体的社会里，代复一代地处于一种权威的地位，他的弟子们才随之而成为家喻户晓的人物（然而，此时已经“独木不成林”了）。而“废黜百家，独尊儒术”的举措，对于我们这个民族的精神文化伤害是极其深远的。

其次，我们这个民族是非常强调“师尊”“师承”的，在民族心理上，习惯于将“天、地、君、亲、师”置于同等崇高的地位上，强调“一日为师，终身为父”，而“师者，传道授业解惑也”，更是一言以蔽之地控制了社会成员人生发展方向。再者，更有“两耳不闻窗外事，一心只读圣贤书”的理念在时时提醒学生应当“不逾矩”。在这样的社会氛围中，我们这个民族就在潜移默化之中，养成了“注重师承已知，不太思考未知”的读书学习规则。

最后，我们这个民族首创的以“科举应试”制度来选拔人才，不仅早在千年以前就已经吸引越南、朝鲜等邻国争相仿效，而且远传欧洲。科举制度的公平竞争，不问出身，注重能力的选拔模式，受到西方国家的高度肯定，被西方国家广为借鉴，英国、法国、美国等国家的文官选拔制度其实就是借鉴了中国的科举制度。不过，在借鉴的同时，科举制度以考试为主导的、过于注重“代圣贤立言”的“藤”式读书学习模式，因为从根本上压抑了人们有志于“树”的热情，被国外扬弃。

我在另一部著作《中华文化与中国社区》中以实例指出：正是在大面积出现“树”式追求的推动下，西方的科学技术取得了日新月异的进步。1687年（康熙二十六年），牛顿发现万有引力定律；1709年（康熙四十八年），英国的达比发明焦炭炼铁技术；1764年（乾隆二十九年），英国发明珍妮纺织机；1769年（乾隆三十四年），瓦特发明蒸汽机；1789年（乾隆五十四年），法国大革命成功。西方的科技革命带动社会与文明的进步，可以说是突飞猛进。短短几百年，西方世界迅速完成了适应市场经济的精神文化体系的构建。而与此同时，我们这个民族却始终沉迷于“一心只读圣贤书”、争相“代圣贤立言”，导致我们习惯于在大家共知的领域里一争个人水平的高下，却鲜有人去探索未知领域。

在我国的古代典籍中，似乎随处都可以看到诸如此类的理念显现。

《论语·先进》中记载了这样一件事。季路向孔子问“事鬼神”之事时，孔子相当严厉地斥责说：“未能事人，焉能事鬼！”而当孔子在回答樊迟问“知”时，则又表示说：“务民之义，敬鬼神而远之，可谓知矣。”显然，孔子对于鬼神之类的未知事物的态度，客气点说，是持以“敬而远之”的态度。不客气地说，是他认为对于诸如此类的虚幻的问题，根本就不应当给予关注。

《列子·汤问》中还记载了《两小儿辩日》的故事。孔子曾经在游历中见到两个小孩在辩论太阳什么时候离人的距离近。一个小孩说：“我认为太阳刚出来的时候距人近，而到中午的时候离人远。”另一个小孩说：“我认为太阳刚出来的时候远，而到中午的时候近。”第一个小孩说：“太阳刚出来的时候像马车的车顶那么大。等到中午，就像盘子一样大，这不就是远的小而近的大吗?”第二个小孩说：“太阳刚出来的时候很凉快，等到了中午的时候（感觉）就像进入了澡堂，这不就是越近越热，越远越凉吗?”孔子无法决断谁对谁错，两个小孩笑话孔子说：“谁说你懂得很多啊?”显然，两个小孩对于太阳以及天空等未知世界的关注兴趣远远高于圣人孔子。

长期以来，现代人在读到这两段文字时，往往是从孔子“知之为知之，不知为不知”的坦率角度来做正面评价的。可是，转换一个角度（例如，从现代教育理念来审视孔子对于未知领域的态度），我们似乎也不难从中发现孔子的另外一个倾向：对于自己还没有掌握的未知问题以及自然界中的种种未知现象，孔子其实缺乏庄子、老子那样的积极主动去探索思考的兴趣，在孔子传世的话语中，很少看到他表现出“问天、问地、问鬼神”的执着思考精神。而一旦他的思想观点、思维模式被推崇至“独尊”的地位，对我们这个民族发展的影响就大了。

我们不妨再把考察的镜头迅速转向当代，就以近年来红极一时的《百家讲坛》为例，一个个专家学者如同亲身经历一般细节翔实地向观众讲述着几百年前，甚至上千年前的大政事、小故事，他们甚至可以现场亲眼所见般地绘声绘色地讲述“和珅是怎么爬上高位的”“秦可卿是如何淫乱的”……但这些专家学者的学识追求却几乎是千人一面的“爱克曼式”的（例如，“红学家”缠靠在《红楼梦》上，“《史记》学家”缠靠在《史记》上，等），《百家讲坛》开讲那么多期，却从来不见一位专家学者向社会宣讲蕴含自主创新观点的个人“假设”、个人“猜想”，更罕见有人对中国从没有人提出“假设”“猜想”感到忧虑。

因为，对于“藤”式追求的过于倚重，不仅对个人事业拓展，而且对民族振兴强盛都会产生一种“内伤”，我们这个民族几千年来的发展史早已证明了这个定论。

三、为什么过于倚重“藤”式追求已经对民族发展造成持续伤害

不要简单地以为“藤”式追求与“树”式追求的分类是学究在咬文嚼字，放眼当今中国，为什么越是具有高科技性质的产业，越多的是“依赖性产业”，而少有甚至罕见“自主性产业”？例如，从飞机的发动机到汽车的发动机，从医学技术的创新发明到农业生产的新技术、新理念，为什么我们至今多依赖国外引进，而少有自主创新？

我们曾经有过一个非常辉煌的发展阶段，使得世界各国无比向往，但是，进入近现代社会以后，在科研创新方面却逐渐落后。新中国成立以来，尽管多方面推进努力，却始终只能是跟在别人后面紧追不舍，而罕见冲到前面去“领着别人跑”。原因当然可以从多个方面展开分析，但是，在读书学习的过程中，重“藤”式追求而轻“树”式追求（甚至是漠视“树”式追求），不能不说是一个重要原因。

人人都明白这样一个道理，科研创新在绝大多数情况下，只能是“前无古人”的首次发现，有时候甚至还是某一个人在长期思考的基础上“灵机一动”，乃至于“想入非非”的产物。我曾经参观过西昌卫星发射基地，在基地里有一个人物塑像，这个人名叫万户。据说他是明朝的一个官员，他看到中国民间的烟花爆竹一飞冲天，就突发奇想，坐在绑了很多火箭的椅子上，手里拿着风筝，想就此飞上天去，结果摔得粉身碎骨。

从今天的理念来看万户的行为，当然是够愚蠢的。但是，要想科学评价这件事情，恐怕还是应当回到当时，用当时的思想理念来评价当时的事件，就不会简单地评价为“愚蠢”了。回顾人类对世界以及自我的认识，

不就是一个从“不知”到“知”，从“知之甚少”到“知之甚多”的过程吗？而且“知”的积累，不就是需要一代一代的人勇敢探索、执着追求吗？

如此观之，万户的探索精神是非常可贵的，令人遗憾的是，万户的后继者在我们这个民族是少而又少。就以人类想飞向天空的探索为例吧，西方世界的人们是前赴后继：人们从最早在自己身上粘上鸟的羽毛，从山上往下跳被摔死；改为在身上捆绑上火箭想一冲上天，结果点燃后又被炸死；再乘坐热气球升天，甚至尝试环球旅行；再至19世纪美国莱特兄弟耗时26年，终于造成人类第一架能飞行的飞机；直至当今时代，人们已经可以乘坐航天飞机到地球以外去探索了。如果把航空航天事业比作一棵大树，时至今日，不但枝繁叶茂，而且已经向多方向自由延伸，但是，在这棵大树长成以前，有多少棵小树夭折了？

大概也正这个原因，在我们这个以一家一户的小自耕农为生产方式的民族，“藤”式追求注重拜师学艺（按照师傅指引的路走）的少风险、少挫折，也就很自然地成了一种最佳选择。

也正因为我们从人生启蒙阶段的读书学习开始，就被规定“两耳不闻窗外事，一心只读圣贤书”，而注重“师承”所导致的；就是我们习惯于积累一大堆知识学问，最高目标也不过就是终于能够在已知领域“青出于蓝而甚于蓝”……久而久之，万户之类敢于“第一个吃螃蟹的人”也就销声匿迹了。伴随着这样的人的销声匿迹，我们这个民族也就逐步没有了“首创”“原创”“独创”的热情。

在《中华文化与中国社区》中，我做了一个简单的统计。即以新中国成立以后的科学成就为例，为什么几乎所有成果的最高评语往往也就是“接近（或达到）国际先进水平”，一直跟在别人的后面亦步亦趋，而很少有进入“国际领先的创新水平”的成果呢？一个原因当然是国力所限，水平尚未达到，另一个原因恐怕还在于我国科学研究的队伍中，“藤”式追求研究者远远多于“树”式追求的研究者。

例如，1978年2月，“人造血液”在日本制造成功，并于1979年4月在临床手术中实际应用。于是，中国也于1979年成功研制出“人造血液”，并于1981年开始临床应用。值得思考的是，如果没有日本的成功，中国是不是能够第一个制造出人造血液并用于临床呢？

再如，1997年，英国科学家培育出轰动世界的“克隆羊多利”，于是，中国紧随其后就克隆出了多种其他动物，以至有人发表文章称，“克隆技术”中国早已掌握，只不过秘而未宣而已。但是问题在于，中国既然已经率先取得了成功，为什么非要拒绝成为第一个，非要坚持“秘而不宣”呢？

又据报道，2004年，由东南大学公共卫生学院赵季文教授和王蓓副教授主持研究的“艾滋病相关支原体的分离培养及流行病学研究”项目，历时七年，通过专家鉴定，使得我国成为国际上继丹麦之后第二个成功分离出生殖支原体的国家。对于这样一个重大成果，专家组一致认为：“该项成果达到国内领先水平，部分成果达到国际先进水平……”。

又据报道，自20世纪80年代以来，上海造船业走过了先进造船国家四五十年的路程，5年里出口150艘船，上海造船业的设计和质量都达到或接近了国际先进水平。

对于诸如此类的，以“达到或接近国际先进水平”为最高标准的科研成果实例，简单地斥之为亦步亦趋是无济于事的（在中国，很少有哪一个科学家不希望在科研方面超过国外的），重要的还在于找到根源，尤其是传统精神文化方面的思想根源。

自改革开放以来，我国在科技领域，由于“863”计划瞄准了世界科技进步的前沿，于是，它作为我国高科技的一面旗帜，使我国在生物、航天、信息、智能机器人、新材料等高科技领域取得了令人瞩目的成就，我国的高科技进入了一个蓬勃发展的时期。数码汽车、高温超导磁悬浮列车、人机语言交互、生物芯片、纳米材料……当我们被这些已经取得的世界前沿水平的高科技成果所振奋的时候，心中千万不可忘记，我们并不是这些成果的原创者、首创者，而至多是排名在前的学习者、模仿者，有的甚至还不过是国外科研取得成功以后，自己当了个排名第一的购买者！

再以2004年杨利伟升入太空一事来说，在中国当然是极其伟大的事件，“中国载人航天工程”项目获2003年国家科技进步特等奖，也是众望所归，名正言顺。可是一旦与国际相比，中国载人飞船上天在某种意义上，恐怕还是“藤”式追求的产物，很难说具有“国际领先”的意义了。远的不说，就以紧随杨利伟升入太空不久美国又出现的一条新闻来说。美国太空冒险公司2004年3月29日宣布，58岁的美国商人格雷戈里·奥尔森被确定为国际空间站第三位太空游客的人选。北京时间2005年10月11日9时09分，这名第三位太空游客格雷戈里·奥尔森同俄美两名宇航员一起乘坐“联盟TMA-6”载人飞船返回舱降落在哈萨克斯坦境内，结束了为期10天的太空之旅。而时至今日，“太空游”已经成为一项越来越热门的高档次旅游项目，报名要求体验者络绎不绝。

显然，在中国，被视为实现几千年来一直梦寐以求的登上太空的民族梦想，终于由“万里挑一”的杨利伟实现了，但是在国外，却早已成为不过是一件尽管确实存在一定危险，但只要是医院体检证明身体能够适应，即使是老年人，也是可以去溜达几天的“探险旅游”了！

记得新中国曾经有过一句非常响亮的口号：“外国有的，我们要有，外国没有的，我们也要有！”时至今日，在科学技术领域，我们已经基本可以做到“外国有的，我们要有”了。但是，“外国没有的，我们也要有”，似乎还没有提到议事日程上来，甚至在心理上还没有产生这种需求和冲动。

四、为什么继续倚重“藤”式追求必将伤及国家发展的未来

继续倚重“藤”式追求必将伤害国家发展的未来。这里我们不妨先看两则报道。

【报道一】

2011年10月31日新华网转载美国纽约时报网站10月28日报道《中国获得国产超级计算机优势》。文章写道：中国以国产微处理器为基础制造

出了本国第一台超级计算机，这台名为“神威蓝光”的计算机9月安装在山东省的国家超级计算济南中心。世界超级计算机TOP 500项目领导者、美国田纳西大学计算机科学家杰克·唐加拉说：“这有点儿令人吃惊。”

因为，在这些专家的心目中，中国比美国、韩国和日本等世界技术领先者使用的最先进的芯片制造技术落后三代，以现有元件构建的这类计算机耗电量巨大，大约相当于消耗一个中型核电站的发电量。但唐加拉说，令人感兴趣的是，中国这台新的超级计算机能耗相对较低，大约为1兆瓦。而安装在美国能源部橡树岭国家实验室的美洲虎超级计算机约为7兆瓦。

如此高级的计算机却只有如此低的能耗，不能不令美国的计算机专家吃惊。

【报道二】

2012年6月24日，一则新闻报道震动了全球：当天中午12时，“神舟九号”飞船与2011年9月上天的中国第一个目标飞行器和空间实验室“天宫一号”顺利完成手控对接，再次形成组合体，标志着中国已经完整掌握空间交会对接技术，具备了建设空间站的基本能力。此举证明，在美国、俄罗斯成功进行空间交会对接试验40多年之后，中国也具备了以不同对接方式向在轨航天器进行人员输送和物资补给的能力。

诸如此类的报道正在引起全世界关注。但是面对着国外的震惊，我们却不能不思考另一个问题，无论我们在赶超世界先进技术方面是怎样的飞速，我们这个民族的创新能力似乎在首创、独创、原创方面很难闪现出亮点，我们似乎从来没有首创过一门“处女学科”，没有一项引领世界的先进的科学技术！因此，在某种意义上，我们这个民族因为过于倚重“藤”式追求，正在成为“敢第二个吃螃蟹的民族”！

我们不应当无视“第一个吃螃蟹”和“第二个吃螃蟹”之间的“质”的差异：“第一个吃螃蟹”是没路找路的“开拓”，而“第二个吃螃蟹”则成了有路可寻的“跟进”。当我们为自己能够用较短的时间走过国外用长得多的时间才走完的道路时，应当看到，国外并不是在停下来等我们，他们始终在继续开拓，而且随着对情况的熟知而进度越来越快，于是我们就将被迫疲于“跟进”。当我们气喘吁吁地终于跟进到某一个水平层次时，国外又已经有了新的目标、到了新的高度了！

为什么会是这个样子呢？

从当今时代需求的角度反思，过于倚重“藤”式读书学习的理念给我们这个民族发展带来的消极后果是严重的，这一结果直接导致了：我们这个民族多的是擅长在“已知领域”里一争高下的能人，却罕见勇闯“未知领域”去探索冒险的勇士。

就以我们这个民族上千年来始终引以为傲的“四大发明”（火药、造纸、印刷术、指南针）为例吧，从现代科学的理念反思，也只是在已知领域里具体实在的“术”的创造发明而不是向未知领域拓展的“学”的变革创新。而中华民族数千年来，尤其在宇宙探索、人类起源，乃至于思辨科学、哲学逻辑等新兴科学的领先创建方面，则近乎是一片空白。

据2008年3月26日中国新闻网报道，中国科学技术馆和中国科学院自然科学史研究所共同在北京推出一项评选活动，将从120项候选项目中由社会公众分别投票选出20项人类历史上最伟大的科学发现、20项最伟大的技术发明。值得注意的是，在60项技术发明候选项目中，拥有以古代四大发明为代表的一批与中国相关的项目；而在60项科学发现候选项目中，没有一项与我们这个民族有关联。

其实，上述种种现象所表现的，还不在于问题自身，而在于全社会对于重“藤”式追求而轻“树”式追求的读书学习偏向，对于“藤”式追求对我们民族发展的严重影响缺乏清醒的认识。

近年来，尽管先有莫言获得了诺贝尔文学奖，接着又有屠呦呦获得了诺贝尔医学奖，但是，获奖的欢欣之余，恐怕更应当关注我们的近邻日本。

2001年3月，日本出台了第二个科学技术基本计划。该计划雄心勃勃地表示，要在50年内获得30个诺贝尔奖。时至2014年，日本获得诺贝尔奖的总数已经达到22个。正因为日本的经济和科研实力已居世界前列，50

年拿30个诺贝尔奖似乎不是大话。应当看到，这就是“树”式追求的必然结果。

由此又可以联想到中国何时才能获得诺贝尔科学奖的问题。我尽管是学文科出身，但是，“跨学科创新读书”和“跨学科创新研究”的理念却是文理工科一致并通用的：都是主张独立原创的“树”式追求。如果此读书方法能够被理工科出身的人普遍接受，一代一代的人也顺着这样一条路坚持走下去，获得注重科学创新的诺贝尔科学奖还会可望而不可及吗？

其实，西方国家重视“树”式追求的养成，是无论国家大小，都有人能获得诺贝尔奖的原因。从根本上说，诺贝尔奖表彰的是一棵棵已经成活的，并且能称之为新的树种的小树，而中国人时至今日，依然注重“藤”式追求，漠视，甚至排斥、打压“树”式追求，这就注定了在中国，不仅难以出现诺贝尔奖获得者，而且还可能与诺贝尔奖越来越远。

仍然不妨以太空探索为例，当中国自豪地向世界宣称，我们已经“具备了建设空间站的基本能力”时，美国宇航局科学家则于当地时间2012年8月22日表示，重达900公斤“好奇号”火星车已完成了第一次驾驶，并在火星表面留下了清晰可见的车胎痕迹。2012年9月5日，美国宇航局又宣布，美国航天局“黎明”号小行星探测器在环绕灶神星的轨道运行一年多后，已正式飞向其第二个目的地——火星和木星间小行星带上另一天体——谷神星。

再例如，当我们举国上下为刘洋作为中国第一位女宇航员成功凯旋而欢呼，并赞其为“飞天嫦娥”“现代嫦娥”时，美国媒体报道，美国女宇航员萨尼塔·威廉姆斯日前在国际空间站完成了铁人三项运动，成为在太空中完成这项运动的第一人。她利用国际空间站上的阻力运动器械、健身自行车和跑步机，完成了游泳、自行车和跑步项目，用时1小时48分43秒。而威廉姆斯在太空中经验丰富，此前，她曾连续太空飞行195天，也进行过6次太空行走，共计44小时2分钟。这些数字高过其他任何女性宇航员。

只要展开国家与民族之间在发展竞争中的横向对比，我们就不难发现，如果继续倚重“藤”式追求，将会给我们这个民族造成什么样的伤害。尽管我们可以用较短的时间走过国外用长得多的时间才走完的道路，但是，我们跟进的道路是“第一个吃螃蟹者”已经安全走过的地方。

五、为什么过于倚重“藤”式追求将导致学习者无路可走

“藤”式追求缠在可攀附的目标物上，无需自主考虑发展方向问题，当然也就无需承担发展方向选定失误的后果，所付出的代价、所要承担的风险都比较小，但是，在生命发展的所到之处，“藤”式追求永远没有自主的天地，在自己占领的地盘里也永远没有自主话语权，“藤”式追求甚至没有生命与发展的独立自主权，所缠靠的“树”一旦倒了，“藤”式追求的发展也就结束了。

应当看到的是，正如本书在一开篇就提到的，我们这个民族早在教育行为诞生的初始阶段，就非常注意人的“树”式追求能力的全面发展，当时的“大学”学习以礼、乐、射、书为主，而“小学”则多学六艺基础知识。尽管当时的教育所面对的是上流社会的子弟，但是，它却为春秋战国时期“百家争鸣”的“树”式追求的大繁盛时代奠定了基础。

而真正推动我们这个民族不分贫富贵贱、“全民读书”并代代相传付诸行动的，却是科举制度。这个制度在选拔人才上的公平、公正等方面，曾经是世界各民族的样板，并且被诸多民族作为选拔人才的借鉴。但是，转换一个角度考察，就不难发现，科举制度的应试内容规范着一代又一代的读书人步入的，实际上却是一条越来越窄的“藤”式追求的人生之路。他们在“科举应试”的指挥棒下，被引导着步调一致地“有所学有所不学”地在既定的知识领域里一心苦读！

在这样的教育机制之下培养出来的人的通病在于，难免目光短浅，难免对大千世界以及未知世界的发展一如既往地缺乏关注热情，或者换句话说，他们多属于非常善于寻找可供攀附的目标以便下一步发展的“藤”，而不愿意成为独立山崖峰巅、傲然面对霜雪酷暑的“树”。因为，从个人

而言，一旦攀附成功，“藤”式追求也可以事业有成，甚至同样业绩辉煌而无愧自己的一生。只是，一旦一个民族多的是“藤”式追求的人才，而“树”式人才稀缺，这个民族在世界民族之林就没有了话语权。

这个问题已经凸显在眼前，也就是国人读书中的“死读书、读死书、读书死”，只要既定目标没有达到，就一定要把为了实现目标的书继续读下去，哪怕一直读到死，也矢志不渝。但是，一旦谈到为什么而读书（也就是现代教育学意义上的“读书学习目的”），就难免要惭愧了，因为一代一代的华夏子孙，读书学习的共同目的，不过是为了摆脱贫穷，为了成家立业、娶妻生子，为了获得能够丰衣足食的“饭碗”！

新中国成立后，中国很快地接受了苏联的教育理念，进行“文、理、医、农”等学科分割，而这种学科分割的学习理念为什么很快被我们这个民族接受了？因为在“读什么书、怎样读书”等具体问题上，分专业学科学习的模式与传统的科举制度在形式上具有高度的一致，二者之间的相同点是：高度服从教育管理者的指令，“一心只读应试书”地完成相应的课程学习并努力争取通过考核，一经通过考核即完成学业，一般也就不再继续潜心苦读。

这种学习理念的一个重要标志是在同一个学习群体中，大家学习内容相同、学习量相同，考核标准一致，完成相同的学业就可获得相同的学业证书。而这种学习模式不合理之处则是：把个性、气质各不相同的个人，成建制地编排、投放到现代教育流水线上进行批量加工，最终打造成知识结构总体相同的“千人一面”的同类人。

这就造成了我们这个民族在读书学习方面依然顽固存在的观念：时至今日，我们这个民族获得认可的精英人物，往往也就是能够更好地学习师傅（包括“洋人师傅”）所传授的知识。因此，我们现在多的是优秀科学工作者，而罕见有创新建树的科学家，其根本原因就在于：我们更习惯于在圣人、前人、导师以及外国人的指导下读书、学习、工作、研究，不敢也不会自主设定前进方向、自主设定研究目标，更遑论闯进未知领域实施探索行动直至取得成功。因为我们从小到大，都没有接受过怎样自主设定学习目标、怎样自主展开学习训练，更没有自主研究（包括自主琢磨）未知事物的实践。

这就是我们这个民族“藤”式追求的读书模式所带来的直接后果。我们的教育原本是要推动全民族重视读书学习，其结果却是学习者只要学业完成往往就不再读书。根本原因就在于：非主动式的读书学习，压抑了个性气质、情趣爱好，变成目标单一的敲门砖，那么很自然地，只要“敲进门”的目标实现，丢弃了敲门砖，怎么还会把这样的读书学习继续坚持下去呢?

即使有人真的偏好读书学习并且有志于以读书学习实现自己的人生价值最大化（“树”式追求），那么，你就要具有非常坚强的意志。否则，是很难坚持到底的。其中还有一个重要的原因就在于，当“树”式追求的人千辛万苦，终于在一片荒漠中栽下了自己这棵小树时（能否长成参天大树尚未可知），回头一看，那些“藤”式追求者早已背靠大树，攀援而上，成就了居高临下的一片景色。在反差太大的鲜明对比之下，非意志特别坚强者，这个“树”也是很难继续成长下去的。

第九章　跨学科读书为什么能实现“白日梦”

刘伯奎更新祖先训示：

书中没有千钟黍，书中自有登云梯；
书中没有黄金屋，书中自有寻宝图；
书中没有颜如玉，书中自有金玉奴。

伴随着中国社会的历史转型，伴随着市场经济基础的确立，必然呼唤与之相适应的上层建筑，包括与之相适应的读书学习的新的模式。

建立在小自耕农经济基础上的读书学习理念，前面已经有人取得了成功，因而是切实可行的，并且追求的目标也是事先设定好的，在目标实现以前往往免谈兴趣爱好并且注重苦读苦学，但一旦实现就“知足常乐”。而建立在市场经济基础上的跨学科读书学习理念，往往偏离前面已经有人取得成功的稳妥道路，因而不能事先保证肯定成功，而且追求的目标也是先探索然后逐步确定的，尽管并不排斥苦读苦学但是更注重以兴趣爱好为主导，因而可以保证人生实现可持续提升。

放眼当前处于转型过渡期的中国社会，不难预见，传统的读书学习模式必将经历“凤凰涅槃”式的扬弃但不会消亡，而跨学科读书的模式必将以其对未来时代的强适应性为越来越多的人所接受，并最终成为新时代人生成功的学习方式。

一、跨学科读书在当今中国已是“星星之火”

伴随着中国改革开放的逐步深化，跨学科读书已似“星星之火”在中华大地上闪烁，并已经出现在不同群体中。

我们可以从以下七个案例中来体会这“星星之火”。

【案例一】80后副教授连升三级跃为二级教授

2012年5月27日，《四川新闻网—成都商报》的报道《猪身上找人类肥胖原因　川农80后副教授级别连升三级》引起人们的关注。报道称，最近，四川农业大学特别举办了一场二级教授的聘任仪式，动物遗传育种研究所的李明洲副教授被聘为教授二级岗。这意味着，李明洲连升了三级。

据四川农业大学人事处处长介绍，该校教授共分一级、二级、三级、四级等四个级别，一般一级教授是只有院士才能达到相关的评定标准，二级教授已是教授中级别非常高的了。

能够获得这样的“破格”，事实上仅仅因为李明洲参与的一项科研成果。

4年前，李明洲便在导师李学伟的指导下，联合中国深圳华大基因以及美国、英国和加拿大共12个科研单位的50多位科研人员一起研究猪的脂肪和肌肉组织。“当时，研究的目的仅仅是希望了解猪肉的机理，让肉质更为健康，更具营养。”

通过3年的实验观测和对猪各部位脂肪的DNA数据的分析，加上1年的验证期，李明洲发现，不同部位的脂肪对猪身体的危害程度也是不同的。比如脏器里的脂肪就危害极大，特别是胸腔内部的内脏脂肪，其次是腹部脏器的脂肪。此外，他所参与的研究还首次从表观遗传学角度证明了肌间脂肪组织也是导致肥胖的一个重要因素。“也就是说，肌肉之间的脂肪，是导致猪肥胖的一个重要因素，对其身体无益。”而肥胖现在已经成为世界五大流行性疾病之一，严重危害着人类的健康。预计到2030年，全球大约有58%的成年人可能成为“胖子”，并且世界卫生组织声称每年至少有280万成人死于超重或肥胖。中国的肥胖问题已不容乐观，肥胖人口已达3.25亿人。如何有效遏制肥胖症蔓延，已成为世界关注的焦点。

5月22日，由李明洲为第一作者的《猪脂肪和肌肉组织的基因组甲基化图谱》论文发表在了国际著名学术杂志*Nature*子刊*Nature Communications*上，让李明洲本人都感到意外的是，这篇论文仅仅一天时间就被付费下载了2 808次，而这本期刊每篇文章平均每年的下载量也就1 900~2 800次。不少医学界的专家在看了文章后，认为这项研究对人类肥胖的研究有突出贡献。

此前，医学界研究人类肥胖机理时往往采用小白鼠做实验。但实际上，小白鼠身体里的脂肪结构与人体有很大的差异。而猪与人类具有相似的代谢功能和心血管系统，器官的大小也成比例，且与人类在遗传学上也具有高度相似性。这使得猪成为研究人类肥胖、糖尿病及其并发症等疾病的最佳替代品。无意间，李明洲的研究恰恰为研究人类肥胖基因的专家们打开了一扇门。

【案例二】“三本”女生成为美国名校研究生

2012年6月10日，《武汉晨报》报道《武汉一三本女生考上美国名校研究生》。报道称，在名牌大学的毕业生出国留学还要经过一番激烈的竞争的形势下，武昌理工学院文法与外语学院英语0804班学生乔天钰被美国名校阿拉斯加大学费尔班克斯分校录取为硕士研究生，并拿到全额奖学金。

武昌理工学院在国内属于三本院校，一般情况下，该校学生报考国内一般院校的研究生都不太容易，乔天钰怎么会被美国拥有百年历史的名校看中，而且还将向她发放全额奖学金呢？调查发现，乔天钰除了应试成绩达到标准以外，她的跨学科读书的实践经历也给她提供了很大的帮助。

报道说，由于她在校期间曾经在学校广播台主持英文节目，还曾在外籍教师开办的学校工作半年多，因而在接受该校教授视频面试时，教授多次提到教书方面的问题，乔天钰全部对答如流，继而成功通过面试并拿到了奖学金。而同时录取她的还有另外两所美国的高校和一所加拿大的高校。

【案例三】长沙中学生应邀出席斯德哥尔摩诺贝尔奖颁奖典礼

2012年10月18日，《华声在线》报道《湖南18岁帅气小伙获邀参加诺贝尔奖颁奖典礼》。报道称，今年刚刚入读北京大学工学院的一年级新生许令玮将于今年12月4日至10日，作为中国唯一的青少年代表，参加2012年瑞典斯德哥尔摩国际青年科学研讨会，并出席10日的诺贝尔奖颁奖典礼。

许令玮获此殊荣，源于他高三时，以湖南省长沙市长郡中学学生身份参加了美国ISEF（国际科学与工程大奖赛）。尽管在这次大赛中许令玮成绩不佳，只得到了三等奖，但是，他的全面发展的综合素质引起了评委的重点关注。

他不仅英语非常流利，心理素质好，在美国比赛时，还能充当其他国家参赛学生的向导。而且，在2011年，许令玮凭借着《洞庭湖湿地血吸虫疫情生态防治》这一课题研究，获得了“明天小小科学家”比赛全国一等奖，他也因此获得北京大学的保送资格。

许令玮从小就兴趣广泛，尤其对自然生物特别感兴趣，他经常蹲在地上观察蚂蚁、虫子，一看就是半天，甚至还用瓶瓶罐罐将它们养在家里，或者干脆把它们制作成标本。许令玮的老家常德在洞庭湖区，他上小学时就接触过血吸虫方面的知识。他读高一的时候，学校组织大家申报研究课题，许令玮就申报了这一项目。于是，从高一暑假一直到高三上学期，许令玮把学习之余的时间全部放到了研究血吸虫上。通过自己的观察研究，走访洞庭湖边的各个血防站，并请省血防所的专家们帮忙完成一些相对危险的实验，许令玮最终发现神农蜣螂（俗名屎壳郎）分解粪便的同时破坏血吸虫卵活性的特点，由此提出了通过保护和扩大蜣螂种群量，以达到阻断洞庭湖血吸虫病传播的新思路。这一方案被明天小小科学家的评委老师认为有充足的科学依据，实用性强，体现了作者出众的创新能力，授予一等奖。

在他的高中班主任伍老师眼里，许令玮从来不是读死书的孩子，他阅读面十分广泛，文学、哲学、漫画、科幻都有涉及；体育也很厉害，曾经获得湖南省青少年武术锦标赛对练第二名；他还和同学一起成立了话剧社，他自编、自导、自演的一台英文诙谐版《孔雀东南飞》，一举获得了校艺术节一等奖。这些课本之外的知识涉猎、兴趣补充，也增强了他对课本知识的理解。

【案例四】令老师“头痛”的一个中学生在美国成为优秀学生

2006年9月26日，据《东方早报》报道，8年前，王楠子还是上海某初中的初二学生，他所在的班级当时集中了华师大教工的子女。而同样是教工子女的王楠子却由于上课爱讲话，对读书渐失兴趣，成为老师心中标准的差生。又由于他调皮叛逆的性格，逐渐成为老师最头疼的学生，屡教不改的他甚至被班主任老师安排一个人坐在教室的最后一排。出于无奈，他的父亲在儿子14岁时把他送去了美国。“那时候只是盼着他能不再惹麻烦，把书读下去就行。”

如今的王楠子今非昔比，身高一米八的他，已经是费城艺术学院的大四学生并屡获奖学金，借助在动画领域的成绩，他已在美国贷款购买了一幢三层小楼。最近，他还在SAYTEK全美动画比赛中获得个人组冠军。

对于这样的转变，王楠子本人表示，除了基础还可以外，学校氛围和老师对学生的态度与国内截然不同是很重要的原因。他说，接茬、开玩笑、迷恋运动等是王楠子过去在国内的致命缺点，但美国老师不但不会批评，反而会给予鼓励。最突出的例子是，一次他像过去在国内学校一样插嘴，当堂纠正了一位美国中学老师的一个错误，没想到，老师当场就说：你真是个天才。“太受鼓励了。”王楠子感叹，正是那些记忆犹新的鼓励促使他真正开始自觉地学习和奋斗，使他开始彻底摆脱了原来差生的自卑心理。与此同时，拉小提琴、踢足球等技能使王楠子在学校受到重视。“原来国内的音乐老师都不理会我会拉小提琴，但在美国，一得知我会拉琴，老师就立刻让我加入了管弦乐团。”王楠子说。

对于儿子身上发生的翻天覆地的变化，王楠子的父亲王恩重将问题的矛头直指国内学校和老师，直接归咎于教育体制存在的缺陷和教师的素质和教学方法等。王恩重写道：“是我们教育中的问题把许多本应成才的孩子弄成了水泥脑袋。”

如果说此案例中，王楠子在注重学科学制式读书的国内教育中被视为让人头痛的另类，而这位另类在注重跨学科读书的美国，却获得了自由发展的新天地。时至今日，我们同样也可以看到，就在国内，伴随着改革开放的逐步深化，学科学制式读书的冰层也在一点一点地融化，只是对于喜爱跨学科读书但自身处于弱势地位的学习者来说，个人喜爱的同时还需要自己付出倍加艰辛的努力。

【案例五】农民业余研究数学成为学科领域的专家

2010年9月30日，《四川新闻网—成都商报》刊登报道《农民钻研数学20余年发表百万字论文》。报道称，今年48岁的邓寿才，当年高考因10多分之差无缘大学，返回八角仓老家，成为一位地地道道的农民。由于热爱数学，邓寿才四处搜集有关数学的书籍阅读。1986年，邓寿才在纳溪城里一家书店偶然见到《古今数学趣话》，书中有关数学家们的成才经历，深深地吸引了邓寿才。邓寿才开始从新华书店购买大学数学教材自学。之后，大学数学教材也过不了瘾，邓寿才又四处托人从成都买回研究生数学教材继续钻研。

作为一位农民，邓寿才的数学梦想注定只能在割草放牛、插秧打谷这些农事的夹缝中萌芽、生长。邓寿才有个习惯：纸笔不离身，偶有所得便诉诸笔端。他新婚后陪妻子回娘家，当晚，邓寿才和岳父睡在一起。半夜，邓寿才突然想起一个数学问题，随即开灯演练，直到天明。第二天，岳父告诉女儿：“你找的这个人脑壳有毛病，是个疯子。”

1995年春节过后，邓寿才外出打工。除了擅长数学，邓寿才不会其他手艺。无奈之下，邓寿才只得进煤矿拉煤，到建筑工地当小工，上矿山挖矿。吃苦邓寿才不怕，流浪邓寿才也不怕，邓寿才最怕的，就是四处辗转，无法进行数学研究。直到找到了一家砖厂，邓寿才的打工生活才算安定下来。白天邓寿才在砖厂打工，晚上回到自己租住的平房后，便开始钻研数学。

20多年来，邓寿才积累了数百本数学研究手稿。在邓寿才家中，记者将他的手稿堆在一起，竟有一人多高，重达50余公斤。邓寿才告诉记者，由于多年辗转，手稿丢掉不少，如果全部保存，还会更多。

自1987年，邓寿才的处女作《一个数学问题的新证》在《厦门数学通讯》发表，20多年来，邓寿才已在各类数学刊物上面发表论文20余篇，上百万字。特别是在哈工大出版社每年出版两辑的《数学奥林匹克与数学文化》丛书当中，邓寿才更是连续发表了80多万字著述。他的专著《新编平面解析几何解题方法全书》《数学奥林匹克不等式散论》《初等数学不等式研究欣赏与收藏》由哈工大出版社正式出版发行。

哈尔滨工业大学出版社编辑部副主任、《数学奥林匹克与数学文化》丛书责任编辑刘培杰在接受记者采访时表示，和职业数学家相比，邓寿才的研究领域主要在初、中等数学领域上面。“这种研究很难实现原创性突破，但邓寿才却有不少独到的见解。身为一名农民，邓寿才多年来完全靠苦学成才。这种无功利的研究，在当今社会颇为难得。在我们的作者中，邓寿才是唯一一位没有高等学历的撰稿人，在初、中等数学研究领域内，邓寿才完全称得上中国农民第一人。”

20余年痴迷数学，也让邓寿才付出了许多。因为耽搁了农活，妻子一气之下撕毁了邓寿才的手稿，毁掉了邓寿才的研究书籍，最终夫妻感情破裂，妻子带着两个孩子离开了邓寿才。

2010年9月，《泸州晚报》率先报道了这位农民数学家的事迹后，邓寿才开始为更多人知晓。不久，成都一家数学培训学校破例将他聘为教师，邓寿才至此有了更加充足的时间研究数学。目前，邓寿才又拟定了几个研究方向。他打算等初、中等数学研究得差不多了，就向高等数学发起冲锋，并计划今后每年推出一本专著。

【案例六】初中肄业生成为古生物学教授

2016年3月9日，《新京报》报道《“最牛民科”郑晓廷和他的恐龙博物馆》。郑晓廷62岁，山东平邑人，初中肄业生，在世界顶级科学杂志发表学术论文十余篇，2010年受聘成为临沂大学教授。其研究发现甚至改变了科学界对恐龙和早期鸟类演化的部分认识，被称为“中国最牛民间科学家”。

1969年，16岁的郑晓廷离开了初中，想当兵但父亲不允许。后来，他在当地一家针织厂找到一份锅炉工的工作，之后他成为劳动模范，当上了平邑县的一个乡镇党委书记。1991年，郑晓廷调任平邑县归来庄金矿，负责在当地开建山东南部最大的一座金矿，随后他成为这座金矿的首任矿长。因为经营和管理金矿的关系，郑晓廷的爱好是收藏各种稀有矿石。他提出建一座收藏化石和矿物为主的博物馆，通过旅游来拉动全县经济，这一想法得到平邑县的支持，2004年，天宇自然博物馆建成。

在矿长一职上，郑晓廷一直干到了2009年金矿被收购。他随后拒绝了收购方的高薪挽留，回到博物馆，专心当他的馆长。由他亲手创办的全世界最大的恐龙博物馆——山东天宇自然博物馆，馆内收藏有1 200多件恐龙化石，各种鸟类化石标本更多，有2 200多件，这两项收藏加起来，比全世界其他所有博物馆保存的同类标本的总和还要多。中科院院士、著名的古生物学家周忠和曾评价说：“这真的是不可思议的收藏！”

更不可思议的，是郑晓廷以一个初中肄业生的身份闯入古生物学界，现在已是国内外具有一定知名度的古生物学家。从2007年开始，他已经在国内外权威的学术期刊上发表了30多项研究成果，其中10多篇是在世界顶级的学术期刊上发表的。

2010年，郑晓廷被附近的临沂大学破格聘为教授，该校以其为核心组建地质与古生物研究所，郑晓廷担任所长。4年后，临沂大学更是将“终身教授”的荣誉颁给了郑晓廷，以奖励其辉煌的科研成果。

2015年，郑晓廷团队与中国科学院古脊椎动物与古人类研究所研究员徐星等专家合作，对来自河北约1.6亿年前的一件奇翼龙化石展开研究。结果发现，奇翼龙的前肢和后肢上长有一种特殊的、僵直长丝状羽毛，棒状骨与手指间具有皮膜。这是人类首次发现具有皮膜翅膀的小型恐龙。这一成果入选了“中国2015年十大地质科技进展”，代表着中国学者在鸟类起源研究方向上再次取得新成果。

郑晓廷说，他之所以能在古生物学界有所成就，一个很重要的原因便是中国古生物学界的开放，“无论是北古所（中国科学院古脊椎与古人类研究所），还是南古所（中国科学院南京地质古生物研究所）的专家学者，包括中科院院士，他们并没有歧视我的初中学历，我们之间一直是很平等的交流。”

【案例七】9岁小学生用文言文撰写审美文章

2016年02月28日，据《中安在线—安徽商报》报道，由于受今年1月极端严寒天气影响，安庆市迎江区原本定于寒假前进行的期末检测被改为在今年2月中旬举行。昨日，安庆市迎江区教育局组织教师阅卷。当天下午，一篇题为《美说》的作文突然打破了阅卷现场的宁静。“不敢相信这是小学生写出来的。”一位阅卷老师给了满分后，将作文拍照发在了教师QQ群和微信群里。随后，迎江区教研室主任江兴玲用“震撼”形容了自己的感受。

迎江区六年级语文作文是一篇围绕“美”的自命题作文，要求“内容具体、感情真挚、语句通顺，有一定的条理，字数400字以上”。

《美说》的作者是安庆华中路第二小学六（1）班学生叶飞，对于“什么是美”的命题，他显然和小伙伴们有了“代沟”。《美说》全文如下：

人皆爱美，求美。然美于吾等身边，处处皆在。或曰：“非少美也，乃少寻也。”此不亦正乎。理实如此言。或曰：“西子之容，方可曰美。”吾闻而笑之：“此乃狭义也。有人如此，貌可比昭君而心如虺蛇，可谓美乎？”对曰：“不可。”吾又问曰：“有人若此，其貌不扬，使人耻笑，而施布善款，可谓美乎？”曰：“不可。”吾曰：“然。子之意，乃心、貌皆美方可。如上之丑人之款，救济上万人，功德无量，不可谓美乎？ ”

时人莫之应也。吾曰：“不可谓美乎？止不貌美也，其心亦美也。”对曰：“然。”吾笑曰：“故曰，汝亦以心为准，止不相服也。”故曰：真善美方可谓其美也，心假丑恶而貌美如昭君、西子亦无用也，止可谓其乃毒花、粉面夜叉者也。

然吾所言美者，乃心美也。吾偶见一老者于街晕厥，一骑车者立将翁送往医者之处，虽未令吾人观其面，然其之心，必如其事之美也。

吾常见孝子，其事虽繁多，亦抽时而探父母，其心不亦美乎？

吾常见商贾，其家虽贫穷，亦从未缺斤少爱，其心不亦美乎？

吾常见边将，其虽过佳节，亦常年精忠戍边，其心不亦美乎？

吾常见师者，其虽有家事，亦如春蚕般贡献，其心不亦美乎？

吾常见政者，其身虽有疾，亦为民鞠躬尽瘁，其心不亦美乎？

亦有千千万万善者，其心不亦美乎？

故曰：善者必有善终，其不亦有道乎？心美者必不朽，其不亦正乎？吾等身边有大善大美，不亦对乎？

一位阅卷老师说，《美说》的作文不仅通篇是文言文，思路也不拘一格，提出了辩证看美的想法——“故曰：真善美方可谓其美也，心假丑恶而貌美如昭君、西子亦无用也”，另外该文还对当下一些社会现象如“扶老人害怕被讹”也进行了描述，对于一名骑车将昏厥老人送到医院去不留姓名的好人，叶飞称赞其“虽未令吾人观其面，然其之心，必如其事之美也”。该文甚至还分别列举了“孝子、商贾、边将、教师和政府官员”的例子，肯定了他们“美”的行为，认为“千千万万善者，其心不亦美乎？”在迎江区教育局官网，对这篇文言文有老师给出了“古风古意，‘夫子范’味道十足，辩证看美‘价值观’入脑入心”这样的点评。

二、为什么只有跨学科读书才能“活读书、读活书、读书活”

2012年3月23日，一位署名为“zhouhualuck”的博主在网络上发表了一篇名为《两位“数学天才”的不同命运折射了什么》的博客文章。文中写道：“2012年3月20日，中南大学召开的新闻发布会上，校长张尧学宣布，破格聘任攻克国际学术难题的22岁在校学生刘路为中南大学正教授级研究员，并获得校方100万元人民币的奖励。与此前后相差不过一周的3月12日，在湖北十堰郧县杨溪铺镇刘湾村6组，1970年出生的王小林被人发现死在家中，身体已经僵硬，没人知道他是哪天死的。”

作者由此感叹：两个人都是数学天才，但一个是宅居十年无人问，一朝饿死天下知；一个却是万千宠爱集一身，风正帆满羡煞人。随后，博客文章的作者开始了三点比对。

第一，“鼓励冒尖”的市场经济明显优于“高度集中”的计划经济。酷爱数学的刘路，大三时自学反推数学，接触到困扰了中外数学界多年的“西塔潘的猜想”，两个月内想出了证明的方法，在数理逻辑国际权威杂志《符号逻辑杂志》上发表了自己的研究成果，彻底解决了这一难题，得到海内外科学家的认可。因此，著名数学家侯振挺教授收他为徒，中科院院士李邦河、丁夏畦、林群分别写信向教育部推荐，22岁的刘路成为国内最年轻的正教授级研究员。反观20世纪90年代初还在偏远山区求学的王小林，在读期间也发表过数学专业论文，即使在本科院校，这样的数学天分在同学中也是独一无二的。可自从被“分配”到偏远乡村教书后，王小林数学研究方面的优势便再难拓展，其本人连遭“冷遇”，心灰意冷后宅死家中。试想，如果拥有巨大数学研究潜力的王小林同样生活在“鼓励冒尖”的环境里，又是怎样一种状况？

第二，“农二代”的机会注定劣于“城里人”。祖籍大连的刘路，父亲在国企工作，母亲是工程师，上小学时他并没有对数学表现出特别的爱好。而小学时的王小林，很有悟性，成绩一直很好，一次数学竞赛中考了全县第三，年年被评为“三好学生”。刘路2008年参加高考，被中南大学数学科学与计算技术学院应用数学专业录取。他的专业成绩只位于中游，也没拿过奖学金。虽然学习成绩浮动较大，语文比较弱，可父母从未因此对他有多要求，任课老师发现了刘路对数理逻辑表现出的特别偏爱，给予他许多指导和鼓励。这种家庭教育方式和良好的学习氛围，培养了他淡然处之的性格，拓展了他发挥特长的空间。而农村出身的王小林，尽管小时候很听话，读书很用功，是村里第一个大学生。由于家庭贫困，只能就近到一所山区地方高校就读，期间姐姐为了他早早辍学，大二时父亲去世。尽管如此，王小林从入学到毕业，数学专业课成绩均在90分以上。身为农民的儿子，在缺乏必要的家庭教育同时，也背上了物质贫困和精神压力两个包袱。王小林与刘路的差别，折射的恰恰是城乡教育严重失衡的现状。试想，假如两人身份完全对调，还会是今天的结果吗？

第三，社会关注的“趋利避害”助推了两种不同命运。2011年9月，刘路作为亚洲高校唯一一位代表受邀参加美国芝加哥大学数理逻辑学术会议，并在会上做了40分钟的报告，在国际数理逻辑界引起广泛关注。不到一年的时间，他经历了从本科提前毕业、获硕博连读特批，到作为青年教师后备人才进入中国著名数学家侯振挺教授研究所，再到今日正式成为中南大学教授级研究员等一系列身份的转变。随后获得100万元的奖励，50万元用于改善科研条件，50万元用于改善生活条件。而王小林上大学欠了很多债，父亲也不在了，家庭的重担压在他一个人肩上。大学毕业后，王小林被分配到一所中专学校教书，期间因为学校整修校舍，他分到了一间环境不好的宿舍。他在工作中也没有得到应有的认可，这样的变化，让他感觉不受重视。王小林“宅”在家里的14年间，一度也曾燃起过希望，可碍于面子，又选择放任自流。直到王小林死了，才引来了包括媒体、心理咨询机构、网友及社会各方面的广泛关注。试想，如果在他生前受到这样的关注，悲剧还会发生吗？可以断言，即便他再宅上14年，社会依然不会对他表示关心。

不难看出，博主的文章确实是有感而发，而且在某种程度上，博主还含有一种情绪。但是，我认为该篇文章所提出的观点恐怕还是值得商榷的。

其一，就每一个生命个体来说，生存环境的“优劣”差异在任何时代、任何国家都是一个普遍存在的现实，尤其是对于诞生于社会底层的、缺乏能够保护其自由发展的外部条件的“天才”人物，环境严酷本身就对其生命力提出了超强的要求，这是先天的，命里注定的，无法改变的。如果像王小林那样，稍遇挫折便自暴自弃、放任自流，最终社会对他也就只能是表示“一声叹息”。

其二，看到王小林，就不能不让人联想到陈景润先生。假如当年，陈景润先生被所在中学辞退后，没有老校长王亚南先生将他“从人生低谷中解救”，这位连在中学教书的位子都保不住的人又能创造出什么样的辉煌人生呢？不要忘了，尽管陈景润先生出现在“大学毕业生就是人才”的新中国成立之初，他之所以能实现命运转折，充其量也只能是一例个案，一例不可复制的个案。

其三，我们不妨再来剖析一下被博客文章用来和王小林做对比的，“命好”的刘路，正如博文所言，刘路上小学时并没有对数学表现出特别的爱好。进入大学后，专业成绩只位于中游，也没拿过奖学金。而且学习成绩浮动较大，语文比较弱。不难看出，刘路的“命”原本也看不出好在哪里。也就是说，他能够自主改变命运一步登天，是他自己个性化努力的结果。在某种意义上，刘路有点像中国的奥运会参赛选手，也是直到拿到金牌后，才“集万千宠爱于一身”的，再看看那些因为极小差距而只得到银牌的运动员，不是还得继续忍受冷落吗？

因此，王小林的夭亡与刘路的一步登天，原因并不在于什么“城乡差异”，而主要在于个人，一个是稍遇不顺即自暴自弃，一个是矢志不渝、锲而不舍。王小林的悲剧不能说完全与外部环境无关，但是，把王小林夭亡的主要责任归结于外部环境“保护天才不力”，难免牵强附会。

进一步思考，即使天才个体顽强努力、自强不息，也还是有一个如何努力，朝什么方向努力的问题。由于在时间上，对所有的人基本上是一视同仁的。因此，如何努力，朝什么方向努力，实在是努力者自身应当时时关注的问题。

这就不能不谈到目前已经引起社会广泛关注的，自恢复高考几十年来，历年涌现的“高考状元”级人物群体的调查结论，他们的起点无不比刘路高得多，为什么他们后来的人生几乎全部碌碌无为、“泯然众人矣”？一言以蔽之，他们是在单一学科读书体制内，在共性化要求的“竞争独木桥”上，以微弱优势“不无偶然性”地胜出的，一旦进入人才综合素质考量，这一点点微弱优势很难保证其成为人生拼搏中的常胜将军。所以，如果他们不与时俱进地及时进行知识与能力的完善与更新，“泯然众人矣”几乎不可抗拒地成为状元群体的人生规律。用一句通俗的话语表述，这就叫做“死读书、读死书”，最终甚至难免“读书死”。

反观刘路，在多年的学习生涯中，他宁可放弃对荣誉、名利的追求，也要保护自己的兴趣爱好，坚持个性化的读书学习，以致一旦成功，实现的就是近乎“白日梦”级别的人生辉煌（而且未来的人生发展中，还会有可供持续发展的更大的辉煌），同样用一句通俗的话语表述，这就叫做“活读书、读活书、读书活”。

三、为什么跨学科读书必将开创“树”式追求的广阔天地

从计划经济转向市场经济，我们这个民族进入了一个对学习者有着全新要求的读书学习时代。

计划经济时代，人们是学什么的，往往学成之后就向社会奉献什么，不但能以所学专业或行业为自己的终身职业，而且还可以传于后代，让子女顶替接班。持有这种理念的人，进入市场经济时代以后，一旦所学专业或行业被历史淘汰而不能及时更新，往往就面临失业或下岗而茫然迷失人生方向。在某种意义上，这也就是本书在上一章中剖析的“藤”式追求所面临的危机。

而市场经济向人们发出的呼唤则是：社会需要什么，我就能奉献什

么，哪怕重新开始，从头再学，这样的人才能成为真正的社会强者。改革开放以后，人们首先感受到的，则是伴随着知识技能的快速更新，生产领域的行业更新也在加快，仅以手表为例，电子手表刚刚把机械手表挤出市场，就因为石英手表的兴起随后就也进了博物馆。再例如通讯方式，传呼机因为有效弥补了电话座机不方便联系行走中的个人的缺点而风靡一时，但很快就被手机的大面积普及使用挤出了市场。在传统的农耕时代，生产力与生产方式的变革迟缓，人们不但能够“一招鲜，吃遍天”，而且还可以凭“祖传秘方”让子孙后代受益无穷，而进入新的时代，新创产业此起彼伏，先进的技术技能有时候也不过才“刚领风骚三五天”，就因为技术被赶超成了“明日黄花”而备受冷落。“学如逆水行舟，不进则退”，进而迫使人们开始适应以跨学科读书为基本手段的“终身学习”。在某种意义上，这也就是“树”式追求应运而生的内在原因。

跨学科读书将开创“树”式追求发展的事业天地。

由于我们从教育机制到学习者个人能力养成，注重的都是在“已知领域”重复前人（包括外国人）完成论证的知识，轻易绝不插足“已知领域”之外，更怯于向未知世界进行勇敢的探索，这就造成我们这个民族代代相传而不自知的一种大悲哀。如果说在封建时代，我们注重“传承”，注重学习“老祖宗传给我们的‘六艺’”。那么，进入现代社会以来，被迫开始与国外进行交流、交往、竞争、商战，进而不得不从跪拜老祖宗转向跪拜“洋师傅”，而我们只在“引进、推广”之后，来完成“学什么、怎么学”的任务，也就是说，和科举时代注重传承祖宗的知识遗产一样，我们在“学什么、怎么学”这两大关键点上，仍然还是习惯于在“已知领域”里一争高下。

就以陈景润先生来说，他攻克“哥德巴赫猜想”的成就当然是伟大的，但是冷静思考，毕竟也还是在“洋人设定的猜想构架”中前进，是在证实“洋师傅”的猜想，围着“洋师傅”的指挥棒转，而他本人则没有提出过任何“猜想”——一生也没有跨出洋师傅划定的圈圈半步。

时至今日，这一教育模式并没有发生根本性的改变，而这一问题导致发展落后的严重性是由来自海外的华裔学者挑明的。

丘成桐，美国哈佛大学教授，普林斯顿高级研究所终身教授，数学界诺贝尔奖——菲尔兹奖获得者。2005年，他兴冲冲地来到杭州，和一批在高考中得高分的数学尖子会面，结果深感失望。他说：“大多数学生对数学根本没有清晰的概念，对定理不甚了解，只是做习题的机器。”他甚至感叹道：“这样的教育体系，难以培养出什么数学人才。”他对国内大学生缺乏学术研究的热情深表遗憾。

在他执教的哈佛大学数学系，平均每个本科生每年都有2～3篇学术论文发表在一流的学术期刊上，水平甚至可以超过中国一些名牌大学教授的论文水平。而近两年来，“能够进入哈佛数学系读本科的中国学生几乎没有。”丘成桐教授曾经发出过这样的感叹：“中国的学生，念书的目的有两个，要么能够赚钱，要么当官，他们普遍有一种学而优则仕的想法，认为只要当官，就可以过舒适的生活。所以，中国的学生，做学问达到一个地步，足够令他们找到一份安定的工作便会停下来，他们追求的东西只此而已，对学问根本没有热诚。”

丘成桐先生直言不讳的批评，点出了中国人读书学习的“软肋”——目标追求直接、浅近、物化，而且并不注重有什么突破，有什么创新。在“读什么书、怎样读书”的问题思考中，注重的也多是功利。因此，国人读书学习往往只在“已知领域”里做胜败优劣的较量，而很少闯入“未知领域”做开拓者式的探索，更不会结合自己的“个性、气质、情趣、爱好”来确定自己“读什么书、怎样读书”。

为什么这么说？我们看到，一个人如果跨学科读书，哪怕他只是读了两门传统学科（两次接受的都是有人引导的，在传统学科里的非自主读书），他也至少拥有了两门学科的不同的思维模式和治学方式。正如本书在前文中已经强调指出的那样：一座灯塔可以照亮远方，却照不亮自己脚下，而两座灯塔互照，则每座灯塔脚下的暗影都可以照得清楚明白。那么，三座灯塔互照、四座灯塔互照呢？不言而喻，这些原本单座灯塔照不到的暗影处，也就是有待于未来的“树”式追求扎根、生长、发展的“处女地”。

简单总结，跨学科读书将有效推进“树”式追求的发展，其发展模式大致也可以分为两类：一类为嫁接式，将一门传统学科的某种理论移植到另一门传统学科中，由此派生出一门边缘学科；另一种为合成式，将两门或多门传统学科各取其一部分，进行新的合成，由此派生出一门新的学科。

如果说，西方国家越是进入现代社会，边缘学科、新创学科越是不断得以派生，是源自跨学科读书累积的创新力、爆发力。那么，跨学科读书对于我们这个原本就足够聪明的中华民族来说，必将同样有效地刺激创新力的养成。这是我们这个民族振兴发展的动力所在，也是这种读书学习模式必将推动“树”式追求成长发展的具有无限生命力的原因所在。

四、风采各异的跨学科创新阅读

1992年，我在将已具系列雏形的《演讲成功之路》《论辩成功之路》《交谈成功之路》三本书稿交付出版之际，心情激动之余，曾一挥而就写下这样一篇后记。

《演讲成功之路》当为一本“美国精神”的书。这里的“美国精神”是狭义的，在某种意义上，还是实用主义的。我没有去过美国，但在教学中以及改革开放以来对它的间接了解中，我认识了，并且也最欣赏美国人的那种“西部精神”，即不愿在繁华热闹的大城市贪图安逸，而宁肯去西部荒原开拓的奋斗精神。《演讲成功之路》在某种程度上也正是这种精神的一次实践。1984年，我第一次给《演讲与口才》写了文章，至1989年，我一年内在该刊连发10篇文章，我惊喜地发现，“外国文学研究”和“口才训练研究”相比，前者更像高楼林立的大都市，而后者则更像沃野千里的荒原，前者想挤进一只脚都相当困难，而后者，你却可以随意跑、跳，任意驰骋。只是，对于一个有着专业教学任务的教师来说，真要马上打起背包离开都市，投身大荒原，去干“研究口才训练”的个体户，却并不容易。因为在传统理念里，职称有时真的很重要，人的一言一行、一举一动都必须围着它转，似乎这才符合行为规范。我是教外国文学的，自1982年大学毕业至1989年，已在撰写论文、翻译文学作品等方面积累了20万余字的成果，算是挤进了有研究成果的教师行列。在此情况下，本当心无二用，继续奋斗。而我却自1985年至1989年连续五次参加市级演讲比赛，早已不止一次引起了种种非议（“不务正业”之类），现在居然胃口越来越大，要写专著，岂非走火入魔，陷入了旁门左道？几经思考，终于写成60余万字的三本著作，我发现自己身上有了“美国精神”。

《论辩成功之路》可以说体现了“德国精神”。关于“德国精神”，有这样一个形象生动的故事来做注解。说德国人尤其擅长分析思考，哪怕在路边看到别人吃剩扔掉的糕饼，也要捡起来仔细研究一下这块剩糕饼的营养成分。还有人说过，正因为德意志民族尤擅缜密的逻辑思维，所以，才出现了歌德、黑格尔、马克思等大哲学家、大思想家。我是学文学的，在比较长的时间里，对黑格尔的《哲学史演讲录》等著作一直望而生畏，但是，为了能将在论辩研究中获得的感觉上升为理论（究竟能不能给“诡辩”翻案，翻不翻得了案），我翻开了黑格尔的哲学著作，居然在不知不觉之中，把有关章节津津有味地连“啃”了七八遍，而且，一点也不觉得枯燥！在《论辩成功之路》中，我不仅公开为“诡辩”翻案，还像中学生求证数学恒等式、几何图形题似的一步一步地求证着“事实不胜于雄辩”“战胜悖论的六种方法”“论辩交锋的五种类型”等一系列由我自己提出，与传统观点分庭抗礼的命题，在撰写这些文字的过程中，我发现自己身上也有了“德国精神”。

《交谈成功之路》则可以说体现了“日本精神”。何为“日本精神”？这里不妨借用一篇文章来做一个诠释。《文汇报》1990年11月30日有一篇《永远的陈麻婆》的文章，其中写道，我国四川有一道名菜——“麻婆豆腐”，以“麻、辣、烫”而著称于世，只是味虽佳却并非人人都受得了。“麻婆豆腐”被日本人发现后加以改造，将强刺激改得“温柔”，加上甜味，塑料包装，仍冠以原名，结果中国的“麻婆豆腐”未出国门，而日本的“麻婆豆腐”却远销欧美，赚了大钱。又如四川的涪陵榨菜，原味太咸太辣，日本人将其洗净去盐，切成薄片，抹上香油，小袋包装，成为一种略带辣味，香脆可口的零食。这种小零食不仅日本人爱吃，西方人也爱吃。据说，从日本出口到欧美的中国涪陵榨菜，颇为畅销。类似的例子大概还可以没完没了地举下去。总而言之，日本民族很会吸取别人的成果，并利用其长处，弥补其短处，最终形成自己的新成果。《交谈成功之路》在某种意义上，也是“日本精神”的一次实践。在书中，我不仅充分利用了自己的生活积累以及体会总结，同时也充分利用了我的亲朋好友的生活积累及体会总结。再有的就是曾作过大量的社会调查，向所遇到的有专门知识的人请教（其中也包括乘车、坐船时，别人言者无意，而我听者有心的闲聊）。这里的辛苦、繁杂不待细说，在终于成型之际，我发现自己身上同样具有了“日本精神”。

改革开放几十年来，暴露了我们民族沿袭千年的“学科学制式读书”的软肋。这一软肋具体表现在：“两耳不闻未知事，一心只读已知书”，与社会“知识爆炸、学科裂变”的快速发展变化严重脱节。

而数十年自主跨学科读书的实践与成功，使我深深体会到：好比一个人想挖一口直径一米的水井，如果他只在直径一米的范围内对下挖，肯定越挖越吃力，到最后，连手脚都施展不开，肯定就越来越挖不动，也就挖不深了；跨学科读书就好比你同时开挖几个直径一米的相邻的井洞，一开始你可能因为面积铺得大，进度会比别人慢，甚至你也不知道将来这几个洞之间会有什么样的联系，但是，挖着挖着，突然有一天，两个洞被挖通了，于是，你的挖掘就有了比别人更为挥洒得开的地盘，后来又是第三个洞、第四个洞的串接，于是，看起来打基础时跨学科读书绕了弯路，可是因为活动空间大，不仅最终掘井速度越来越快，能把时间赢回来，而且也能挖到比别人更深的程度。

这就是我发现跨学科读书是一条新的人生发展成功之路的体验与心得。也许这就是怎样推动教育机制摆脱“小自耕农只知在自己的一亩三分地上精耕细作”的传统文化的影响，摆脱“种瓜得瓜，种豆得豆”的小自耕农理念，进而成功向“现代大农业大面积多种生产综合经营创新”的理念转型的真谛。由于自主跨学科读书注重的是对未知领域、未知事物及其规律的探索、思考研究，如果得以自由推展，不难想象，它就是未来的中国诺贝尔奖获得者进行创新探索、创新研究的基础方法或实验路径。

第四部分
跨学科读书的创新成果

回顾自己读书并同步创新的过程，我想告诉人们，跨学科读书的过程是另有一番“思考的痛苦折磨”相伴始终的。但是只要你的目标不是使自己变成活体书橱，而在于追求“读前人的书，创自己的新”，一旦有了自主探索的新发现，那就比喝任何心灵鸡汤也不知道要快乐多少倍了！

我从“学习全凭自主兴趣，读书注重思维活跃”起步，逐渐“行如闲云野鹤，思如天马行空”，再至“跨越不同学科读书如履平地，自创新兴学科体系似玩魔方”……几十年后回头一看，自己一个本科学士，竟然以“一没有研究生学历，二没有国外留学、访学与脱岗进修经历，三没有助手团队，四没有创新研究经费与著作出版补贴”的“四无”之身，名副其实地实现了“著述等身”。

跨学科读书的创新见解形成，并不是动辄就能写出一部专著，在很多时候，往往也就是先有一个创新见解的“点”，继而，随着自己跨学科阅读能力的增强，创新见解的散点会越来越多，最终，“聚沙成塔，集腋成裘。”

我还有一个重大发现：表面看去，文科、理科、工科、农科、医科、商科等不同学科相距甚远，其实却有如人的身体，从头到脚看起来相距甚远却遍布着表面不易发现的“经络”，构成一幅“学科经络走向图”，掌握了这个经络图，就像掌握了能够预测未知化学元素的“门捷列夫元素周期表”那样，推证并预测尚未确立的新兴学科。

第十章　刘伯奎在跨学科读书中的创新成果

刘伯奎读书自律：

耐得寂寞，破得寂寞

一、刘伯奎跨学科读书创新见解论文目录

其实，我的跨学科读书学习从1982年就摸索着开始了，只不过开始有些盲目。回顾起始阶段写下的文字，篇幅最小的也就是两三千字的小文章。常年的积累，也不过在多种学术刊物上留下了80余篇文章，但却涉及多个学科。这里，将可视为代表作的文章名称展示如下。

（1）把人物藏在生活涡流的中心深处——《贝姨》的环形结构特点赏析（《名作欣赏》1985年第4期）

（2）瑕不掩瑜弃而未毁——《死魂灵》第二稿残稿探索（《外国文学研究》1986年第1期）

（3）《罪责在“套子”，不在“套中人”——别里科夫形象意义之我见》（《外国文学欣赏1986年第4期》）

（4）用强光照亮人物内心的各个角落——茨威格小说特色管窥（《当代外国文学》1989年第3期）

（5）中西人生之路的立交桥——《西游记》理性思维探索（《明清小说研究》1990年第1期）

（6）侵权属实理应注销——也谈“三毛”商标兼与赵家华先生商榷（《中华商标》1999年第1期）

（7）口语应用的主干形式分类及理论界定（《语言文字应用》1999年第4期）

（8）让中学生的口才都雄辩起来——关于中学口语交际教学的几点思考（《中学语文教学》2005年第6期）

（9）语文学科结构的板块缺失（《语文教学通讯》（高中刊）2006年第4期）

（10）应当以“提高城乡一体化水平”的理念统领“城市化”与“新农村”建设（《党建通讯》2006年第5期）

（11）终身教育与终身学习的哲学思考（《高等函授学报》（哲学社会科学版）2007年第1期）

（12）海峡两岸居民社区学习文化心态之异同比较研究（亚洲教育研究2009年创刊号）

二、刘伯奎对中国文学研究的创新见解论文之一

《西游记》的先进文化魅力与理想人生追求
——新兴市民阶级的第一声呐喊

自新中国成立以来，关于《西游记》的人物和主题，基本上一直在神魔之争的圈子里打转。近年来，人们开始从美学、哲学等新角度重新认识《西游记》，提出《西游记》是写人生的，《西游记》是中国的《浮士德》。这些新观点是《西游记》研究中的重大突破。只是，这些观点多是浅尝辄止，难免给人意犹未尽之感。怎样认识《西游记》中的人物形象和主题？这个问题是全面理解作品的第一步。本文不揣浅陋，尝试运用比较的方法，力求透过作品中扑朔迷离的神话外衣，对这一问题作进一步的探讨。

（一）如来——打开迷宫的一把“钥匙”

多年来，人们在分析《西游记》时，很少注意到如来这一人物。其实，要准确把握《西游记》，首先必须搞清楚如来在其中的作用和意义。可以这样说，如来是打开《西游记》这座迷宫的一把“钥匙”。

大闹天宫后，悟空被压五行山下，这一直是如来的一大罪状。其实真是冤枉。想想齐天大圣的罪迹：他上犯玉帝、王母，下搅龙王、阎君，整个天庭被他捣得一塌糊涂。从神权的正统眼光看来，其罪堪称滔天，齐天大圣可谓万死不足赎其罪矣！何以如来出场后，不使其立成齑粉，反而颇有闲情逸致地与他赌斗？佛法常称回头是岸，猴王不知天高地厚，何曾回头，何曾认罪？如来为何不立惩之？

再者，如来既能知过去，晓未来，对于猴王闹天宫，为何不先采取行动，防患于未然？更值得注意的是，纵使“镇”悟空时，如来也只是“轻轻地把他压住”，而且贴上帖子之后，“山即生根合缝”，但悟空仍“可运用呼吸之气，手儿爬出，可以摇挣摇挣”。何况石猴早已无生无死，区区五百年，何异于凡间世人闭门思过半日？

这还不算，如来对于如此狂妄的叛逆者，居然又发一个慈悲心，唯恐猴王受苦，特地安排一个土地，会同五方揭谛，名为监押，实为照料他的生活。并且告之“待他灾愆满日，自有人救他”。刚把猴王压在五行山下，就给他安排了“英雄重展挣，奉佛上西天”的未来。五百年后，如来果然将其放出，保唐僧取经以成正果。如是观之，如来当年在五行山上加一张压帖，究竟是为了加重惩罚猴王，还是为了“障”满腹怨恨的玉帝及诸神的“眼”呢？如来对犯有滔天之罪的猴王宽容至此，不是有点站到叛逆者一边来了吗？

取经路上，悟空那“为非作歹”的劣性被紧箍咒制约了，而他的勇敢无畏、忠贞侠义等一系列善的本质却被更好地发挥了出来，且被用在了取经的正道上，悟空最后也荣升为斗战胜佛。一个最大的“反贼”最后竟取得这么大的正果，如来莫非早在与大圣斗法时就已有了偏爱之心？而且，他甚至还很懂得一点化消极因素为积极因素的辩证法？

西天取经是《西游记》的主体部分。如来为何要一手安排、组织并亲自导演这场戏剧呢？

第八回中，如来谈到了取经的目的。“我今有三藏真经，可以劝人为善”，“法一藏，谈天；论一藏，说地；经一藏，度鬼”。需“去东土寻一个善信，教他苦历千山，询经万水，到我处求取真经，永传东土，劝化众生。”如来的宏大目标，是要解决东土大唐的“贪淫乐祸，多杀多争”与“口舌凶伤，是非恶海”，建立一种“不贪不杀”“敬天礼地、心爽气平”的人间乐土。他对玉帝天庭被捣并不太关心，倾心关注的却是人间世界。

取经途中，妖魔蜂起，给唐僧师徒四人增添了无尽的困难。但通读《西游记》，就知九九八十一难中，纯为妖精作怪共二十八次，其中竟有十四次是上天诸神在如来的安排下有意无意和取经作对的。（第六十六回中，悟空指责弥勒佛未管好司磬童子，致使其下凡作怪，是“家法不谨”，弥勒佛解释说，因为“你师徒们魔障未完，故此百灵下界，应该受难”）这种情节安排很容易使人联想起《浮士德》。

《浮士德》中的天帝和如来一样，对封建王权的命运并不关心，而对“人”（浮士德为形象代表）充满热情和信心。他认为人类在前进过程中，虽然可能犯各种错误，但决不会放弃自己的理想，迷失正途。同时，他又认为“人们的精神总是易于弛靡，动辄贪爱着绝对的安静，我因此才造出恶魔，以激发人们努力为能”。于是，在天帝的安排下，魔鬼靡菲斯特下到凡间，与浮士德朝夕相伴。浮士德到哪里，靡菲斯特就跟到哪里，阻挠和破坏他的行动和计划，直至最后浮士德被女神接上天。浮士德和靡菲斯特之间，形成了一种对立统一的关系——靡菲斯特这个否定的精灵，既是浮士德实现目标的阻力，同时又刺激他永不停留，向上发展，是他前进道路上的必要条件。他只可能使浮士德在前进道路上暂时受挫，却绝不能使之毁灭。从哲学的角度看，靡菲斯特确实是“作恶造善的力之一体”。

《西游记》中的众妖魔也正扮演了靡菲斯特的角色，它们分别被安排在取经路上，给取经制造麻烦。分析其目的，不外乎为增大取经难度，突出大乘真经的价值，以防“众生愚蠢，毁谤真言，不识我法门要旨，怠慢了瑜伽正宗”（如来语）；再者，时时提醒师徒四人，对取经需全力以赴，无论是凡界的白骨精、蝎子精，还是天界二十八宿中的奎木狼，甚至如来头上的大鹏鸟，它们都和“否定的精灵”靡菲斯特一样，与取经之间也形成了同样的对立统一关系。它们既是取经的阻力，同时又刺激取经人永不停留，直向西天前进，是取经成功的必要条件。同时，它们只可能使取经人在前进道路上暂时受挫，却绝不能使之毁灭。在这一点上，取经途中的妖魔，也和靡菲斯特一样，是“作恶造善的力之一体”。

对取经进一步分析又可发现，西天取经的结局是对取经的有力否定！作品中，唐僧历尽艰辛，终于来到向往已久的天竺福地，然而，展现在他面前的，竟然是另一个东土大唐：“他这里人物衣冠、宫室器用、言语谈吐，也和我大唐一般！”，“观其声音相貌，与中华无异”，甚至连天灾人祸，也与大唐别无二致：天竺外郡凤仙郡已连旱三年；天竺外郡金平府，犀牛怪就公然在如来眼皮子底下装佛；近在灵山脚下的铜台府地灵县，有一个冠员外，虔心向佛，大开善门而享有万僧不阻美名，但竟被强盗公然打劫，死于非命；金枝玉叶的天堂国公主，被妖精（月宫玉兔）冒身顶替，自己置身于屎尿中装疯受难一年也无“神”过问。如此天竺，有何极乐可言？

大概也正因为佛祖并未给佛地以任何优惠吧，天竺的和尚对近在眼前的灵山从不朝拜。（第九十一回，唐僧在金平府向和尚打听路程，和尚竟答：“西去到灵山，我们未走，不知有多少里，不敢妄对。”绝妙的是，他们对唐僧倒是顶礼膜拜的：“我这里向善的人，看经念佛，都指望修到你中华地托生，才见老师风采衣冠，果然是前生修到的，方得此受用，故当下拜。”）如来精心安排一场取经，让师徒四人历尽艰辛来到西天，结局竟是：极乐世界子虚乌有。他为何如此安排，竟至于自己否定了自己呢？

这种看似矛盾的结局正揭示了如来形象的实质。鲁迅先生早就指出，吴承恩并不太懂得佛教。作品中如来的言行，莫如说是作者在曲笔演绎使作品主题更为准确。他借用了民间传说中的如来佛收服造反魔头的故事，加以改造，使其显现了全新的意义：如来对大闹天宫的悟空宽容、厚遇至此，表明《西游记》的主旨决不在于卫道；他让取经人饱经磨难但最终却否定取经，又表明《西游记》并无意于补天。砸开卫道、补天两把传统的“大锁”，迷宫的大门就真正打开了。随之而来的问题是：这位东方的天帝，沥血呕心，不辞辛劳，究竟导演了一场什么样的戏剧呢？

（二）悟空——迷宫探索的关键

综观孙悟空，由小说开篇的美猴王，至齐天大圣，至斗战胜佛。他的人生，可大致分为两个阶段：第一阶段，石猴出世大闹天宫被压五行山下；第二阶段，西天取经至成佛。

在第一阶段，猴王表现出了一种动人心魄的初生气势。它一出世就目运两道金光，射冲斗府，惊动了玉皇大帝。不久，勇探水帘洞，称王花果山，继而漂洋过海，拜师学艺，返回后访龙宫得如意金箍棒，闯地府扯碎生死簿，后来又搅散蟠桃盛会，鏖斗十万天兵，受炼八卦炉中，遗尿如来指间。这种无所畏惧的初生意气，使人读来何等畅快，朝气蓬勃的斗战精神，怎不令凡间俗人神往？

但是，仔细分析此时的美猴王，在它那令人心荡神迷的激越美中，也潜藏着那么一点不足之处，猴王似乎是以一种“自我中心意识”来对待周围的一切的。这种观念使得他处处意气用事，结果也处处受敌。你看：玉帝召他上天，他觉得是一种尊荣，高高兴兴地抬腿就走，可一听说弼马温未入流，马上反出南天门；王母开蟠桃会，他自以为是当然的座上客，对前来摘桃的仙女也还客气，可一听说没有自己，就索性搅得它开不成。再看它龙宫借宝，入门时倒也礼数周全，但金箍棒刚到手，马上就强要全身披挂，不给就要大打出手；阎王前来拘魂，自己不愿死情有可原，但索性大闹地府，把生死簿子都扯碎了。正因为此时的猴王无事生非，以自我为权衡利害的原则，划分敌友的标准，所以也就难讨众人喜欢。闹天宫后，尽管他曾上天为官一场，也曾四处广交朋友，但最后只落得孤家寡人，被压在五行山下五百年，一个讲情的、探望的也没有。如果不是如来慈悲，岂不惨矣！

但是，第二阶段中，悟空的形象与原先就大不一样了。原先那种意气用事、乱打乱杀的蛮劲被紧箍束住了，他越来越表现出一种为取真经而一往无前的坚定精神，他不怕艰难困苦，不畏妖魔鬼怪，不忌委屈误解，不计造谣中伤，始终自觉承担着取经重任。此阶段的悟空，已彻底放弃了原先的自我中心意识，而以取经作为一切行动的中心：凡支持、参加取经者，全部团结之，即使是正在中伤自己的八戒；凡阻挠、破坏取经者，一概扫除之，哪怕是原先的结拜大哥（牛魔王一家）。这一个有着高度自觉性的进取者形象，和原先的齐天大圣相比，虽然失去了那种心荡神迷的闹天宫式的激越美，但却代之以一种为事业忍辱负重、勇于献身的崇高美。孙悟空的性格发展确实是一种升华，一种性格美的升华。

把孙悟空看作中国的浮士德，这一结论堪称精辟。《浮士德》上下两部，恰也可看作人生发展的两个阶段。第一部中，浮士德追求“小世界”（或称“小我”）中的官能享受，沉醉于迷离的情欲，但他终于超脱而去。作品中，他与玛甘泪的爱情悲剧、生离死别，表现得哀恸欲绝、动人心魄。第二部中，浮士德进入“大世界”（或称“大我”）的追求，通过“参与封建政权的政治活动”“寻求古典美与现实的结合”“填海造田”等一次次行动，探索人生的真谛。此阶段中，虽然失却了第一部中“自我感情”的强烈抒发，而比较深沉、平稳，但同时也显得崇高而更为耐人寻味，促人深思。浮士德在其人生阶段中所展现的，也同样是一种美的升华，一种由激越美向崇高美的升华。

《浮士德》重在人生两大阶段的总结，至于人究竟怎样才能超脱“小我”步入“大我”，作品中并未表现，只是安置在上下两部交接处让读者自行完成。而《西游记》不仅淋漓尽致地泼墨浓绘了孙悟空的人生两大阶段，同时还工笔细描了其超脱过程，也即其人生第二阶段：猴王是怎样超脱齐天大圣的“小我”而步入行者的“大我”的。

悟空被压在五行山下沦为囚徒，是对齐天大圣的一种否定。五百年闭门思过后，囚徒复出而为行者悟空，其性格升华过程完成没有呢？没有，甚至毫无改变。刚获解脱的他，仍然未改魔界本性，一下子打死六个强盗，意气用事仍然未变，唐僧指责了两句，他将身一纵，回身而去。这就表明，采取简单的一重否定（或称全盘否定）是不能完成人性升华的，是不能完成由魔至神的超脱的。于是，观音又受托前来，给他套上紧箍。

从哲学的角度看，如果把悟空的齐天大圣时期看作人生的随心所欲的自在阶段，而把悟空的行者取经时期看作人生的为理想而奋斗的自为阶段。那么，从被压五行山下至套上紧箍，就是两大阶段的转折过程。这是一种由低级向高级发展的二重否定过程，即否定之否定过程，一种扬弃过程。

紧箍在这个扬弃过程中起到了重要的作用。它在强制悟空摒弃自我中心意识的同时，扬其大智大勇、忠贞侠义等美德，从而推动其完成人生阶段的升华。它实际上象征了理性（如来）对人生发展的一种自我克制。作品准确地表现出，这一克制过程是长期的、曲折的、潜移默化的。同时，作品还细致地表现出，只是形式地套上紧箍是不行的（悟空三打白骨精后被唐僧驱逐时，曾得许诺不念紧箍咒，于是，他一回花果山便魔性大发，兴风作法，一次杀死了一千多前来围山捉猴的猎人，还连声大叫痛快、痛快）；但是，不分是非地乱克制也是不行的（唐僧每每滥用此权，吃苦头的都是他自己）。紧箍的克制作用贯穿了悟空后一阶段的全过程，随着悟空人生阶段的日渐上升而日见其小。至最后，悟空获如来敕封为斗战胜佛，这时的他已完成了由自在向自为的人生发展过程，于是，紧箍的克制力减弱为零，从悟空头上自行消失了。

取经途中，大闹天宫时战无不胜的齐天大圣何以反而威风大减？这也是《西游记》研究中久悬未决的问题。其实，只要把握了孙悟空形象的美学意义，这个问题就不难理解了。悟空的屡战屡败对表现主题至少有两方面的作用。

首先，取经人中，悟空出身最低（石猴）而最后结局最佳（斗战胜佛），大大超过了原为天蓬元帅和卷帘大将的八戒和沙僧，原因就在于他既纯正无私而又勇敢顽强，忍辱负重而百折不挠，每临屡战屡败却从无动摇。在佛祖的重重考验中，他表现最佳。

其次，皈依佛门后，以普度众生的“大我”为中心的悟空与以“小我”为中心的魔界形成了对比。除奉旨由上天下凡的百灵之外，魔界形象大致还可分为三类：①为非作歹涂炭生灵的。如蝎子精、六耳猕猴，他们一心思恶，最后只能功消身亡。②始作恶，后来改悔的。如牛魔王、红孩儿、黑熊精。他们即使原先罪孽深重，但最后愿意皈依佛门，也可小得正果。③虽未作恶，但也未归佛门的，如通天河老鼋，苦修一千三百余年，虽有向佛之心，但消极等待他人的帮助，以至最终难脱本壳。众多魔中，与孙悟空本领不相上下的比比皆是，有的甚至超过悟空，而唯悟空最后独成斗战胜佛，这就突出了取经、成佛对魔界的普遍的指导意义。作者充满激情地讴歌了孙悟空的人生道路，认为人生的价值在于追求理想的实现：如果说像孙悟空这样曾犯下大罪者，都能通过奋发努力而最后成佛，那么不论是谁，只要肯脚踏实地地苦干，什么样的人生理想不能实现呢？

清人刘一明在《西游原旨读法》中写道：“《西游》取真经，即取《西游》之真经，非《西游》之外，别有真经可取。是不过借如来传经，以传《西游》耳。”此语可谓揭示了《西游记》的真谛。

（三）取经成佛——中西人生之路的立交桥

《西游记》写的是一部什么样的人生？是一部士、农、工、商均可附会、类比的公理式人生，还是一部蒙着神话外衣的当时新兴阶级的理想人生呢？

时至今日，在对《西游记》的研究中，对如下两个重要细节，似乎始终未曾引起足够的注意。

其一，第四十八回中，通天河冰封到底，河面上有人往返。唐僧一打听，陈老道：“河那边乃西梁女国，这些人都是做买卖的，这边百钱之物，到那边可值万钱，那边百钱之物，到这边亦可值万钱，利重本轻，所以人不顾生死而去！”听了这番话，唐僧的回答竟是：“世间事唯名利最重。似他为利的，舍死亡生；我弟子奉旨全忠，也只是为名，与他能差几何!”作者借唐僧之口，把“为利”与“舍死亡生”的“做买卖的”上升到与西天取经“能差几何”的高度!

其二，第九十八回中，悟空向如来告状，要求敕治敲竹杠的阿傩、伽叶，如来答道:“向时众比丘圣僧下山，曾将此经在舍卫国赵长者家与他诵了一遍，保他家生者平安，亡者超脱，只求得他三斗三升米粒黄金回来。我还说他们忒卖贱了，教后代儿孙没钱用。”如果说阿傩、伽叶的行为可解释为意在暴露或批判佛教的伪善的话，那么如来的后一番唯有买卖人才说得出的话(“忒卖贱了”)如此突兀，如此无根基(如来何曾有儿孙?)，未免让人读来吃惊了。连佛祖都用手中的经书做买卖，而且只诵一遍的价格就如此之高，那么，“将本求利”的经商不是天经地义，理应得到尊重和保护的一大伟业吗!

一部《西游记》，虽然并未公开亮出新兴阶级的旗号，直写市民之处也几乎没有，但作者借如来和唐僧这两个重要人物之口如此抬高商人的地位，不是很值得重视吗?

《西游记》中的这种思想倾向，可以从作者生平及其时代中找到依据:吴承恩出身于淮安一个以卖花线花边为业的小商人家庭。明朝的淮安，是苏北和淮河流域的政治、经济中心，是全国交通枢纽之一，商业特别发达，有名的安徽商帮和山西商帮在此经营过(苏兴:《吴承恩小传》)。但与此同时，资本主义的萌芽却饱受着封建政权的摧残。以吴承恩的父亲纳赋一倍再倍就是一例(见《先府君基志铭》)。其父的遭遇也落在了吴承恩身上。父亲被人称痴子，儿子则被骂作“痴人家儿”。少小受歧视，老大未得志，焉能无动于衷?正如胡光舟《吴承恩和西游记》中所写的那样:“他终于将父子两代所受的心灵创痛，发泄在《西游记》和其他一些诗文的嬉笑怒骂之中”了。

分析至此，我们就可以总结《西游记》的主题了。它和《浮士德》一样，虽然可以做多方面的附会类比，但其阶级倾向是明确的，它展现的是新兴阶级的理想人生。作者以浓郁的神话笔调，在竭诚赞颂新兴阶级初生之美的同时，婉转地否定了单枪匹马对抗专制制度的蛮干，也不赞成“皇帝轮流做，明年到我家”的历代农民起义。他强调指出，现实世界虽不理想，极乐世界也并非光明一片，但成佛之路仍在人间。新兴阶级必须走一条奋发向上的“克己”之路（接受紧箍的制约），消除缺点（魔性），发扬理性（神性），以净化自身，积极完成由自在阶级向自为阶级的转化。而新兴阶级只要有较为开明的政治环境（三教归一），在积极有为的人生理想（取经成佛）的指引下，明辨真理与伪真理（分清真假西天、真假佛祖、真假道教），团结一切可以团结的力量，就能战胜现世的困难，达到人生理想的最高峰。

吴承恩生活在一个重要的历史转折时期。这一时期，一方面是以儒家思想为核心的传统文化自秦汉始，绵延至宋明，出现了“存天理、灭人欲”的理学体系；另一方面，自明朝中叶以来，随着商品经济的萌芽和对外贸易的发展，市民文化从科学技术到哲学宗教等方面呈现出与西方文化交流融合的趋势，并向“宋明理学”提出了挑战。《西游记》中的重商倾向，人神合一的哲学观念，对人欲的禁而不灭的宽容态度，带有离经叛道的意味，形成了作品的立足于本民族文化传统，而又兼容有西方文化色彩的特点，使得《西游记》成了一座通向理想未来的中西人生之路的立交桥。

对比阅读《西游记》和《浮士德》，不难看出，《浮士德》时代的德国，贵族阶层极度腐败，但资产阶级却更为软弱，大大落后于英、法等国，现实状况令人沮丧。浮士德一次次地追求，一次次地失败，最后只好把希望寄托在失明之后、凭听觉想象出来的成功上，以一往无前、百折不挠的意志使自己的灵魂得以升天。但仙界的光明却反衬出了现实的无望。《浮士德》中固然洋溢着昂然奋进的乐观情绪，但其主题却是一曲人生探索者的悲歌。与之相比，孙悟空高唱的是一曲奋进者的欢歌。在孙悟空的思想深处，从来找不到失败二字，他至多只有暂时受挫时的反思，而从未流露过沮丧、灰心情绪。他的人生是以一个接着一个的胜利串联起来的。在这一点上，孙悟空鲜明地表现了新兴的中国市民阶级面对世界的乐观、自信情绪。

作为德国资产阶级的化身，浮士德固然曾忠心效力于封建王朝，但他的真正目的是要实现："在自由的土地上住着自由的国民。"他的理想王国是独立的，他是这个王国中的唯一主宰；孙悟空虽然也以一种实用主义的自由的态度对待神，但在他的思想深处，却并无独立为政的要求，而仍然把理想寄托在封建政权的内部，寄托在"三教归一"的政治改革上，这就暴露了处于萌芽阶段的中国市民阶级政治上的不成熟性。

《浮士德》对德国自文艺复兴，经古典主义至启蒙运动的三百年发展史作了高度的艺术概括，热情讴歌了资产阶级的新生及成长。作品容量之大是惊人的，对历史本质的揭示也达到了高度的明确性、准确性。但其中也不乏矛盾之处，如浮士德认为"愚人才把眼睛望着上天"，作品却以天上的一幕结束。与《浮士德》侧重于历史的总结相反，《西游记》则始终把眼光朝向未来，作了乐观的畅想。现实中刚刚萌芽的市民阶级在作品中成了翻天覆地的英雄，其色彩固然迷人，但也同样不乏自相矛盾之处。例如：作品一方面呼吁天堂就在人间，鼓吹顿悟成佛，另一方面又安排取经人托钵苦行，到西天拜求如来的亲口敕封。这就表明，作者毕竟未能尽脱理学的精神重压，同时，这也使这座立交桥显出了某种虚幻性、模糊性。

历史的发展也正证明了这一点。中国的资产阶级在封建专制统治下，果然始终未曾遇到过"三教归一"的开明政治局面和重商的大好时机，因而，《西游记》中所描绘的，其实是一座幻想中的理想人生立交桥。

（此文原载于《明清小说研究》1990年第1期，原题为《中西人生之路的立交桥——〈西游记〉理性思维探索》，收入本书时有改动。）

三、刘伯奎对外国文学研究的创新见解论文之一

既不是野心家的塑像，也不是英雄的浮雕
——《红与黑》中于连形象及其意义的再认识

长期以来，关于《红与黑》的评论多围绕着“于连是不是野心家”的中心展开。本文认为，这个形象定论之争延至今日，客观上已不利于对于连形象意义的进一步探讨。于连既不是个人野心家，也不是个人主义英雄，他只是一个普通的小资产阶级青年。他有理想，并为实现理想而勤奋努力，但有时却不得不为了成功而违心地向现实妥协，有时甚至显得“虚伪”，这种“理想与现实”的矛盾冲突贯穿了于连的一生，最终以于连“自请死刑”宣告了理想主义取得胜利。与此同时，作品通过于连之死，否定了他想先通过个人奋斗求得自身的成功，然后再来争取“公道应该胜利”的社会解放的人生之路，这一深刻的结论，对于后代的革命青年，也同样有着深刻而及时的启迪意义。

（一）一点历史回顾

早在20世纪60年代，我国评论界就曾围绕《红与黑》展开过广泛而热烈的讨论，直至形成“贬斥”性的“一家言”——于连被送上了“个人野心家”的审判席，饱受口诛笔伐。随着人们冲破了“庸俗社会学”对思想观念的桎梏，众多的人开始为于连鸣不平了。于是，随之而起的又是一场几乎长达十年的“平反热潮”。连篇累牍的文章，都以“于连不是个人野心家”为论证中心，从另一个侧面着手对其进行“褒赞”性的再评价。继而，当时间推移到80年代中期时，第三种观点——取“折中”立场的矛盾说出现了。“矛盾说”认为，于连“是”与“不是”（个人野心家）的观点之争，双方各执问题的一端不放，都只坚持了“片面真理”。他其实“是一个现实的小人”“是一个理想的英雄”“是一个矛盾的形象”。

三大派观点，争论得非常热烈。但经过冷静分析则不难看出，各家观点固然针锋相对，但有两点却是一致的。其一，争论的指导思想一致。大家都认为，于连究竟是一个英雄还是一个骗子，这个问题是理解和评价《红与黑》的焦点。其二，论争手法一致。各家所用的，不是“演绎法”，就是“归纳法”。这两种方法的共同弊端是：它们追求只对作品在某一关系面上（似乎以“政治”“阶级”关系面偏多）进行单向线性因果分析，而较少进行立体的透视和解析。

这两个共同点在某种程度上成了《红与黑》研究难以出现新的突破的症结所在。首先，于连是好人还是坏人，固然与对作品的认识不能说没有关系，但其实是个不值得争论几十年的、与作品本身成就高低与否关系并不是最密切的问题。例如，《哈姆雷特》和《麦克白》同属莎翁的四大悲剧，谁会认为，因为后者写的是野心家，所以艺术价值就理应“低一档”呢？

其次，现实生活中的人都是复杂的，作为世界文学名著中的“典型人物”也同样是复杂的。恩格斯早已指出：“把人类分成截然不同的两类，分成人性的人和兽性的人，分成善人和恶人，绵羊和山羊，这样的分类，除现实的哲学外，只有在基督教里才可以找到”。“是说”与“不是说”用“归纳”和“演绎”的方法分析内涵复杂的典型人物，往往难免“以偏概全”，而“矛盾说”由一重考察发展为二重考察，虽有进步，也同样不全面。因为典型人物也不可能只是两个互相矛盾的性格侧面的简单黏合。以“矛盾”一词作为人物的定性结论，其实是把表象误认作了问题的实质。

于连形象的意义究竟是什么？他那百年未衰的艺术魔力究竟源自何处？让我们再次踏进《红与黑》这座“迷宫”，探求那通幽的曲径吧！

（二）两种对立的人生价值观一直在于连心中激烈交战

多年来，人们总习惯于从“家庭教师—神学院学生”“教师—侯爵秘书”的人生道路来考察于连，结果不得不承认，于连走的是一条向统治阶级妥协和投靠的反动道路。

其实，只要我们对其人生道路和思想发展进行交叉分析也就不难看到另一种形象的于连。

小说伊始，于连可谓是一个“理想主义”色彩甚浓的青年。他十分向往着凭借个人才干就能大有前途的拿破仑时代，并自负地想到：“为什么自己不如拿破仑?”。应当看到，于连此时的理想还很模糊，但是，他想通过真刀真枪的实干，通过发挥自己的才干来“建立我的伟大的前程”，这种人生价值观并无什么过错。

命运之神突然向他施舍了第一滴甘露：他凭着能背熟拉丁文《新约全书》的本领，成为德瑞那市长家的家庭教师，脱离了虐待歧视他的丑恶家庭。由“非人”而成为“人”——于连踏上人生旅途之初，就凭着个人才干取得了第一个回合的胜利。

对世事毫无所知的于连，怀着“参军去”般自豪的天真念头跨进德瑞那先生的家门。任教之初，他“丝毫不爱”自己的学生，却“绝对地细心忍耐地去看管他们”，以实绩证明了自己是一个“很好的家庭教师”。但他很快发现：自己虽然和主人在一张桌子上吃饭，却仍只是个领工钱的“奴仆”。“理想”与“现实”的初次撞击，使得他格外敏感地维护着自己的自尊心：他大胆地顶撞德瑞那先生，甚至怀着“维护自尊”的动机去占有德瑞那夫人。他终于迫使德瑞那先生不再敢盛气凌人，并得到了德瑞那夫人的一片真情，凭才干实现了“自尊”，赢得了人生第二个回合的胜利。

于连进入神学院，开始了他人生斗争的第三回合：要出人头地。但是，这里的阴暗丑恶，远超出了他的想象。在这个“到处是伪善，到处是欺诈”的世界里，他很快就意识到，自己“须得扮演一个崭新的个性”。他考试不敢考好，见人不敢露笑，尽量地装傻，尽量地谦恭，强迫自己披上了“伪善”的外衣。终于，于连又一次凭“才干”获胜，被提升为“新旧约全书”课程的辅导教师。

应当指出的是，于连固然在少年时代便有当“神父”的愿望，但进入神学院后，“屈从现实”的同时心中却觉痛苦：“在这里一点也学不到什么……他们所说的种种道理，不过是混淆人们的耳目，把我这样的疯人，推到陷阱的深处罢了。”提升的殊荣，并未使他的拿破仑式的理想趋于泯灭。果然，一旦有了离开的机会，他就毫不犹豫地抛开既得的一切，头也不回地迈出了神学院大门。后来，于连在侯爵身边，在与菲花格元帅夫人等的交往中，不止一次有过当上主教的机会，但是，薪俸十万法郎的神职，已蒙上了一层障碍，他已经完全“淡漠”了。

于连进入侯爵府，又开始人生斗争的第四个回合：重新为“伟大的前程”而努力。他为侯爵东奔西忙，尽心效力，他的才干得到侯爵的赏识，屡受夸赞而得以平步青云，手中权势日渐增大。后来，在诸多“难处理的事务中”，他甚至“已经变为侯爵的化身”了。

但是，断言此阶段的于连如何有政治野心也还是不符合作品实际的。起初，一听说自己将只是侯爵雇佣的仆人，于连立即明确表示“我觉得我在巴黎居住的时间不会太长的”。初入侯爵府，他“觉得自己是完全孤独的”，他清楚地看到，这里仍然不是真正发挥自己才干的地方。在侯爵府炙手可热的于连，既未利用身处侯爵与求见人之间的特殊关系，去捞取“无边的利益”（他还曾傲然回绝了侯爵额外赏给他的金钱），也未抓住只要侯爵一句许诺就能改变自己前途的大好时机去做政治钻营，他也是一面提醒自己：“这些人会使我中毒”，一面不无敌意地想到：“他们怎么能够对着一个平民说出这样的话来。”

终于，命运之神又一次帮助于连摆脱了这一窘境。侯爵小姐出面，于连获得德·拉·伟业骑士称号，并穿上了骠骑兵军官制服。侯爵还给陆军部部长亲笔写信，希望于连在与玛特尔结婚之前，升作高级军官。和前几次的“变迁”相比，这一次对于于连，才真正是一个大喜讯。想到自己早年“参军去”的朦胧理想终于实现，从此将大有“真刀真枪”的用武之地，而自己“可望在30岁时当上司令”，于连怎么能不激动呢？直至此时，于连才有生第一次沉醉在从未有过的“欣喜若狂”之中，他心满意足地说道：“总之，我的罗曼史已经结束，所有的功劳都是我自己的。”

综观于连，他的人生斗争是相当激烈而复杂的，而他心灵深处的思想斗争则更为激烈而复杂，是成为一个拿破仑式的时代英雄，还是做一个委曲求全的伪君子，两种倾向同时共存在于连身上。于连心中一以贯之的，正是这种以“理想与现实”为交战双方的一场“战争”。他有时“理想主义”上升，坦诚得令人赞叹；有时屈从现实，也能伪善得令人作呕。他的一生呈现出一种波动起伏的发展曲线。

值得注意的是，在他的人生发展曲线中，“坦诚”与“虚伪”的交叉出现似乎表现出了某种规律性。例如，他越是接近早先向往的“目标”，失望的情绪就越大。结果，每一次“拼搏”的成功之日，无一例外地都成了“理想”的幻灭之时。于连之所以在德瑞那府、神学院和侯爵府曾不止一次不合时宜地公开流露出与环境相悖的话语和神情，以至于被他人视作一个危险人物。一个马丁·路德，一个丹东，不正是因为他长期郁闷于自己有的是聪明才干却无法正当发挥，唯有耍弄伪善才可成功，实在受不了时的无可奈何的情感外泄吗？不妨再设想一下，倘若于连真的得以去亲历军官生涯，他真的能在新的“罪恶与腐臭”中相安而无厌吗？作品结尾，德瑞那夫人的来信使得于连由狂欢转入狂怒，并由人生巅峰很快走到了生命尽头。怎样认识这一结尾？于连之死，究竟是以于连的失败宣告收场，还是以其“理想主义”的“否定之否定”式的升华结束呢？

（三）于连之死是理想主义人生观的最后胜利

对于于连之死，评论界多年来大致形成了两种看法。

第一种看法：外因说。认为统治阶级不允许于连这个第三等级的青年插足上流社会而杀害了他。至于侯爵给他封衔、赠款、写保荐信，均为“缓兵计”，“等到德瑞那夫人在教会的压迫下写来了告密信……侯爵马上采取了断然的措施”。

第二种看法：内因说。认为于连“在法庭上短短的发言是个人野心未遂的怨恨的发泄，于连的死也是个人主义野心家失败后悲观绝望的必然结果。”近年来，内因说又出现了新的提法，认为于连最后慷慨陈词，自请死刑，是他“个人野心家死去，小人英雄主义复苏的转折点”。

分析外因说，不难看出，单一考察的结论与实际情况是不符的。小说结尾，侯爵厚待于连，又去调查于连，看似矛盾，动机却只是一个：父亲对女儿前途的关心、爱护。假如于连过去从未和别的女人有过来往，或者德瑞那夫人坚决不写此信，侯爵不是只能并且已经张开双臂欢迎于连了吗？小说中，于连一获得勋章，新贵哇列诺不是马上来拜访他，与他拉关系，套近乎了吗？另外，哇列诺的出身和于连同样低微，统治阶级不是并没有砍他的脑袋，反而把他捧上省长的宝座了吗？

和外因说相比，内因说更注重分析于连的性格发展。从研究角度来看，无疑更易于接近真理的发现。但是，如果内因说对人物之间的关系，仍只做政治的阶级的单向线性因果关系分析，那也还是难以准确把握“于连之死”的全部意义。

一句名言说得好：“人是一切社会关系的总和。”本文认为，要想认识“于连之死”，必须对于连进行由外及内的，也即，由外部的“人际关系”及内部的“性格发展”的多角度分析，不仅要进行政治的、阶级的“线性”分析，还要同时进行个性的、爱情的等多方面的“立体”分析，才能得出较为符合作品实际的正确结论。

比如于连和侯爵，从阶级关系看，二者分属两个敌对的阵营，但从私人交往关系看，相处却极友好。小说中，侯爵赞赏他的才能，一手把他从“奴仆”提拔为“上等人”，使他的才干在各种复杂的事务中得到了最充分的，毫无约束的发挥，并以高于对自己儿子的优待奖给于连勋章。但是，侯爵对于于连其实并不真正信任而只是借助他的才干，用侯爵自己的话来说，他是在进行一个“依靠对于我们有抵抗力的人的政治实验”。于连对侯爵难以消除敌对情绪而又只能服务于他才能给自己找到出人头地的前途。于连和侯爵交往虽密，却是表面友好而各有戒心。二者之间是一种双方各守自己的原则而又互相利用的合作关系，谈不上究竟是于连背叛了平民阶级，还是侯爵背叛了贵族阶级。

于连和德瑞那夫人、玛特尔的爱情关系，也曾被评论界视为于连背叛平民阶级的证据。有人曾定论说，这种爱情的结果，不是于连战胜了德瑞那夫人和玛特尔，而是她们“羁縻和俘获了于连”。如果孤立地从作品中某些情节来看，此观点也许不无道理，但综观全书，并从最后结局予以考察，就未免有点“南辕北辙”了。

了解于连在临死之前想了些什么，对于他为什么“自请死刑”是很重要的。小说中写道，枪击德瑞那夫人后，于连心灰意冷，静等死刑，但德瑞那夫人未死的消息，使他从“所受的刺激和半疯狂状态中平静下来”。他开始了反省，最后认识到，自己并未真正爱上玛特尔却占有了她，这个行动是卑鄙的；自己仇恨侯爵，但不是通过公开的刀枪厮杀，而是靠占有他的女儿来迫使其妥协让步，这种手段也是卑鄙的。他“不但对于德·拉·木尔先生，而且对于玛特尔感觉悔恨”，“绝对不再想念他在巴黎的成功，他已经讨厌了。”与此同时，他发现德瑞那夫人才是自己真正的爱人，他“开始懊悔自己所犯的罪”，心中充满了对“谋杀德瑞那夫人的悔恨”。

玛特尔和德瑞那夫人，两人都希望于连活下去，并不惜一切代价地为之奔波。但玛特尔令人目瞪口呆地挥霍金钱，甚至想冒着被马踏死的危险去告御状，想追随于连也去死，其主导思想，却不是为了爱情，而是为了轰动社会，为了证明“我祖先的血，到我还不曾冷却呢”。于连可以依靠她的力量求得活路，为何放弃之？不难设想，于连既已认识到，占有玛特尔是自己人生的一个错误，并且“希望用一切力量弥补”，使自己得以“做个正直的人”，怎么可能还继续对她“占有”下去呢？更何况，仰侯爵鼻息去过没有理想的上流社会的行尸走肉生活，对他来说，毋宁死！所以，他主动断绝与她的一切关系，后来干脆对她的探监和营救持冷漠和拒绝态度。如此观之，玛特尔不是未能“羁縻”于连吗？

至于德瑞那夫人，就与玛持尔完全不同了。当年她献身给比自己小10岁的又穷又土的家庭教师，是为了爱情；她原谅于连的报复，并顶住街头巷尾议论的压力前来探望于连，也是为了爱情；后来，她从德瑞那的控制下逃到于连身边陪着他走完了人生最后几十天的路程，还是为了爱情。对于这位前半辈子未曾享受到真正爱情的女性来说，与于连的纯真爱情成了她后半生岁月的生活中心、生活目的、生活理想，以致最后追随于连而亡。德瑞那夫人为这心心相印的爱情献出了自己的家庭、孩子，甚至自己的生命，其间哪有半点“俘获”于连的成分呢？

于连既然最终与德瑞那夫人赤诚相爱，何以也拒绝她的营救呢？他的一些不无懊悔的话可谓解释了这一疑问：“从前我是快乐的，我不曾认识什么才是我的幸福。”“一直到死期迫近，我方知道怎样享受生活的艺术。”当年，过于敏感的自尊和勃勃雄心阻碍了他真正了解德瑞那夫人，而今，当他真正发觉两人之间的爱情价值时已经太晚了，它已经只能属于过去而不可能重现。纵使于连能出去，社会（包括侯爵和玛特尔）也是不会允许这种爱情存在下去的。事已至此，人各一方的“生离”何如情真意切的“死别”呢？

于连之死虽处于作品尾声，却是作品的极其重要的部分。他在法庭上慷慨陈词，矛头直指上流社会，不仅标志着他“屈从现实”的结束，更是一个“梦醒之后”的逆转。他与德瑞那夫人相爱远胜过当初，仍坚持自请死刑，不仅在道德上对自己所犯错误做了严厉的自我裁决，更是对自己向现实妥协，以求出人头地的伪善之路的否定。身陷地牢的于连，终于悟透了社会的本质：在这个“到处是伪善，至少也是欺诈”的时代，他这个下层社会的青年，除了像哇列诺那样卖身之外，根本没有什么理想之路可走。他最后拒绝任何方面的帮助，决不上诉，也绝不仅仅是因为良心的自责和理想主义的简单复归，更是他长期潜藏于心底深处的，与整个上流社会誓不两立的“宁玉碎，不瓦全”的精神的升华，是其人生阶段的最后一次飞跃，是一个“否定之否定”式的，也即，在更高的人生阶段上重视把握理想的“质”的飞跃，是他的理想主义对黑暗现实最后一次撞击的大胜利。

还需要进一步探讨的问题是，于连的故事及其时代毕竟已距今一百多年，作品的艺术魅力能在各国读者，特别是青年读者中历久弥新而百年不衰，根源究竟何在？几十年来，“于连是不是野心家”的大争论客观上阻碍了对这一本质问题的探讨和研究。笔者本着抛砖引玉之心，特在此提出几点浅见，以求方家指正。

1. 小说通过展示于连的人生搏斗历程显现了理想主义的人生价值观

有人曾说过，爱情和死亡是文学的两大永恒主题。其实，理想与现实的矛盾冲突何尝不也是文学的永恒主题，而且是包容了爱情和死亡的大主题呢？无论哪一个时代、哪一个国家的人，只要他置身于“文明”社会，不都会遇到空怀理想难以实现（虽然理想的内涵都各不相同），追求理想和屈从现实难以统一的矛盾吗？于连才智出众，但始终想清洁白白地凭着才干实现人生价值的理想无从实现之苦闷，以及他被迫违心地走过的那一段“伪善之路”，不仅对于当时的年轻人来说，具有极大的典型意义，而且对于后世之人，特别对于初登人生旅途的青年人来说，也易于找到感情的共鸣点，并获得人生哲理的启迪。于连最后毅然抛弃已经到手的名利、地位，重新把握理想而与黑暗社会以死相搏，这种无所畏惧的气概，不仅标志着1830年革命的时代意识的觉醒，而且也可使后世的革命青年从中获得极大的鼓舞。

2. 小说通过于连的爱情纠葛体现了一种先进的爱情观

回顾作品，于连起初无论对谁都并无爱情，而全为一种占有。但在相处过程中，于连对两人都动过真情。对德瑞那夫人，情投意合的相处相伴曾使他“发誓永远不抛弃他的爱人和孩子”；对玛特尔，充满龃龉的失恋，曾使他拒绝了柯哈莎夫王子“要把他的表妹——莫斯科的一位巨富的继承人嫁给于连”的建议，因为“远离法国和玛特尔，在他看来，是一种比死还痛苦的刑罚”。

黑格尔说过：“爱情里确实有一种高尚的品质，因为它不只停留在性欲上，而是显出一种本身丰富的高尚优美的心灵，要求以生动活泼、勇敢和牺牲的精神和另一个人达到统一。”小说最后，于连面临着两种不同的人生选择：其一，屈从现实，成为侯爵佳婿，双方虽无真挚的爱情，但从长远看，名利地位应有尽有，也不失有“伟大的前程”；其二，追求纯真的爱情，向倾心爱着自己的德瑞那夫人奉献自己的一切。于连对与玛特尔的关系表示悔恨和拒绝，勇敢地选择了后者，在死神即将到来之际紧紧拥抱了德瑞那夫人，这种完全不受金钱、门第等世俗因素影响的，完全以纯真的感情为基础的两颗心灵的结合，不令当时及后世之人神往吗？这种“热情达到了顶点，没有丝毫虚假”的“死刑前的蜜月”不是堪称世界文学中爱情描写的最杰出篇章之一吗？

3. 小说通过于连否定了只靠个人奋斗以反抗社会的人生之路

于连究竟是个什么样的人？这个问题不是不能探讨，但首先要明确如何探讨。要认识于连，必须要动态地把握于连一生的全过程，把握其性格内核与外部表象之间复杂的辩证统一关系，把握从场面和情节之中透露出来的倾向性。本文认为，于连无所谓是不是个人野心家，也无所谓是“右翼”还是“左派”。他既不是拉斯蒂涅、杜洛阿，也不是卢梭、丹东。于连就是于连，一个有理想的，期望变革不合理社会的小资产阶级青年。在人生道路上，他既做过勇敢的拼搏，也有过违心的妥协。于连形象的意义是独特的、二重的。一方面，他胸中怀有平民阶级的美好理想，而正是这“理想”保护着他终于没有堕落。小说结尾，作者仍称于连是“一棵美好的植物”，认为“他的性格，还未从仁慈变为狡猾”。这段“最后定论”正突出了作者对其理想主义的肯定。另一方面，作者以更为深刻的笔触，通过于连临死前的“懊悔”“悔恨”，否定了其追求理想实现的方式。于连生活在1830年的革命时代，生活在资产阶级与封建势力进行殊死斗争的急流与漩涡之中，时时感触着革命浪潮对旧时代的冲击，但他却自始至终未能步入“人民群众”之中去，未能投身这场空前激烈的阶级大搏斗中去，与时代结合。他走的是一条只靠个人奋斗以反抗社会的道路：他的“勇敢拼搏”是个人主义的，他的“违心妥协”也是个人主义的。他尽管曾在一些具体的斗争“回合”中暂时获胜，但是，他企图先凭借个人的才干在社会斗争中获得“个人的”成功，然后再来实现“公道应该胜利”的宏大理想，从本质上看，却不能不是一条错误的人生之路。历史唯物主义的基本观点告诉我们，企图躲在社会背后，用私人的办法，在自身局限的生存条件的范围内实现自身的解放，必然是要失败的。他只靠两手摇桨的独木小舟，只能沉没在法国资产阶级革命和封建贵族复辟的惊涛骇浪之中，留给人们以沉重的叹息和深邃的思考。

作者曾指出，法国现在有20万个于连·索黑尔，这就不仅点明了于连形象的代表性和普遍性，更突出了这部以“一八三〇年纪事”为副标题的作品的深刻而及时的认知意义和教育意义：要推翻不合理的社会制度，靠于连式的个人奋斗是不行的！这一深刻的结论，对于后代的革命青年，不是也同样有着深刻而及时的启迪意义吗？

（此文原载于《芜湖师专学报》1992年第2期，收入本书时有改动。）

四、刘伯奎对社会政治研究的创新见解论文之一

“共产主义—社区主义”
——《共产党宣言》是当代中国社会转型的行动指南

在某种意义上，中华民族认识马克思主义，可以说是从《共产党宣言》、从对“communism（共产主义）”的理解开始的。但是，由于在农耕社会基础上绵延数千年的传统精神文化的强大影响，由于缺乏对于现代市场经济发展历程的从感性到理性的、本质的历史的把握，在很长的时间里，我们往往难免教条主义地在马克思主义著述中寻章摘句。而在这种机械理解过程中，最典型的又莫过于对“communism”的曲解。

这种曲解曾经使得我们民族在自强自立的发展道路上一度陷入空想的误区，并且在很长的历史阶段中，为实现这种不可能实现的“空想”付出了堪称沉重的代价。但是，改革开放几十年里中国社会已经发生的深刻变化，为我们重新解读《共产党宣言》、重新认识“communism”奠定了坚实的社会基础，提供了充分的认知前提，进而推动我们民族终于认识到，自改革开放以来，日渐广泛深入的社区建设，就是我们民族在马克思主义创始人确定的方向上迈出的建设共产主义的坚定步伐。

（一）回顾总结——我们曾经这样理解共产主义

回顾近代中国历史，自从1840年鸦片战争失败，国门被迫打开之日起，无数仁人志士就开始面向世界，寻求强国良方。终于，“十月革命一声炮响，给中国送来了马克思主义”，从此开始的近百年历程中，马克思主义及其共产主义理念一直对中华民族持续发生着极为深刻的影响。

只是，在中国这样一个以小农经济为主，因而尤其害怕灾乱，向往“风调雨顺、四世同堂”的国家，很自然地，就按照自己的理解和精神需求，将communism演绎成了世外桃源式的或者宗教式的天堂。

这一“天堂”的思维定势，早自革命战争年代就已经开始逐步“深入人心”，但是，这个天堂究竟是什么样子，其实谁也不知道。尽管曾经被模糊地描绘为“物质财富极大丰富”，但是，这种极大丰富的物质财富将由谁来创造，又将如何创造，其实人人都是一头雾水。

当时的中国，为了早日进入“天堂”，在经济建设方面，曾经因为无视客观规律而走过了很长的一段弯路。改革开放以后，人们终于清醒地看到，几十年来以不断改变生产关系为标志的“跑步前进”，其实只是在原地转圈。

之所以会出现这样的现象，根本问题在于我们对communism这个词的理解或者把握有失准确。

导致理解和把握有失准确的原因之一是，缺乏感知communism理论创建前提条件的社会氛围。马克思在《共产党宣言》中提出communism的理想，是以资产阶级已经在提高生产力水平方面创下了丰功伟绩为前提的。在《共产党宣言》中我们读到：“资产阶级在历史上曾经起过非常革命的作用……资产阶级抹去了一切向来受人尊重和令人敬畏的职业的灵光。它把医生、律师、教士、诗人和学者变成了它出钱招雇的雇佣劳动者……资产阶级，由于开拓了世界市场，使一切国家的生产和消费都成为世界性的了……资产阶级把一切民族，甚至最野蛮的民族都卷到文明中来了……资产阶级在它的不到一百年的阶级统治中所创造的生产力，比过去一切时代创造的全部生产力还要多，还要大。”

由于资产阶级作为一个原本应当是“长期发展过程的产物”，在旧中国从来没有获得过长足的发展，新中国成立以后直至改革开放以前，整个国民经济又长期处于计划经济模式之下，因此，在相当长的一段时期，我们缺乏社会如何在资产阶级的“革命作用”下，在大动荡中、大变革中发展前进的感知氛围，因而难免只好机械地在《共产党宣言》中寻章摘句、教条地认识书本中的资产阶级，硬性解读communism。

导致理解和把握有失准确的原因之二是，缺乏理解实现communism历史必然性的充分条件。communism是马克思主义创始人以对现实世界和历史发展透辟分析为基础推证出的科学结论。根据《共产党宣言》中的解释，它更多地表现为一种全新的社会结构或人际关系：“代替那存在着阶级和阶级对立的资产阶级旧社会的，将是这样一个联合体，在那里，每个人的自由发展是一切人的自由发展的条件。”

由于我们民族绵延数千年的生存环境是一个宗法制的自然经济社会，“靠山吃山，靠水吃水”的生存方式简单延续，“父母在，不远游”的伦理道德桎梏，导致整个民族除非战乱、灾荒等方面的原因，很少发生迁徙行为，置身于这样一种习惯于百年不变的环境中，当然也就很难理解，这种代代延续的熟人社会将怎样通过大动荡、大变革进而成为一个全新的“自由人联合体”呢？因此，在很长的一段历史时期内，我们在向往未来的communism社会时，只好跳过“大动荡、大变革”的重新组合过程，甚至模糊掉对“自由人联合体”的本质把握而去直接空想communism。这样一来，也就难免有两大失误：一是，不是去关注如何提高社会生产力的总量，而是注重以暴力革命的手段来硬性消灭阶级，消灭旧的社会等级体制；二是，越过这一生产力水平迅速提高的历史阶段（过程），直接想象“物质财富极大丰富”的未来阶段，communism就这样成了极乐世界或者类似于极乐世界的天堂境界。

也只有在改革开放深化到了一定程度的今天，在国民生产总值也出现一年一年持续飞速提高的今天，在社会物质财富以过去根本不敢想象的速度迅速增加的今天，我们才能逐步清晰地感觉到马克思主义的永远不会过时的历史价值之所在。当我们面对着身边此伏彼起的“经商热”“下海热”“开发热”，面对着规模一年大过一年的原先依赖土地为生的农民涌进城市并开始“市民化”演变的“民工潮”，面对着始于经济体制的改革正在一步一步地向政治体制改革前进的步伐，我们终于开始被迫去理解为什么“工人阶级不能简单地掌握现成的国家机器，并运用它来达到自己的目的”，为什么“无产阶级只有解放全人类，才能最后解放无产阶级自己”。其中，根本原因就在于对communism内涵的本质把握。这也就正如马克思关于“自由人联合体”的界定：“每个人的自由发展是一切人的自由发展的条件”（这其实就是我们构建和谐社会的必备条件），也就是说，当某一部分人借助某种权力所享有的“自由”，实际上形成了对另一部分人应有的“自由”的压抑时，这一部分人所享受到的“自由”就还远不是马克思所说的哲学意义上的“自由”，而这另一部分人的应有自由“被压抑”的程度越深，就说明我们离最高阶段“自由人联合体”的距离越遥远。

（二）内涵分析——“共产主义”与“社区”紧密相连

随意打开任何一本英汉词典，翻到communism，我们都会读到这样的释义：共产主义。在某种意义上，很多中国人对于马克思或马克思主义的了解，也正是通过“共产主义”这几个字开始的，而尤其是对于那些没有怎么读过马克思主义的理论著作的人来说，共产主义在他的心目中的位置也就大致等同于马克思主义在他的心目中的位置。

究竟应当怎样理解communism（共产主义）？

首先，我们不妨退回到communism这个单词的构成角度来反思其内涵意义。

从英语的构词规则来看，communism = community + ism

而-ism在英语构词法中，则有使得单词的前一部分抽象化的功能。例如：

socialism = social + ism，转换成汉语理解也就是：社会 + 主义 = 社会

主义

racism = race + ism，转换成汉语理解也就是：种族 + 主义 = 种族主义

heroism = hero + ism，转换成汉语理解也就是：英雄 + 主义 = 英雄主义

community 这个单词的含义则有：社区、共同体、团体等。

1887年，德国社会学家滕尼斯出版了他的成名之作《社区与社会——纯粹社会学的基本概念》（“社区和社会”又译成“共同体和社会”），该书名译成英语，就是《Community and Society》。

在《社区与社会》这部著作中，滕尼斯对照比较和研究了存在于社会社区与现代社会中的两种截然不同的社会人际关系。他认为，农村社区中的人际关系，是一种古老的以自然意志为基础的关系，是在地域和血缘的纽带上形成的一种放大了的家庭和宗族关系。在社区内部阶级分层是严格的，社会流动是轻微的，个人的意志被置于团体之下、情感之上，并有约定俗成的行为规范。这是一种亲密无间、相互信任、守望相助、默认一致、服从权威并且基于共同信仰和共同风俗之上的人际关系。按照滕尼斯的看法，传统的农村村庄是社区的代表，新兴的商业城市则是社会的代表；社会是社区的对立物，城市则是村庄的对立物，二者体现了不同的对立的关系。虽然他非常留恋、赞赏社区中的人际关系，但他不但看到了社会是一种新型的以个人的思想、意志、理性契约和法律为基础的人际关系，而且也看到了工业化进程导致现代社会关系代替传统社会关系的历史必然性，并认为这是一个普遍的规律。但是，社区（community）的生活方式、价值观念以及人际关系中的精华部分还将继续持久地存在于社会的生活方式内部。徐永祥在他的《社区发展论》中提到：“共同体（社区）的力量在社会的时代之内，尽管日益缩小，也还是保留着，而且依然是社会生活的现实。”

按照滕尼斯的理解，community（社区）这个单词所指的，原本是一种在人类历史上早已发展成熟的社会组织和人际关系。

显然，我们应当很自然地就可以推导出：

community + ism = communism，转换成汉语理解也就是：

社区（或共同体）+主义=社区（或共同体）主义

如此理解communism，虽然有机械对应之嫌，但是从翻译至少应当忠实于原意的角度检查，应当是没有什么问题的。

关于这个单词的构成，中国人民大学的高放教授曾经做过一个解释。他写道："我查了马克思著作的英文本、法文本、德文本和俄文本都一样，拿大家所熟悉的英文来说，社区就是"community"，马克思在《资本论》中所讲的"自由人联合体"，用的就是"community"这个词，所以"自由人联合体"也可以翻译为"自由人社区"。共产主义的奋斗目标就是建立自由人社区。"社区"这个词和"共产主义"这个词是同一个词根"commune"，"共产主义"是抽象名词（communism），"社区"是实体名词（community），所以说社区就是共产主义社会高度自治的群众联合体。"

也就是说，将communism理解为"社区主义或共同体主义"，或者说，在我们的英汉词典中，关于communism，增加一条"社区主义或共同体主义"的释义，至少在语法上是没有错误的。

而增加了这样一条释义，就将使得长期以来一直困惑着中国人，觉得难以具体准确把握的communism（共产主义）的问题变得清晰了。communism在中国人的心目中，就将从原先的遥远、模糊而不可即，成为一条可以清晰感知的，就在眼前的脚下向前延伸的发展道路。

当然，community与communism之间究竟具有什么样的内涵关联，仅从构词角度"咬文嚼字"是远远不够的，我们还应当从社会发展角度来进一步挖掘二者之间的内涵关联，进一步扎实地确立这一理论观点。

在很长的一段时间里，我们一直偏重从政治学的角度，从"消灭阶级、消灭剥削"的角度来认识communism，而漠视了从社会学角度认识communism到来的历史必然性。

当我们开始改变这种漠视的时候，首先出现的问题就是，马克思为什么把communism叫做"自由人联合体"？马克思是怎么提出这一思想的呢？

对于这个问题，高放教授曾经做过一番仔细的考证。高放教授写道，"据我从所读到的马克思著作中了解，马克思最早是在1842年6月为《莱茵报》写的一篇社论当中提出的。他说，应当‘把国家理解为相互教育的自由人的联合体’。当时他提出‘自由人联合体’主要是反对德国的封建君主专制制度，把自由看成人的天性，把民主共和国的国家看成‘自由人联合体’。1843—1844年，马克思确立了辩证唯物主义世界观、转变为共产主义者，他对‘自由人联合体’的看法发生了质的变化。1848年2月，马克思、恩格斯发表世界上第一个共产党党纲《共产党宣言》的时候，明确地把“自由人联合体”作为共产党人的奋斗目标。在《共产党宣言》第二章的末尾，马克思、恩格斯谈到共产党在未来夺取政权后，要尽快增加生产力总量，进一步消灭阶级和阶级对立存在的条件，‘代替那存在阶级和阶级对立的资产阶级社会的，将是这样一个联合体，在那里每一个人的自由发展是一切人自由发展的条件’。1867年，在《资本论》第一卷中，马克思把‘每一个人的自由发展是一切人自由发展的条件’的联合体更简明地概括为六个字：‘自由人联合体’。他说，‘让我们换一个方面设想有一个自由人联合体，他们用公共的生产资料进行劳动，并且自觉地把他们的许多个人劳动力当作一个社会劳动力来使用。’（《资本论》第1卷，第95页）非常值得我们注意的是，马克思所说的‘联合体’就是社区。”共产主义的奋斗目标就是建立自由人社区。

高放教授还写到，“1871年法国工人革命建立的第一个工人政权——巴黎公社，把马克思的‘自由人联合体’的思想第一次初步付诸实践。巴黎公社就是由巴黎20个区普选产生的巴黎公社委员会领导的社区自治的联合体。人民自治仅有两个多月时间，整个巴黎面貌就发生了翻天覆地的变化，奇迹般地改造了地痞盗匪横行、富豪权贵霸道的旧都。马克思在总结巴黎公社的历史经验时指出：公社‘是人民群众把国家政权重新收回，他们组成自己的力量去代替压迫他们的有组织的力量；这是人民群众获得解放的政治形式’。（《马克思恩格斯选集》第3卷，1995年版，第95页）巴黎公社的自治是人民自己实现的人民管理制，‘是由人民自己当自己的家’。马克思主张把分布城乡的自治社区组织成为全国性的‘自由平等的生产者的联合体’，用以取代凌驾于社会之上、与社会相对立的国家政权赘瘤。可见社区的高度发展就是国家政权的消亡，就是共产主义自由人高度自治理想的真正实现。”

由此可知，communism不但是人类社会发展的最高目标，同时也是community发展的最高层次。

（三）历史把握——建设现代社区就是在建设共产主义

马克思主义的伟大之处还在于，紧跟社会前进的步伐，把握历史发展的新的特点。在1848年《共产党宣言》发表时，马克思主义创始人在肯定资产阶级的创造性的历史功绩的同时，也剖析了资产阶级的破坏性的另一面。这另一面主要表现在两点上。

第一点是，由于当时的资本主义制度没有能解决其生产的社会化与生产资料的私人占有之间的矛盾，结果导致贫富差距悬殊、经济危机爆发等一系列严重的社会问题。

第二点是，资产阶级无所顾忌地践踏了人类传统的一切美好情感：“在它的已经取得了统治的地方把一切封建的、宗法的和田园诗般的关系都破坏了。它无情地斩断了把人们束缚于天然尊长的形形色色的封建羁绊，它使人和人之间除了赤裸裸的利害关系，除了冷酷无情的‘现金交易’，就再也没有任何别的联系了。”

面对着破坏性的第一点，《共产党宣言》里曾经提出了以暴力革命将生产资料的私人占有改变为社会共有的理念，寄希望于通过这种手段来解决诸多社会矛盾。但是，很快地，股份制公司等多种新的社会因素的出现不但使得生产规模惊人地扩大，而且使得政府经营的企业变成了社会的企业或“公司的企业”，这就出现了社会直接占有生产资料的新的形式。于是，在《共产党宣言》发表25年后的1872年的德文版序言中，就出现了这样的意义深远的声明与忠告：“第二章末尾提出的那些革命措施根本没有特别的意义。如果是在今天，这一段在许多方面都会有不同的写法了。”

至于破坏性的第二点，面对着资产阶级对传统精神文化的破坏，《共产党宣言》提出了科学的治世蓝图，那就是，以对资产阶级发展现状进行扬弃为基础，从“以人为本”的角度来确立communism（共产主义）的理想。其中，“扬”其推动生产力发展的革命性作用，“弃”其对于人类美好情感的践踏以及对人的本性的扭曲、异化，进而寄希望于在一个更高的社会发展阶段上，在能够以比资产阶级更大的力度推动生产力水平提高的同时，再现community（原发社区）时代的美好人格与融洽的人际关系，最终建成一个全新的communism（社区主义），而实现这一历史扬弃的社会基础就是community（社区）。

马克思主义所描绘的communism理想，就是针对社会现实问题提出的治世蓝图，它与宗教世界的“天国”“天堂”是有着本质区别的。

第一，宗教世界的天国、天堂，谁也不知道在什么地方，有的还只能等待死后灵魂升天才能前往，而communism（共产主义）的实现基础就在现实世界——一个个现实存在的community（社区）；

第二，宗教世界的天国、天堂，不知道是什么人用什么方式在什么基础上建成的，而communism的建设方式已经非常明确。主要可为两条：①社会生产上，以社会直接占有生产资料的形式解决生产的社会化与生产资料的私人占有的矛盾，进而实现“尽可能快地增加生产力的总量”的目标；②社会结构上，以“自由人联合体”来保证每个人的自由发展是一切人的自由发展的条件，进而在一个更高的社会结构中恢复人类固有的一切最为美好的情感。

我们曾经将人类历史的演变过程划分为：原始社会—奴隶社会—封建社会—资本主义社会……后来又有人转换划分角度，将这一过程划分为：农业革命—工业革命—科技革命……其实，根据马克思的“以自由人来实现社会自治”的理想，从社会构成单元——社区角度来纵观人类发展史的进程，我们不难划分出以下三个阶段。

第一阶段：原发社区——人的不自由联合体（这一阶段大致可以从原始社会一直延续到封建社会末期或工业革命前期）。在这一历史阶段，生产力水平的低下使得人们不得不过于依赖所置身的环境，“靠山吃山，靠水吃水”。生产活动的范围狭小，迁徙流动的程度偏低，又使得人们不得不代代相传地困居在原发社区中，总体上说，这是一个以“地域与血缘”为社区主要构成方式的熟人群居的时代，是一个人们从行为到精神都受到很大限制，不得不困居在命运安排的地域的时代。而正是这种罕见迁徙的熟人社会特点，使得人们往往仅凭着亲情友情，仅凭着伦理道德以及家法族规，就可以维系社会的平安祥和（直至改革开放以前，尤其是在农村，中国社会还一直以“原发社区”为其主体构成）。

第二阶段：现代社区——人的自由联合体（这一阶段大致可以从封建社会末期，或工业革命开始算起至今）。在这一历史阶段，生产力水平的提高，不仅使得人们生产活动的范围急剧扩大，而且人们的迁徙流动程度大幅度提高，迁徙流动的方向也自主确定。尤为重要的是，人们越来越将自身命运的决定权掌握在自己手中。在这些现代社区内部，原先互相熟悉的家庭为了生存和发展迁徙出去，新的陌生的面孔同样是为了生存和发展陆续搬了进来，原先端着一碗饭就能串门的亲和融洽，现在既顾不上也来不及，于是成了住在同一楼层面对面也不认识的陌生邻居。在这一阶段，由于人们在行动方面越来越“自由”，原先在熟人社会里，处于精神主控地位的传统伦理道德以及家法族规对人的行为的制约力相应弱化，又由于在此阶段，人们在道德自律层面还远远没有达到哲学意义上的“自由人”高度。于是，“道德滑坡”，甚至“礼崩乐坏”的种种不良社会现象也就随之出现，所以，又需要不断加大政府与国家的管辖力度，从社会外部来强制规范人们的言语行为，进而形成了法制—法治管理下的市场经济社会的基本特点——以“契约与法律”为基础推进社区构成平等的人际关系（对于现阶段的中国人来说，在客观上还面临着一个独特的历史任务，那就是，通过社区的建设发展，把原来由国家自上而下实施行政管理的“单位人”逐步改变为社会自主、自治的“社会人”，使人人回归社会，实现社会自治，最终同样建成“自由人联合体”）。

第三阶段：未来社区——自由人联合体。在这一历史阶段，国家与民族开始逐步完成从“大政府、小社会”向“小政府、大社会”的过渡，个人的社会责任感、社会意识感不断增强，人们在行为上越来越适应自律、自治的同时，在精神上也越来越自由，进而开始突破国家、民族以及政治派别的精神桎梏，开始出现现代公民、国际公民，并逐步上升为马克思主义哲学意义上的自由公民，最终以这些“自由人”为组成要素，合成高度文明的未来社区——自由人联合体。而自由人联合体（在世界范围）的普遍存在，也就是马克思在《共产党宣言》中提出的共产主义（communism）。

1999年9月，英国广播公司（BBC）通过新闻网页举行的千年风云人物评选中，马克思名列榜首，被评为过去千年中最伟大的思想家。西方媒体认为：马克思主义“对过去一个多世纪全球的政治和经济思想产生了深刻的影响”。

我们看到，作为生理意义上的个人，马克思、恩格斯都不可避免地要结束生命，离开人间。但是，他们的伟大之处在于，他们揭示的社会发展规律的科学性、真理性、必然性，不仅已经被巴黎公社以来的世界历史发展所证实，现在，又将在中国得到再一次的证实。

中国改革开放的历史性推进，以及随之而来的日渐深入的发展变革，使得国内市场经济逐步趋于成熟，给我们提供了从社会实践与历史发展等不同角度重新研究communism的社会氛围，推动我们开始从对“共产主义”的天堂化理解向“社区主义”的感性认识和理性过渡，再转而指导社会实践。也就是说，伴随着中国改革开放的步伐，伴随着中国市场经济的成熟，伴随着中国社区建设的进程，communism离我们越来越近了。

因此，马克思主义对于当代中国的发展，不但自始至终都是指导我们思想的理论基础，而且，由于中国已经成为市场经济化的国家，这一理论基础的指导价值将通过现代社区建设而更加具体、更加明确。

如果说，现代社区的发展，将在一个新的历史条件下，逐步恢复原发社区所具有的那种“亲密无间、相互信任、守望相助、默认一致”的亲密情感，那么，它还将构建以“契约与法律”为基础的新的平等的人际关系，有效地完善原发社区那种旧的以等级差异为标志的人际关系，进而培养出以平等人格为其精神主导的“现代自由人”。

这就是community（社区）在人类历史进程中发展的现实道路，也是它在中华大地上发展的必由之路。顺沿着当今中国已经开始的，由“大政府、小社会”向“小政府、大社会”过渡的发展趋势，我们不难理解，在这一人类历史发展的大趋势所指向的远方，正是国家逐步解体、政党逐渐消亡的未来世界。在那个未来世界里，人类群居的“社区”是不可能解体，也不可能消亡的，它将遍布全世界，功能也将各具特色、发展完备。而社区在全世界成熟发展之日，也就是人们向往已久的communism（社区主义或共产主义）实现之时，中华民族的精神文化体系也将在这一历史发展过程中完成其更新与完善的扬弃过程，进而以崭新的面貌自立于世界民族之林。

（此文源于作者出版的3部专著：《中华文化与中国社区》《社区教育实验理论与实务推展》《社区教育实验与实务的多头推展——社区教育工作指南》，收入本书时有改动。）

歪打误撞的跨学科读书人生

我出生于1948年。如果说“终身学习”已经成为我日常生活的有机组成部分，那么，“跨学科读书”就是我怎样终身学习的行动指南。30多年来，在完全没有科研立项经费资助、没有助手团队协作的条件下，凭一己之思考，以个人自由投稿方式独立创建了一套由数十种专著合成，原创总文字量已达800万余字的“当代新国民”益智书系。与该书系同步诞生的跨学科读书方法则涉及中国文学与文化、外国文学与文化、应用语言学、法学、心理学、社会学、教育学、哲学、思维学等十几门传统学科，并于无意之中开始致力于推倒传统学科之间的界域藩篱。同时发现，即使是起步之初的被动跨学科读书，也可以有效摆脱人生困境；如果能够转入主动跨学科读书，则可以有效推动人生可持续发展；再如果能终身自觉坚持跨学科读书，则可以总体提升人生精神境界。

这里，我把几十年来自己在读书人生中的成功、失败、挫折、痛苦与思考，包括内心深处的利弊权衡、抉择过程分三个阶段如实提供给大家，也许你们能从中获得一些怎样通过跨学科读书取得人生拼搏成功的借鉴与参考。

一、为走出人生困境而跨学科读书

我是1978年国家恢复高考才得以上大学的1966届高中毕业生，自幼家贫，家庭无“书香门第”文化依托。1982年，我被分配到芜湖师专教外国文学。从1982年至1986年短短四年时间里，我已经在《外国文学研究》等专业学术刊物发表长篇论文三篇，也算是个肯钻研的人了。

1987年国家职称评定解冻，自己一边为评上讲师满心欢喜，一边就觉得自己被一盆凉水一直浇到脚后跟。因为当年评讲师不需要论文成果，即使是资深讲师申请副教授也只需交上一份书面讲稿即可。紧随其后，职称评定开始规范后，即使有学术成果也要看发表时间。也就是说，下一步我要想评副教授，前面的几篇重量级成果因为已经发表在获评讲师以前而被全部清零作废。我沮丧透顶！像我们这种年过四旬的人无不“上有老、下有小”，一人主讲一门课，还要当班主任，也无法外出进修，困囿在缺乏研究条件的环境里，再想重新弄出几篇够分量的外国文学论文，谈何容易？

茫然中我还是不甘心。于是不再想着写本专业的论文，变成只要能发表就行，什么学科的文章都写，“捡到碗里就是菜”，你总不能说它不是论文吧。

于是，在这一阶段，我写过曹禺的《雷雨》研究（周朴园究竟爱不爱侍萍）、《日出》研究（陈白露为什么拒绝真心爱她的方达生），又研究过《西游记》（孙悟空与浮士德形象意义比较）、《红楼梦》（人物对话与角色身份特点把握），还研究过英国盖斯凯尔夫人的《玛丽·巴顿》，后来又转向“演讲与口才”研究。结果，1993年任讲师现职期满能申请副教授职称时，需要上交8件学术成果，我大大小小一共上交了40多件，很多都与外国文学专业关系不大，当然，代表作打了擦边球，写的是孙悟空形象的哲学分析，是用歌德的“浮士德”作了形象对比，也就可以算外国文学专业论文了。当时，得知自己获评副教授，心中只是深感庆幸，却不知道从此已经迈开了“跨学科读书”的第一步。

获评副教授后，我却想离开外国文学了。因为自己百般努力，想一年发表一篇外国文学专业论文比登天都难。但是，跨出外国文学专业以后，例如在《演讲与口才》等杂志上，我已经可以连续刊登甚至连载文章（一年发表12篇），于是就想把自己的专业从外国文学向口才训练研究方向转移。这一下惊动了学校（因为外国文学课只有我一个人主讲），系主任、校党委书记都来劝告我不要走火入魔：外国文学是中文系的毕业班专业课，口才是什么？雕虫小技，至多只是“术”，连选修课都排不上，也不要想成为“学”，更不要想什么评职称了，赶紧回头！

我只能把他们的好意视作“耳旁风”，因为自己已经发现，外国文学是成熟学科，可供发展的空间又人满为患，想独立发声难度太大。而口才训练是新兴学科，未来有着可供个人拓展的无限空间。

不久，我离开安徽调入苏州铁道师范学院，借机改换专业，成为“教师口语”的主讲教师，并最终成为“小学—成人口才交际递进式训练体系”的独立创建人。1999年，我申请正教授职称时，依然是呈交了40余件不同学科的成果。

1999年，我成为正教授以后，看到自己身边同事中，那些大学生、研究生一年到头苦苦研读，却连一年一篇文章都难以发表而揪心时，我发现自己已经赶上来了。而拉平我们之间差距的，并不在于我比他们更勤奋，而在于我坚持了顺时应变的“跨学科读书”。

我曾经对比了“跨学科读书”方法与“单一学科读书”方法的不同。发现中国绝大多数读书人至今沿袭的依然是以小自耕农的自然经济文化理念为基础的读书方法。也就是，我是农民，就老老实实种好自己的一亩三分地，在一亩三分地里“精耕细作”，对于要不要考虑“改行另种”来卖个好价钱，实现利益最大化，思考得不多，年年如此“靠天收”。如果我种的成果受到社会欢迎，我就过个肥年，如果市场滞销，就难免“多收了三五斗”的悲剧。同样的，我是个读书人，就认认真真地读好我的专业书，在这个专业里“精耕细作”，“两耳不闻行外事，一心只读行内书”，如果这个行业深受社会欢迎，于是就“丰衣足食”，如果社会需求饱和，同专业人才过剩，我就没有办法了，难免“走投无路”，甚至“毕业就是失业”。

而中国实际上已经从计划经济（或是以小自耕农为主体的自然经济）转入了市场经济，市场经济的文化理念其实不是“从一而终”，而是提倡“顺时应变”的，哪里更有发展前途就向哪里去。社会需要什么，我就向社会提供什么，哪怕重新开始学习，我也要努力成为符合社会需求的人才。所以，我们看到，当今中国，无数传统的农民已经开始一步步走向社会，按照社会需求坚持终身学习并改造自己，种地的自我改造成了企业家，搞养殖的自我改造办起了公司……很自然地，读书人也必须接受市场经济理念：我是学数学的，职业岗位需要一个经理，我就重新学习，使自己成为一名合格的经理，搞好企业管理；我是学音乐的，但是职业岗位需要一名秘书，我就重新学习，使自己成为一名优秀的秘书。

实践证明，在当今中国，不关注“知识爆炸、学科裂变”的时代特点，囿于“隔行如隔山”的理念，固守着自己的专业、行业，只能使自己的人生发展之路越来越窄，如同“涸辙之鲋”。例如，因为自己是学经济的，于是对社会类的知识没有兴趣，而我是学法律的甚至可以细化到我是研究刑法的，我就非法律书不读甚至其他法律的问题也不关注，只是在固有的知识体系内部与同学、同行一争高下，这样的读书人已经很难取得人生成功了。

二、为拓展自我而跨学科读书

2001年，我再次“挪窝”，调往上海科学技术职业学院。到嘉定不过两年，新任务就来了。有人觉得我是一个能写的教授，于是邀请我帮助嘉定区正在开展的社区教育实验做一点理论“润色”工作。就这样，2003年，在我55岁时，又一次跨学科，正式接触社区教育，开始接触“Commumunity Education”。

在不断接触的过程中，一天，眼前突然出现一个亮点：“commumunity（社区）”与“communism（共产主义）”之间有没有什么内在联系？

于是，跨学科读书的冲动被激起了，我开始一遍一遍地阅读《共产党宣言》，并逐步拓展阅读范围，直至有一天，写成一篇《共产主义—社区主义》的文章。

此后不久，2004年8月，嘉定区批准成立一个“嘉定区社区教育研究所”并聘任我为兼职所长。于是，从2005年我出版第一部社区研究的著作《中华文化与中国社区》开始，《共产党宣言》就成了我在社区教育研究中排难解惑的指路灯塔。

我更没有想到的是，随着对当代中国社区教育领域研究的逐步深入，又一盏已经熄灭多年的学科灯塔却出乎意料地亮起来，它从此成了我从事社区教育研究的探照灯。这座灯塔就是我曾经一个人主讲了十几年的外国文学（欧美文学）。

我开始借助西方从文艺复兴开始直到批判现实主义时代的社会转型历程，转而考察中国社会转型已经走过的历程以及将要面对的是什么样的行程。很快地，社区教育研究之路就变得豁然开朗起来，再加上此时自己已退休，既不再受体制管理的束缚，也不必再受学科规定的束缚，可以想写什么就写什么，想怎么写就怎么写。于是，从2008年到2014年，借助跨学科读书，我这个迈开奔七步伐的退休教授开始了学术创新研究的人生“第二春”，一气出版了《中华文化与圣经文化——面对中西方文化交融的哲学思考》《突发事件社区化解》《大国小民——中国市民精神解剖报告》《从大国小民到富国强民——国民精神文化转型指南》《社区教育实验理论与实务推展》《社区教育实验与实务的多头推展——社区教育工作指南》《情商养成分类与疏缺补救——社会教育工作指南》《中国人的情商口才圣经》等书，平均每年出版新著两种。

六年跨学科读书实践在收获多项成果的同时，又在有意无意之中把自己对“跨学科读书”的认知提升了一个很大的高度。我发现，我就这样在跨学科光柱的交叉照耀下（灯塔效应）“狂奔”了6年。2014年，直到身体在体检时发出警告才被迫暂停。回头一看，没有想到自己的学术足迹不仅踏进了多门学科，并独立创建了以六部指南著作为核心引领的六大人文学科体系。

我终于认识到，跨学科读书和传统的“单一学科读书”相比，是读书方法的一种“质”的突变与优化提升。

三、为浏览人生风光而跨学科读书

图12 《终身教育》2015年第一期封面

跨学科读书与单一学科读书相比，因为其关注点多在传统学科不太被人关注的边缘领域、“暗影”领域，所以，不但相对容易出创新成果，出填补空白的成果，而且还有助于推动人生取得成功。退休以后，我开始摆脱世俗名利之类的困扰，自由自在地投身跨学科读书，短短时间取得的成果远超退休以前几十年的学术成果总和，这就使我发现，如果能够适当疏离过于直接的功利追求（例如，不再为了评职称、不再为了获奖），跨学科读书还能够使人领略到一般读书难以体味的人生风光。

我在社区教育领域的成功是借助《共产党宣言》的灯塔照耀取得的，但是，当初以口才学教授的身份“挤进”社区教育研究者人群时，首先受到的是一位号称社区教育顶级专家的训斥，说我胡搬乱套。我没有应答，坚持“走自己的路，让他去说吧”。结果，经过长期的社区教育实验实践以及潜心的跨学科理论研读，我一步一步地把《英国工人阶级状况》《费尔巴哈和德国古典哲学的终结》《家庭、私有制和国家的起源》等著作的阅读心得分别融入自己对中国社会的转型研究，并以一套三本100万余字的“社会教育书系”命名交付出版，就这样取得了成功。我感到了一个非专业研究者跨学科研读马克思主义时的孤独、清冷，是追求直接的功利需求难以坚持的。

而疏离过于直接的功利目标还使得我取得了一个意想不到的成果。

我不是基督教徒，也没有系统地研究过神学，本与《圣经》无缘。只是因为欧洲文学中有一个非常重要的部分：圣经文学。虽然圣经文学的课程量不多，但我这个人个性顶真，非要坚持将《圣经》读通，才觉得自己有资格去教学生，结果从1982年到1992年，连读10年，终于从点滴心得汇聚成一个重大发现。通过27个现代认知角度和28项现代解读证据的多学科聚焦，和我在阅读《共产党宣言》时意外发现“共产主义—社区主义”一样，在《圣经》文本中有了令自己大吃一惊的新发现，并收录于个人专著《中华文化与中国社区》。这本书于2005年出版，8年之后，被国务院侨办采购，由国家分送世界各地孔子学院以及外国大学中文图书馆，荣升为中华文化的形象代表之一。

然而，27个角度与28项证据的总结完成之后，眼前突然无路了：自己完成的这55个不同角度的考证，究竟能说明什么问题？如果单一以“《圣经》文化研究”为名交付出版，在当时的条件下，显然立论过于单薄。一时间，自己就好像一个攀岩运动员在到达一定高度以后，失去了可以继续攀登的方向与抓手，最后，只好把10年辛苦形成的这堆文稿塞进了箱底。

没有想到，这一放就是15年，直到2008年自己退休才终于迈出了下一步。当时，改革开放在中国已经进入第30个年头，中国对世界与世界对中国也均有了一定认知与感受，中国与世界的精神文化交融已经开始渗透在社会日常生活之中。于是，我翻出已经被压在箱底15年的文稿，重新以这55个点的对比为基础，提炼出了中西方精神文化在言行规则与理念控制等12个方面的具体对比，将书稿命名为《中华文化与圣经文化——面对中西方文化交融的哲学思考》，于2008年以“光盘配书”的形式出版。此后，又逐年扩充至20个方面的中西方国民精神文化的“结点”对比，进一步揭示出中西方文化在“地球村”的大环境里，必将开始一种逐步浸润的、取长补短的双向交融。2014年，《从大国小民到富国强民》一书就此诞生。

如果说，以马克思主义与西方文化史来指导当代中国社区教育研究，是借助外部学科灯塔来照亮自己主攻学科的“暗影”，那么，从中华文化与现代学科的角度来认知把握源自西方的《圣经》，则是一个逆向交融的过程。严格地说，完成此类研究所需时间均较长，动辄需要若干个年头，有的甚至要穷尽毕生精力。而从本质上看，这是一种追求高境界的“阅读与参悟”的过程。

跨学科读书的时代已经伴随着“知识爆炸、学科裂变”来到了每个人的身边，凡想通过读书取得人生成功的有识之士们，走出“单一学科读书”的围城吧，请跟我来！

（此文原载福建《终身教育》2015年第一期，收入本书时有改动。）

谨将此书献给热爱读书学习且怀有“白日梦”的读者诸君。

刘伯奎

2016年6月于上海嘉定寓所

参考文献

[1] 爱克曼. 歌德谈话录[M]. 朱光潜,译. 北京:人民文学出版社,1978.

[2] 恩格斯. 家庭、私有制和国家的起源[M]. 中共中央马克思恩格斯列宁斯大林著作编译局,编. 北京:人民出版社,1999.

[3] 恩格斯. 路德维希·费尔巴哈和德国古典哲学的终结[M]. 中共中央马克思恩格斯列宁斯大林著作编译局,译. 北京:人民出版社,1972.

[4] 恩格斯. 英国工人阶级状况[M]. 中共中央马克思恩格斯列宁斯大林著作编译局,译. 北京:人民出版社,1956.

[5] 高放. 以马克思主义为指导 大力加强社区建设[J]. 中国党政干部论坛,2003(9):38-40.

[6] 黑格尔. 美学(第一卷)[M]. 朱光潜,译. 北京:商务印书馆,1979.

[7] 黑格尔. 哲学史演讲录(第一卷)[M]. 贺麟等,译. 北京:商务印书馆,1987.

[8] 胡光舟. 吴承恩和西游记[M]. 上海:上海古籍出版社,1980.

[9] 马克思,恩格斯. 马克思恩格斯全集(第30卷)[M]. 中共中央马克思恩格斯列宁斯大林著作编译局,编. 北京:人民出版社,1995.

[10] 马克思,恩格斯. 马克思恩格斯选集(第三卷)[M]. 2版. 中共中央马克思恩格斯列宁斯大林著作编译局,编. 北京:人民出版社,1995.

[11] 马克思,恩格斯. 马克思恩格斯选集(第四卷)[M]. 中共中央马克思恩格斯列宁斯大林著作编译局,编. 北京:人民出版社,1972.

[12] 司汤达. 红与黑[M]. 罗玉君,译. 上海:上海译文出版社,1979.

[13] 苏兴. 吴承恩小传[M]. 天津:百花文艺出版社,1981.

[14] 徐永祥. 社区发展论[M]. 上海:华东理工大学出版社,2000.

[15] 叶圣陶. 多收了三五斗[M]. 北京:台海出版社,1998.